Arved Fuchs
Im Faltboot um Kap Hoorn

SERIE PIPER
Band 1327

Zu diesem Buch

Das legendäre Kap Hoorn an der Südspitze Südamerikas zu umrunden gilt auch heute noch in Seefahrerkreisen als Inbegriff der Seemannschaft. Arved Fuchs hat diese Herausforderung angenommen und eine Expedition gestartet, die zunächst nur ungläubiges Staunen und Kopfschütteln hervorrief: die erste Winterumrundung der gefürchteten feuerländischen Insel im serienmäßigen Faltboot! Eisige Temperaturen, Hurrikans, Monsterseen, Schnee und Regen begleiten die beiden Abenteurer auf ihrer riskanten Reise auf den Spuren der Feuerland-Indianer, 600 Seemeilen von der Antarktis entfernt, am »Ende der Erde«. Körperlich und seelisch bis zur Erschöpfung gefordert, gelingt ihnen das kühne, aber sorgfältig geplante und vorbereitete Wagnis, das von der chilenischen Marine und Presse aufmerksam verfolgt wird...

Arved Fuchs, geboren 1953, hat u. a. Borneo, das grönländische Inlandeis und zusammen mit Reinhold Messner die Antarktis durchquert.

Arved Fuchs

IM FALTBOOT UM KAP HOORN

Die erste gelungene Winterumrundung
im Serien-Faltboot

Mit 16 Seiten Farb- und
60 Schwarzweißabbildungen

Piper
München Zürich

SERIE PIPER
ABENTEUER

Herausgegeben von Harald Eggebrecht

Außerdem liegen vor:

ISBN 3-492-11327-3
Januar 1992
R. Piper GmbH & Co. KG, München
Lizenzausgabe mit Genehmigung
des Pietsch Verlags, Stuttgart
© Pietsch Verlag, Stuttgart 1985
Umschlag: Federico Luci
Foto: Arved Fuchs
Gesamtherstellung: Clausen & Bosse, Leck
Printed in Germany

Inhaltsverzeichnis

Meinem Freund und Begleiter

RAINER NEUBER

gewidmet

I. Teil:
Die Expedition

Irrtum

Wer meint,
den langen Weg zu kennen –
und ist niemals wirklich losgegangen;
wer glaubt,
das Lied singen zu können –
und hat niemals wirklich hingehört;
wer denkt,
alle Farben des Bildes zu kennen –
und hat niemals wirklich hingeschaut;
wer hofft,
das große Spiel gewinnen zu können –
und hat niemals wirklich mitgemacht;
wer so sicher ist,
der wird niemals
alle Wege
und Töne
und Farben
seines Lebens
kennenlernen.

(HANS-ALFRED ARNS)

Ein Kap zwischen Mythos und Wirklichkeit

Schenkt man der Aussage von Seeleuten Glauben, dann gibt es nur eine Region auf der Erde, die gefährlicher als die berüchtigten Roaring Forties – die Brüllenden Vierziger – ist, und zwar die Roaring Fifties. Gemeint ist der Südzipfel von Südamerika, der in den Annalen der internationalen Seefahrtsgeschichte zu manch trauriger Berühmtheit gelangt ist.

Als das ›Ende der Erde‹ bezeichnete der Missionarssohn Lucas Bridges das sturmumtoste Feuerland, und noch heute gilt unter den Traditionalisten der Seeleute der markige Satz: Nur wer um die Hoorn gesegelt ist, ist ein richtiger Seemann.

Demgemäß treffen sich bis zum heutigen Tag die Veteranen der Segelschiffzeit im elitären Club der ›Kap Horniers‹, um das geistige Erbe einer Zeit, in der, wie es so schön heißt, noch die Männer aus Stahl und die Schiffe aus Holz waren, hochzuhalten. Heute soll es ja bekanntlich genau entgegengesetzt sein.

Von trügerischer Romantik manch eines Shanties beschrieben, liegt dort auf 55° 59' südlicher Breite das legendäre Kap Hoorn, rund 1300 Seemeilen südlicher als das afrikanische Pendant, das Kap der Guten Hoffnung, und nur 600 Seemeilen von der Antarktis durch die Drake-Passage getrennt. Haarsträubende Geschichten von Schiffshavarien, von den als ›Kaventsmann‹ bezeichneten Monsterseen, die Größen von 30 Metern und mehr erreichen sollen, von Sturm, Hagel und Schiffsuntergängen ist stets die Rede, wenn das Gespräch auf den Punkt kommt, der im Fachjargon schlicht als die ›Hoorn‹ bezeichnet wird.

Eine Umrundung dieses Kaps auf einem Segelschiff galt damals wie heute als der Inbegriff an Seemannschaft. Der Club der Kap Horniers ist da sogar noch ein bißchen strenger. In seinen

Statuten ist festgelegt, daß nur der ein Kap Hornier sein darf, der an Bord eines Frachtenseglers ohne Hilfsmotor die Hoorn sowohl in Ostwest-Richtung als auch Westost-Richtung umrundet hat, jeweils von 50° bis 50° südlicher Breite. Dies ist wohl auch der Grund, weshalb dieser Club über kurz oder lang aussterben wird, denn wo gibt es heute schließlich noch Frachtensegler ohne Hilfsmotor, die zudem noch den Weg um das berüchtigte Kap suchen. Ein Hauch von Draufgängertum und Unerschrockenheit lastet jedem an, der sich in dieses Inferno begibt. Als der Engländer Sir Francis Chichester allein im Jahr 1966 das Kap umsegelte, lagen noch Begleitboote in der Nähe, die mit Journalisten vollgestopft waren, um vor Ort dieses Wagnis zu erleben und um gegebenenfalls Hilfe zu leisten. Manch einer schüttelte den Kopf über so viel Leichtsinn – die Hoorn zu umrunden heißt Gott zu versuchen.

So war denn auch die Resonanz, als ich mit meinem Plan, Kap Hoorn in Faltbooten und dann auch noch im Winter zu umrunden, an die Öffentlichkeit trat, sehr gemischt. Nur in Seefahrtskreisen herrschte weitgehend Einstimmigkeit, dort zweifelte man nämlich offensichtlich an meinem Verstand. Ein abendlicher Anrufer sagte mir dies dann auch ganz unverblümt und deutlich und faßte die Einschätzung meiner Person mit einem entrüsteten ›Quatschkopf‹ zusammen, wobei er als Zeichen seines Unmuts und seiner Verachtung den Telefonhörer auf die Gabel knallte und mir somit keine Chance zur Erwiderung gab. Er hatte mich lediglich gefragt, ob das, was in der Zeitung stünde, wohl eine Ente sei oder tatsächlich der Wirklichkeit entspräche. Als ich ihm die Richtigkeit der Meldung bestätigte, war es um seine Fassung geschehen. Er, der Nautiker und Seemann, wußte alles besser. Meine Frage, ob er denn schon einmal dort unten gewesen sei, verneinte er zwar, fügte aber sofort hinzu, daß er jegliche Literatur kenne und somit bestens informiert sei. Daß ich meinerseits ebenfalls einen Berg von Literatur und Reiseberichten gelesen und vermutlich auch noch sehr viel eingehender und sorgfältiger recherchiert hatte, ließ er nicht gelten. Für ihn war und blieb ich ein Wahnsinniger, der drauf und dran war, seine verrückten Einfälle in die Tat umzusetzen. Meiner Meinung nach war es weniger das Vorhaben selbst, als vielmehr die

Der Leser hat das Wort

»Feuerland«

Den Bericht »Unternehmen Feuerland« mußte ich zweimal lesen. Dann wurde mir die Ungeheuerlichkeit des Unternehmens dieses »Abenteurers« bewußt.

Man »übte« also an den Stränden der Nordsee. Auch eine Atlantiküberquerung im Sommer war drin. Ebenfalls Erfahrung in der Wildwasserfahrt. Danach geht es in die Kap-Hoorn-Region.

Diese war früher bei allen Besatzungen der Segelschiffe gefürchtet. Selbst die international anerkannten Elite-Seeleute der Reederei Laeisz brauchten Wochen, um das Kap zu umschiffen. Andere brauchten Monate, manche schafften es nie.

Ein mir bekannter, altgedienter Cap-Hoornier bestätigte das auf Anfrage und gab seinem großen Bedenken Ausdruck. Einen sehr wichtigen Faktor vergaßen die »Abenteurer«. Auf der Südhalbkugel, in diesen Breiten, setzen jetzt schwere Herbststürme ein. Der Seegang dort hat ganz andere Ausmaße, als der in der Nordsee.

Diese Wetterlage machte auch Schiffen und Besatzungen der Royal Navy (Britische Kriegsmarine) beim Falklandkrieg sehr zu schaffen. Wie ich aus Gesprächen mit Engländern erfuhr, strapazierten sie sehr: Lange Dunkelheit, starke Kälte, Nässe und schwerster Seegang. Das alles wochenlang.

Unsere selbsternannten Seehelden wollen nun locker und flockig diese Region durchqueren. Hoffentlich gelingt es der zuständigen Behörde in Ushuaia, sie von der Durchführung abzuhalten. Es hieße Gott versuchen, weitere Belehrungen in den Wind zu schlagen.

Segeberger Zeitung 5.4.84

Ungeheuerlichkeit, dem Mythos Kap Hoorn mit so zerbrechlichen Booten zu begegnen. Es war, als ob die ›Heilige Kuh‹ der Seeleute geschlachtet werden sollte, ein Mangel an Respekt und Ehrfurcht, kurz: einfach unanständig.

13

Aber auch bei Leuten, die meine vorangegangenen Reisen und Expeditionen mit Wohlwollen oder zumindest Interesse verfolgt hatten, stieß ich teilweise auf Ungläubigkeit, wenn ich von meinem neuen Unternehmen berichtete. Zwar traut man mir schon eine Menge verrückter Einfälle zu, wobei weniger die Ideen selbst als vielmehr der Umstand, diesen auch Taten folgen zu lassen, scheinbar Anlaß zum Kopfschütteln gibt. Wohl habe ich mir in den letzten Jahren, bedingt durch meine Expeditionen, eine Art Bonus, ja man könnte fast sagen, Narrenfreiheit erworben. Dieses neue Vorhaben hingegen stieß deutlich bei vielen Leuten an die Grenze der Verträglichkeit. Vielleicht lag es daran, daß das Meer der norddeutschen Bevölkerung in einem ganz anderen Maße vertraut ist, als zum Beispiel Grönland. Sturmfluten, Berichte über Schiffshavarien und wohl auch manch sonntägliche Butterfahrt mögen den nachhaltigen Eindruck vermittelt haben, daß eine Faltbootfahrt auf offenem Meer unbedingt den Zorn Neptuns nach sich ziehen müsse. Und dann ums Kap Hoorn – im Winter – ohne Begleitboot... Nun ist dem Fuchs endgültig die Sicherung durchgebrannt.

Ich hatte diese Reaktion sehr wohl vorausgeahnt und deshalb solange wie möglich danach getrachtet, die Unternehmung geheimzuhalten. Nur im engsten Freundeskreis war man eingeweiht. Ich wollte einfach solange wie möglich bohrenden Fragen, unheilschwangeren Prognosen, Einschüchterungsversuchen und entnervenden Telefonaten entgehen. Es würde nicht den Tatsachen entsprechen, wenn ich behauptete, daß mich derartige Anfechtungen kalt lassen. Immer wieder nahm ich meine Unterlagen und meine Berechnungen zur Hand, ging sämtliche Positionen durch, bis ich sie schließlich im Schlaf beherrschte. Stets war dabei die bohrende Frage im Hintergrund: Hast du etwas vergessen? Sachfragen nehme ich also durchaus ernst und prüfe sie eingehend. Alles andere wäre verantwortungslos und fahrlässig. Persönliche Anfechtungen berühren mich heute sicherlich in einem viel geringeren Maße, als es noch vor einigen Jahren der Fall gewesen ist. Schließlich mache ich diese Reisen nicht anderen Leuten zum Wohlgefallen, sondern weil ich sie für mich persönlich als wichtig und erstrebenswert erachte. Dennoch empfinde ich es immer noch als schmerzlich, wenn andere

Leute versuchen, mich zu diskreditieren oder gar zu verletzen, nur weil sich meine Vorstellungen mit ihren nicht decken.

Die Idee zu dieser Unternehmung trug ich schon seit geraumer Zeit mit mir herum. Vor einigen Jahren habe ich eine Ausbildung bei der deutschen Handelsmarine durchlaufen und während dieser Zeit immer wieder Gelegenheit gehabt, Horrormeldungen über eben jenes Kap zu hören. Wahrheit und Dichtung lagen bei all diesen Berichten und Erzählungen naturgemäß dicht beieinander; und so lag es ganz einfach in der Natur der Sache, daß mich dieses Kap mehr und mehr zu faszinieren begann. Eine mir eigene Neugierde machte sich immer breiter und veranlaßte mich schließlich, mit den Recherchen über dieses Kap zu beginnen. Der erste Eindruck, den ich dadurch gewann, hinterließ bei mir zunächst das Gefühl, daß bei diesem Kap vierundzwanzig Stunden lang am Tag und dreihundertfünfundsechzig Tage lang im Jahr schwerer Sturm herrschen müßte. Diese Vorstellung ging mir, wie wohl leicht nachzuvollziehen ist, nur schwerlich ein. Ein stürmisches Kap – gut. Ein für die Seefahrt oftmals fatales Kap – auch gut, oder eben nicht, je nachdem, wie man es sieht. Auf keinen Fall konnte das Kap aber so schlimm sein wie sein Ruf. Was war nun aber dran an diesem Mythos Kap Hoorn, was war Dichtung, was war Wirklichkeit? Man kann fragen, wen man will, fast jeder hat schon einmal von diesem berüchtigten Kap gehört. Allerdings sind sich die Befragten meist nicht sicher, wo denn dieses Kap nun eigentlich liegt, ob am Zipfel von Südafrika oder eben Südamerika. Jeder bringt dieses Kap aber mit Sturm und schlechtem Wetter in Verbindung.

Anfängliche Recherchen schienen den Skeptikern recht zu geben. In einem englischen Reisehandbuch war zum Beispiel unter der Rubrik ›Das Beste und das Schlimmste‹ zu lesen, daß Feuerland das schlechteste Klima von allen Zonen überhaupt habe. In einem deutschen Reiseführer war sinngemäß zu lesen, daß, wenn es denn schon unbedingt Feuerland sein muß, man doch bittesehr nur zwischen November und März dorthin fahren solle. In der übrigen Zeit wäre es nämlich unangenehm kalt und würde fast unterbrochen regnen. Die Seehandbücher beschreiben diese Region etwas differenzierter, wenngleich der Ge-

16

samteindruck, daß dort vorwiegend schlechtes Wetter herrscht, bestehen bleibt. So ist zum Beispiel im South America Pilot zu lesen, daß diese Region von einer nahezu ununterbrochenen Serie von Tiefdruckgebieten überzogen wird. Südlich von 54° südlicher Breite kann es zu jeder Jahreszeit schneien. Unberechenbare und brutale Sturmböen sind häufig in dieser Küstenregion. Auf dem offenen Wasser betragen rund dreißig Prozent aller gemessenen Windgeschwindigkeiten Stärke 7 oder mehr nach der Beaufort-Skala. Hurrikanstärken sind keine ausgesprochene Seltenheit, und Sturmböen, die 100 Knoten, entsprechend 185 Stundenkilometer, erreichen, sind häufig gemessen worden. Die Liste der Zitate ließe sich beliebig weiterführen. Würde das Guiness Buch der Rekorde einen Platz für das schlechteste und unwirtlichste Klima auf der Erde vergeben – Feuerland würde hier, über jeden Zweifel erhaben, an erster Stelle liegen. Nicht nur der vorwiegend aus westlichen Richtungen kommende

Der zerstörenden Wirkung der schweren Kap-Hoorn-See fiel so mancher Windjammer zum Opfer. (Foto: Archiv K. Schuldt)

Starkwind ist bemerkenswert, auch die Niederschlagsmengen sind beeindruckend und werden nur von denen in tropischen Regenwäldern übertroffen. Keiner der Einwohner von Pt. Williams, der südlichsten Ansiedlung außerhalb der Antarktis und zu Chile gehörig, verliert ein Wort darüber, wenn es zum Beispiel mit Windstärke 6 oder 7 weht. Das sind noch durchaus akzeptable Windverhältnisse für Fischer, Zimmerleute oder Dachdecker, um ihrer Beschäftigung nachzugehen. Windstärke 11 und 12 sind keine Seltenheit, und Stürme, die Hurrikanstärke erreichen, gehören zum Jahreszyklus wie bei uns die Herbst- oder Frühjahrsstürme. Da diese Winde fast immer aus westlichen Richtungen kommen, baut sich demgemäß über der riesigen Fläche des Pazifiks eine zum Teil atemberaubende Dünung auf, eben das, was als Kap-Hoorn-See berühmt und berüchtigt ist. Eben diese furchterregenden Wellenberge waren es, die so manch hartgesottenem Seemann das Herz in die bewußte Hose rutschen ließen. Die demoralisierende Wirkung, die von derartigen Riesenseen ausgeht, kann wahrhaftig nur der ermessen, der ähnliches schon einmal erlebt hat.

Es gibt sie also, die Wellenberge und Sturmtiefs. Im Verlauf unserer Expedition sollten wir in eindrucksvoller und nachhaltiger Form erfahren, was es bedeutet, sich diesen Naturgewalten auszusetzen. Aber trotzdem – obwohl wir uns die angeblich schlechteste Jahreszeit, nämlich den Winter, ausgesucht hatten, erlebten wir auch einige schöne und fast gänzlich windstille Tage. Die Behauptung, es stürme am Kap Hoorn ununterbrochen, trifft dort genauso wenig zu wie an irgendeiner anderen Stelle dieser Erde. Es gibt immer wieder Perioden, in denen sich das Wetter beruhigt und fast milde zu nennen ist. Berichte von Seglern, von chilenischen Fischern und Aussagen der chilenischen Marine bestätigen dies eindeutig. Eben diese Sturmpausen oder Wetterberuhigungen wollten Rainer Neuber und ich nutzen. Wir hängen beide viel zu sehr am Leben, als daß wir uns in

Kap Hoorn ist zum Inbegriff seemännischer Leistungen, aber auch Leiden geworden. Die Viermastbark ›Priwall‹. (Foto: Archiv K. Schuldt)

selbstmörderischer Art und Weise in ein unkalkulierbares Risiko stürzen. Das Problem und die Schwierigkeit lag darin, eine Wetterveränderung rechtzeitig zu erkennen und entsprechend darauf zu reagieren. Uns beiden war natürlich klar, daß wir in einem der schweren Kap-Hoorn-Stürme mit unseren zerbrechlichen Booten kaum eine Überlebenschance gehabt hätten. Allerdings ist dies eine Feststellung, die nicht nur für die Kap-Hoorn-See gilt. Stürme gibt es bekanntlich auch auf anderen Meeren. Dem Paddler kann es letztendlich egal sein, ob er bei Windstärke 12 oder 13 im Boot sitzt – in beiden Fällen ist seine Überlebenschance äußerst gering! Der eigentliche Unterschied zwischen der Kap-Hoorn-See und anderen Meeren liegt, zumindest aus der Betrachtungsweise des Paddlers, weniger in der Sturmstärke, als vielmehr in der Spontaneität, mit der ein Unwetter auftritt. Genau das war der Punkt, dem wir höchste Bedeutung beimaßen. In der sorgfältigen Beobachtung des Wetters, in der Festlegung der Tagesetappen, in der Entscheidung, ob man paddeln oder aber noch einen Tag auf besseres Wetter warten sollte – darin lag der Schlüssel zum Erfolg oder Mißerfolg. Die Logistik einer Faltboot-Expedition sieht anders aus als die, die ein Segler für eine Kap-Hoorn-Umrundung benötigt. Während bei aufkommendem Sturm Schiffe meist das offene Wasser suchen müssen – unterstellt, daß kein sicherer Hafen oder Ankerplatz in der Nähe ist, um dort den Sturm abzureiten –, wird der Paddler bemüht sein, rechtzeitig die nahe Küste zu erreichen. Es mag sich leichter anhören, als es in Wirklichkeit ist, denn oftmals findet man gerade in dieser Region nur schroffe Klippen und Felsen vor, die ein Anlanden durch die Brandung zu einem Balanceakt machen.

Bereits im Jahre 1977 hatte es eine Kap-Hoorn-Umrundung mit Kajaks gegeben. Eine Gruppe von vier Engländern hatte – auf der wegen der Windverhältnisse günstigeren West-Ost-Route – Kap Hoorn umrundet. Dies war nach übereinstimmender Auskunft der chilenischen Marine, die sämtliche Aktivitäten in dieser Region überwacht, der erste und einzige Versuch dieser Art. Rainer Neuber und ich sollten nun die ersten sein, die diese Route im südlichen Winter bewältigen wollten. Durch Umstände, auf die ich im weiteren noch eingehen werde, waren wir letztendlich sogar gezwungen, die schwierigere Ost-West-Richtung zu paddeln.

Diese Expedition war, darin sind wir uns beide einig, das Risikoreichste und Extremste, was wir bislang erlebt haben. Die kurzen, winterlichen Tage, das mitunter tagelange Schneetreiben, das nur durch Graupel- oder Regenschauer abgelöst wurde, forderte uns vollends sowohl in physischer als auch in psychischer Hinsicht. Bereits nach kurzer Zeit waren unsere Spezialanzüge vom eigenen Schweiß feucht, Zelt und Schlafsäcke durch die ständige Feuchtigkeit klamm und naß, und wollten wir morgens unsere Ausrüstung zusammenpacken, dann mußten wir zunächst das Eis von diesen Gegenständen entfernen.

Die Witterungsverhältnisse waren erfahrungsgemäß schlecht, das wird aus der im Anhang befindlichen Klimatabelle ersichtlich. Wäre das Wetter um Kap Hoorn aber so schlecht wie sein Ruf, würde ich heute sicherlich nicht mehr hier sitzen und darüber berichten können.

Wir haben die Herausforderung, Kap Hoorn im Faltboot zu umrunden, angenommen und bewältigt. Beide sind wir uns aber auch in einem Punkt einig: das gleiche noch mal – nie wieder!

Kap Hoorn ist zum Mythos geworden, in dem sich die kollektive Erfahrung, Furcht und Leiden Generationen von Seeleuten widerspiegelt. Dabei kann es nicht ausbleiben, daß zu diesem Sammelsurium von Erlebnissen und Berichten auch eine gehörige Portion Seemannsgarn hinzugekommen ist. Wenn man nach nüchterner Betrachtung der Gegebenheiten die für eine solche Unternehmung notwendige Information herausgefiltert hat, erhält man langsam ein anderes Verhältnis zu dieser Region. Was bleibt, ist eine überaus rauhe, aber nicht minder reizvolle Landschaft, die, allen klimatischen Widrigkeiten zum Trotz, einst die Heimat von Menschen war – nämlich die der Feuerländer.

Das Volk der Feuerländer war eine Ursache für unsere Unternehmung. Warum dies so war, werde ich an entsprechender Stelle erläutern. Es ging uns also nicht darum, irgendwelchen Seeleuten den Rang abzulaufen, die dieses Kap auf Segelschiffen umrundet haben. Ich sagte es ja bereits – unserer Expedition lagen andere Überlegungen zugrunde. Die Großsegler vergangener Zeiten unterlagen ganz anderen Gesetzmäßigkeiten als ein Faltboot. Wie unterschiedlich die klimatischen Gegebenheiten dort sein konnten und wie selbst erfahrene Seeleute mit den Widrigkeiten zu kämpfen hatten, zeigen die Reisen des Segelschiffes ›Priwall‹ im Jahre 1938, wie die der ›Susanna‹ im Jahre 1905 auf. Während die Priwall die Umrundung in einer Rekordzeit von fünf Tagen und vierzehn Stunden schaffte, benötigte die Susanna, ebenfalls in Ost-West-Richtung, für die gleiche Umrundung vierundneunzig Tage. Der Yachtsegler Hal Roth, der ebenfalls Kap Hoorn umrundet hat, beschreibt den Sturm in seinem Buch ›Zwei gegen Kap Hoorn‹: »Es ist das Geräusch des Windes, das mich fertigmacht. Das ständige Stöhnen. Die Crescendos. Der hohle Schrei. Das Toben, wenn er über uns ist. Aber diese Worte sagen nicht viel, weil sie nur andeuten, zu was der Wind fähig ist. Niemand kann die Orkanböen von Kap Hoorn beschreiben. Man muß ihre Farbe, ihre Form und ihre Macht am eigenen Leib erfahren.«

Kap Hoorn ist, trotz nüchterner Betrachtung, eines der letzten großen Abenteuer unserer Zeit.

Eine Reise zurück zum Ursprung

Als am 20. September 1519 ein aus fünf alten Karavellen beste-
hendes Geschwader den spanischen Hafen San Lucar verließ,
ahnte keiner der 265 Männer an Bord der Schiffe, daß nur 18
von ihnen die Heimat wiedersehen würden. Kommandant dieser
kleinen Flotte war ein Portugiese, der sich durch den portugiesi-
schen Königshof geschmäht fühlte und daraufhin verbittert
nach Spanien ausgewandert war. Das Zeitalter der Entdeckungen hatte bereits das alte Weltbild grundlegend verändert. Männer wie Christoph Kolumbus, der Entdecker der Neuen Welt,
sowie Vasco da Gama, der den Seeweg nach Asien fand, den
fälschlicherweise bereits Christoph Kolumbus gefunden zu haben glaubte, eröffneten völlig neue Horizonte und hielten den
Wunsch nach weiteren neuen Entdeckungen wach. Fernando de
Magellanes, der unter dem Kürzel ›Magellan‹ in die Geschichte
einging, war bekannt als erfahrener Seemann und Kämpfer, der
selbst in der ausweglosesten Situation nicht verzweifelte. Durch
ein Zusammentreffen mit dem Astrologen Ruy Fareiro erfuhr er
von dessen Idee, daß es zwischen dem Atlantischen und dem
Pazifischen Ozean eine Passage geben müsse. Der Gedanke an
diese Süd-West-Passage ließ den Abenteurer Magellan fortan
nicht mehr los. Besessen von der Idee, eine Durchfahrt zu finden,
gelang es Magellan, den König von Spanien, Karl I., für seine
Pläne zu gewinnen. Dadurch öffneten sich für Magellan Tür und
Tor, um die Suche nach der Passage aufzunehmen. Was als Suche nach einer Seeverbindung zwischen Atlantik und Pazifik geplant war, endete schließlich in der ersten Weltumseglung der
Geschichte. Unstimmigkeiten unter den Seeleuten ließen diese
Unternehmung zu einer der härtesten der Seefahrtsgeschichte
überhaupt werden.

Je weiter er mit seinen Schiffen an der Westküste Südamerikas gen Süden fuhr, desto kälter und stürmischer wurde es. Nachdem er in einer geschützten Bucht überwinterte, lief er am 1. November 1520 in eine Meeresstraße ein, die den Weg nach Westen freigab. Vorsichtig, stets mit Stürmen und Gezeitenströmen kämpfend, suchte er seinen Weg nach Westen. Während der Nächte konnten die Seeleute am südlichen Ufer immer wieder vereinzelte Lagerfeuer entdecken. Aufgrund dieser Feuer, die von Eingeborenen stammten, nannte Magellan das Land im Süden ›Tierra del Fuego‹ – zu deutsch: Feuerland. Tatsächlich leitet sich der Ursprung des Wortes Feuerland also nicht, wie fälschlicherweise oft angenommen wird, vom Vulkanismus her, sondern von den nächtlich erleuchteten Lagerplätzen der Indianer dieser Region.

Am 27. November des gleichen Jahres erreichte die mittlerweile stark dezimierte Schar von Seeleuten das Kap Pilar. Magellan hatte somit sein Ziel, eine Süd-West-Passage zu finden, erreicht. Doch war damit der Ehrgeiz Magellans bei weitem nicht gestillt. Allen Widrigkeiten zum Trotz suchte er weiter den Seeweg nach Westen. Über 100 Tage dauerte die Reise über das ›Mar Pacifico‹, wie Magellan den Stillen Ozean taufte, über 100 Tage, in denen die Mannschaft samt und sonders von Skorbut befallen wurde und stets den Hungertod vor Augen hatte. Doch obwohl sie schließlich auf Land stießen und Proviant und Frischwasser ergänzen konnten, blieb die Reise hart und unerbittlich. 1100 Tage, nachdem sie die Küste Spaniens verlassen hatten, lief das einzig verbliebene Schiff, die Victoria, mit achtzehn völlig erschöpften Seeleuten wieder in den Hafen von San Lucar ein, in dem drei Jahre zuvor die Expedition ihren Anfang genommen hatte. Magellan selbst hatte das Ende dieser ersten Weltumseglung nicht mehr miterleben dürfen. Er war bereits am 27. April 1521 bei einer bewaffneten Auseinandersetzung mit Eingeborenen auf einer der Philippinen-Inseln erschlagen worden.

Die Süd-West-Passage, die er fand, wurde nach ihm benannt und trägt noch heute den Namen ›Magellan-Straße‹.

Zwar hatte Magellan eine Passage zwischen dem Atlantik und dem Pazifik gefunden, die Entdeckung des Südzipfels von Amerika sollte hingegen noch einige Zeit auf sich warten lassen und keinem geringeren als dem Piraten und Freibeuter im Dienste Ihrer Majestät, der englischen Königin, Sir Francis Drake, zuteil werden. Im Jahre 1577 verließ er mit insgesamt fünf Schiffen den britischen Hafen Plymouth, um am 20. August 1578 in die von Magellan gefundene Meeresenge einzufahren. Am 6. September 1578 segelte die nunmehr nur noch aus drei Schiffen bestehende Flotte in den Pazifik ein, um dort von einem furchtbaren Sturm überrascht zu werden. Eines der Schiffe, die Marigold, versank in den aufgewühlten Fluten. Das zweite Schiff, die Elisabeth, verlor den Kontakt zu Drakes Flaggschiff, der Golden Hind, und kehrte dementsprechend nach England zurück. Die Golden Hind hingegen wurde völlig machtlos zum Spielball der Elemente und fand sich, nachdem der Sturm endlich nachgelassen hatte, weiter im Süden wieder, als je zuvor ein Schiff gewesen war. Drake ging vor einer Inselgruppe vor Anker, die er zwischen dem 56. und 57. Breitengrad ansiedelte. In seinem Reisebericht ist von einem Kap oder Vorgebirge die Rede, das im Norden zu finden war, wohingegen sich im Süden nichts als offenes Meer befand. Drake hatte somit durch Zufall den äußersten Zipfel Südamerikas erreicht und damit auch zugleich erkannt, daß Südamerika in einer Spitze nach Süden hin ausläuft. Drake ging auf der vermeintlich südlichsten Insel – es handelte sich hierbei um die Insel Henderson – an Land und war somit der erste Europäer, der erkannte, daß Amerika nicht mit der Antarktis verbunden war. Das südlich gelegene Meer wurde nach seinem Entdecker ›Drake-Passage‹ getauft.

Die Kunde von einem Seeweg um den Südzipfel Südamerikas ließ rund vierzig Jahre später eine Gruppe von Holländern aufmerksam werden, die einen Weg über Südamerika nach Indien suchten, ohne dabei die für die Seefahrt so gefährliche Magellan-Straße benutzen zu müssen. So brach dann im Jahre 1616 eine Expedition unter der Leitung von Isaac le Maire und Willem Schouten von Holland an Bord des 360 Tonnen-Seglers ›Eendracht‹ auf und umsegelte schließlich am 29. Januar 1616 die südlichste Inselgruppe Amerikas, die in einem Kap auslief. Entsprechend der Heimatstadt Schoutens, der aus der Stadt Hoorn kam, trägt das Kap heute diesen Namen – Kap Hoorn, oder wie die Spanisch sprechende Bevölkerung Südamerikas sagt: Cabo de Hornos.

Im Laufe der Zeit nahm dieser neue Seeweg mehr und mehr an Bedeutung zu. Die gelegentliche ethnologische und kartographische Erkundung dieser Region sollte jedoch erst viel später beginnen. Im Dezember des Jahres 1831 lief das britische Forschungsschiff ›Beagle‹ unter dem Kommando von Kapitän Robert Fitzroy zu einer fünf Jahre dauernden Weltreise aus. An Bord der Beagle befand sich ein junger Naturforscher, der später mit seinen auf dieser Reise gewonnenen Lehren die wissenschaftliche Welt in Aufruhr versetzte. Dieser junge Wissenschaftler, der den vorherrschenden Glauben an die Entstehungsgeschichte umkrempelte, hieß Charles Darwin. Während die Beagle nahezu die gesamte Küstenlinie abfuhr, unternahm der junge Darwin immer wieder naturkundliche Ausflüge ins Landesinnere. Dort, wo die Beagle nicht hingelangen konnte, verwendete er kleine Kutter, um sich auf diese Art und Weise auch abgelegene Landstriche zugänglich zu machen. Darwin schien gleichermaßen erschrocken als auch beeindruckt von der Landschaft und seinen Einwohnern zu sein. Das dichte Unterholz, die unzugänglichen Wälder erinnerten ihn an die Tropen. Allerdings wurde dieser Eindruck durch das kalte, nasse und rauhe Klima Feuerlands sofort wieder verwischt. Die Indianer, die Darwin vorfand, hinterließen bei ihm einen gemischten Eindruck. Einerseits weckten sie seine Forschernatur, andererseits schien er voller Verachtung für dieses primitive Volk zu sein. Während es für Kapitän Fitzroy bereits die zweite Expedition in diese Region war, betrat Darwin für ihn wissenschaftliches Neuland. Am meisten beeindruckten ihn die Indianer, die im tiefsten Süden bis hin zur Kap-Hoorn-Region ihr Leben fristeten. Diese Indianer vom Stamme der Yahgan waren ausgesprochene Wassernomaden. Aus Bäumen bauten sie sich primitive Kanus und reisten mit diesen Booten von Bucht zu Bucht, von Insel zu Insel. Dabei führten sie in ihren Kanus ein kleines Feuer mit, das ihnen Wärme spendete und das ihnen bei einer Landung zum Entfachen eines großen Lagerfeuers diente. Ihre Nahrung beschafften sie sich fast ausschließlich aus dem Meer. Dabei bedienten sie sich einer einfachen, bei den herrschenden Temperaturen und

Witterungsverhältnissen kaum vorstellbaren Technik: Sie tauchten nämlich nach Muscheln, Seeigeln und Krebsen, wobei insbesondere eine große Krabbenart, die Centolla, Ziel ihrer Tauchgänge war. Tauchen – bei Wassertemperaturen, die selbst den abgebrühtesten Eskimo erschaudern lassen würden.

Die Lebensform dieser Ureinwohner erschien Darwin derart primitiv und menschenunwürdig, daß er allen Ernstes überlegte, ob diese Indianer nicht das fehlende Bindeglied zwischen den

Yahgan-Indianer in ihrer Behausung. (Zeitgenössische Darstellung)

Gattungen Mensch und Tier waren. Darwin schrieb nach einem Treffen mit Indianern: »Ich hätte niemals geglaubt, wie vollkommen der Unterschied zwischen wilden und zivilisierten Menschen ist. Er ist größer als zwischen einem wilden Tier und einem Haustier.«

Darwin empfand keine Sympathie für diese Indianer. Er betrachtete sie lediglich mit der sterilen Neugierde eines Wissenschaftlers, etwa so, wie er eine seltene Spezies von Pflanzen betrachten würde. Für Darwin waren die Yahgan-Indianer, wenn überhaupt zur Gattung Mensch gehörend, nur eine Art Untermensch, also etwas Zweitklassiges. Der Kapitän der Beagle, der tiefreligiöse Fitzroy, war da anders geartet. Er hatte auf einer früheren Reise drei Geiseln der Yahgan-Indianer an Bord genommen und nach England gebracht. Der dortige Versuch, sie zu ›zivilisierten‹ Menschen umzuformen, schlug offensichtlich fehl. Jedenfalls fühlte Fitzroy sein Gewissen schlagen und nahm die drei auf der nächsten Reise der Beagle kurzum wieder mit zurück in ihre Heimat, um sie dort in ihrem natürlichen Umfeld wieder auszusiedeln. Fitzroy ließ ihnen sogar von Seeleuten eine Unterkunft bauen, versorgte sie mit umfangreichen Ausrüstungsgegenständen und war peinlich darauf bedacht, daß die Integration gelingen möge.

Von dem fatalen Gedanken beseelt, daß nur zivilisierte beziehungsweise christianisierte Menschen glücklich sein können, zog es in den darauffolgenden Jahren Missionare in diese ferne Region. Paradoxerweise sollte aber gerade dieser sicher gutgemeinte Missionierungsgedanke den Anfang vom Ende für die Indianer bedeuten. Das Schicksal der Indianer schien vorprogrammiert zu sein, und wenngleich sie auch kein gewaltsames Ende fanden wie viele ihrer weiter nördlich lebenden Vettern, so ändert dies dennoch nichts an der Tatsache, daß die Yahgan-Indianer langsam aber sicher ausstarben, durch Umstände, auf die ich später noch zu sprechen kommen werde.

In solchen primitiven Zeltunterkünften trotzten die Yahgan den brutalen Stürmen und der eisigen Kälte. Sie waren dabei noch fast unbekleidet! (Nachbau eines Zeltes in Pt. Williams)

Die vermutlich letzte reinrassige Yahgan-Indianerin, die Abuela Rosa, starb vor wenigen Jahren in Puerto Williams. Mit ihr starb ein Naturvolk, das, wie Ethnologen inzwischen herausgefunden haben, zwar materiell primitiv, in geistiger Hinsicht den Europäern aber durchaus ebenbürtig war.

Das Schicksal der Feuerland-Indianer hat exemplarische Bedeutung. Es ließe sich leicht eine Vielzahl von Naturvölkern aufzählen, die den gleichen Weg gegangen sind oder noch gehen werden.

Heute gibt es südlich des Beagle-Kanals nur eine einzige kleine Siedlung, das zu Chile gehörende Puerto Williams. Nach der Eröffnung des Panama-Kanals verlor die Feuerland-Region und mit ihr Kap Hoorn an Bedeutung. Wären da nicht einige alte Seebären, die die heroische alte Zeit der Segelschiffe dann und wann wieder hochleben ließen, wäre nicht hier und da ein Weltumsegler, der die gefährliche Route ums Kap sucht, und wäre letztlich nicht der Konflikt zwischen Argentinien und Chile wegen der drei im Ostausgang des Beagle-Kanals liegenden Inseln Nueva, Picton und Lennox, der immer wieder für Schlagzeilen gut ist, so wäre wohl diese Region gänzlich aus den Berichten der Weltpresse verschwunden. Dieser Konflikt ist auch ursächlich dafür verantwortlich, daß es den kleinen Ort Puerto Williams auf der Insel Navarino überhaupt gibt, der im Grunde genommen nichts anderes ist als eine Marinebasis. Die Inseln im südlichen Teil der Feuerland-Region sind heute gänzlich unbewohnt, sieht man einmal von einigen kleinen Militärstationen ab, die wegen dieses besagten Konfliktes im südlichen Inselarchipel entstanden sind.

Die Verknüpfung von Berichten über die stürmische und lebensfeindliche Kap-Hoorn-Region und denen des Charles Darwin über das primitive Urvolk der Yahgan-Indianer gaben letztlich den Ausschlag für mich, diese Expedition zu unternehmen. Wie bei allen meinen Expeditionen und Reisen spielte natürlich auch eine gute Portion Abenteuerlust, geboren aus einer Neugierde an fremden Situationen, eine große Rolle. Aber Abenteuerlust alleine ist sicher nicht die treibende Kraft, die mich immer wieder derartige Reisen unternehmen läßt. Jede dieser Unternehmungen ist ein Trip zurück in unser aller Vergangenheit –

eben eine Reise zurück zum Ursprung. Die Yahgan-Indianer konnten nur deshalb in dieser rauhen Zone überleben, weil sie einen völligen Einklang mit der Natur gefunden hatten. Dem Menschen des 20. Jahrhunderts ist dieser Einklang längst abhanden gekommen. Schmerzlich muß er heute erkennen, daß nur das Wechselspiel zwischen Natur und Menschen langfristig ein Überleben sichert. Das dramatische Waldsterben, die Verschmutzung der Meere und eine kaum noch in den Griff zu bekommende Luftverschmutzung legen nur überdeutlich dafür Zeugnis ab, daß der Mensch in aufgeblähter Besserwisserei sich selbst den Boden unter den Füßen entzieht. Versuche, dieses Übel abzustellen, werden teils halbherzig, teils zaghaft durchgeführt. Statt dessen ist man aber jederzeit bereit, das ohnehin wahnwitzige Militärpotential immer weiter aufzustocken, und versucht dabei, diesen Irrsinn auch noch rational zu rechtfertigen.

Der sogenannte zivilisierte Mensch hat die Spielregeln, die die Natur vorgegeben hat, nicht eingehalten. Er hat eigene Regeln aufgestellt und dabei Minderheiten, die sich an die Gesetzmäßigkeiten der Natur hielten, verhöhnt. Aber nicht nur das, er hat stets darüber hinaus versucht, seine Wertvorstellung von Lebensqualität anderen aufzuzwingen.

Aus dieser Erkenntnis heraus gewinnt das Dasein eines Naturvolkes wie das der Yahgan-Indianer eine ganz andere Dimension und ist daher für mich brandaktuell. Rainer Neuber und ich haben diese Expedition unternommen, um am eigenen Körper zu erfahren, was es heißt, in dieser stürmischen Landschaft zu überleben. Statt Einbäume benutzten wir Kajaks, und anstatt unbekleidet in den Booten zu sitzen, trugen wir spezielle Kälteschutzanzüge. Wir sind realistisch geblieben; schließlich sind wir keine Yahgan-Indianer, die physisch in der Lage waren, diesen klimatischen Bedingungen zu trotzen. Aber wir wollten es uns auch nicht leicht machen, und deshalb suchten wir uns den rauhen Winter aus, und Faltboote, wenngleich seetüchtiger, kommen den indianischen Kanus doch immerhin nahe. Auf jeder meiner Reisen habe ich dazugelernt, bin jedesmal ein Stückchen näher an die Natur gerückt. Ich versuche, verlorenes Terrain wiederzugewinnen. Beide erheben wir nicht den Anspruch, richtungsweisend oder Vorbild zu sein – wir unternehmen diese Reisen letztendlich für uns selbst und versuchen nur, unsere Eindrücke weiterzuvermitteln, um auf diese Art und Weise andere Menschen an den Reisen teilhaben zu lassen. Rainer Neuber und ich haben uns auf dieser neuen Reise quasi experimentell auf eine der primitivsten und ursprünglichsten Lebensform zurückgestuft. Wenngleich die Reise auch hart, entbehrungsreich und manchmal gefährlich war, stets waren wir rundherum glücklich und guten Mutes und genossen eine Zeit intensivsten Naturerlebens.

Ich sagte es bereits, diese Reise soll niemanden zur Nachahmung inspirieren. Um eine Expedition dieser Größenordnung gesund und erfolgreich durchstehen zu können, ist es erforderlich, daß man diese Art zu reisen wie eine Art Handwerk erlernt. Der Geist, der hinter unserer Unternehmung stand, nämlich aus der Natur zu lernen und dies auch zu beherzigen, ist für jedermann zugänglich, und nichts würde uns beide mehr freuen, als wenn wir vielleicht den einen oder anderen veranlassen könnten, über sich und seine Umwelt nachzudenken.

Von Grönland nach Feuerland

Knapp neun Monate waren vergangen, seit Rainer Neuber und ich zerlumpt und schmutzig von einer 70tägigen Durchquerung des Grönländischen Inlandeises nach Deutschland zurückgekehrt waren. Bereits auf dem Bahnhof von Kopenhagen, unmittelbar nach unserer Rückkehr aus Grönland, trennten sich unsere Wege. Rainer fuhr nach London, wo er zur Zeit lebt, und ich reiste ins schleswig-holsteinische Bad Bramstedt, wo ich mein Domizil habe. Dort eingetroffen, mußte ich mich zunächst einmal mit meinem bedrohlich angefüllten Schreibtisch aussöhnen und tat mein Möglichstes, um den Berg, der sich vor mir auftürmte, abzubauen. Wenn ich nicht gerade an meinem neuen Buch arbeitete oder Briefe schrieb, war ich unterwegs und hielt Dia-Vorträge über die Grönland-Expedition. Von einem Menschen, der viel reist, erwartet man letztendlich auch nichts anderes, als daß er eine neue Reise unternimmt. Die Frage nach meinem neuen Reiseziel verfolgte mich auf Schritt und Tritt, und wenn ich vorsichtig antwortete, daß dieses noch nicht feststünde, so erntete ich meistens ein wissendes Lächeln, was wohl etwa soviel bedeuten sollte wie: »Wissen tust du's schon ganz genau, du willst es mir nur nicht sagen!«

In der Tat war die Zeit aber so hektisch und ausgefüllt mit den unterschiedlichsten Aufgaben, daß ich zumindest in den ersten drei Monaten nach der Grönland-Expedition kaum Muße fand, mit mir selbst in Klausur zu gehen und neue Expeditionswünsche zu konkretisieren. Mir lag das Angebot vor, mich einer Gruppe von Bergsteigern anzuschließen, die den höchsten Berg Nordamerikas, den Mount McKinley, besteigen wollten. Der Berg interessierte mich, nicht jedoch die Aufstiegsroute, die diese Gruppe gewählt hatte, und so verwarf ich eine Beteiligung an dieser Unternehmung. Für den Sommer 1984 hatte ich bereits mit meiner Freundin Brigitte sowie zwei amerikanischen Freunden eine Expedition nach Kanada geplant. Wollte ich also noch etwas anderes unternehmen, dann mußte dies irgendwann zwischen März und Juni geschehen. Vorher hatte ich noch Vorträge zu halten, und ab Juli würde ich in Kanada sein. Bei mir auf dem Schreibtisch steht eine Ablage, die eine Reihe von Aktendeckeln enthält, in denen wiederum Unterlagen zu den unterschiedlichsten Reiseplanungen liegen. Dies hat sich als eine sehr wirksame Methode erwiesen, Materialien zu sammeln bzw. zu archivieren. Wann immer ich Materialien über einen für mich interessanten Landstrich finde, ordne ich sie entweder der entsprechenden Akte zu oder lege eben eine neue an. Im Laufe der Zeit hat sich auf diese Art und Weise eine ganz stattliche Anzahl von Aktenordnern angesammelt. Ich sah den Stapel durch und blieb beim letzten hängen. Es war ein ziemlich umfangreicher Ordner, den ich dort aus dem Stapel hervorzog und mir ansah. Auf dem Umschlagdeckel stand mit Bleistift geschrieben: ›Kap Hoorn‹.

Es mag an die zwei Jahre her gewesen sein, daß mir beim Stöbern in einer Bibliothek zufällig ein Buch unterkam, in dem mehrere Äußerungen des Charles Darwin über die Feuerland-Indianer zitiert wurden. Damals hörte ich zum erstenmal von der Existenz derartiger Indianer. Zuvor war auch für mich Feuerland nur das gewesen, was es im weitläufigen Sinne für den größten Teil der Bevölkerung darstellt, nämlich ein sturmumtostes und unfreundliches Gebiet. Ich machte mir damals einige Notizen, suchte eine Zeitlang beharrlich nach weiteren Informationsquellen und ordnete dies alles sorgfältig dem Ordner zu. Wenngleich das Umfeld ein anderes war, so sah ich dennoch Parallelen zwischen diesen Feuerland-Indianern und den Eskimos auf der anderen Seite der Erdkugel im hohen Norden. Beides waren Völker, die unter extremen Lebensbedingungen ihr Dasein fristeten und die nur durch ein hohes Maß an Anpassung überhaupt in der Lage waren zu überleben. Spontan ging mir der Gedanke durch den Kopf, einmal den Spuren dieser Feuerland-Indianer zu folgen – und was lag da näher, als dies mit gleichen oder zumindest ähnlichen traditionellen Fortbewegungsmitteln zu tun. Gesagt, getan. Ich besorgte mir Reiseberichte, Seekarten,

Seehandbücher, Klimatabellen, kurz – was immer es über diese Region zu lesen gab. Es war im Grunde genommen schon alles recht gut vorbereitet, nur das Umsetzen in die Tat fehlte noch.

Andere Unternehmungen kamen dazwischen. Die Grönland-Expedition mit all ihren umfangreichen Vorbereitungen ließ keinerlei Freiraum, um Gedanken an eine neue Expedition zu verschwenden. Erst jetzt, nachdem die Expedition beendet und ausgewertet war, lebte der Gedanke an eine Kap-Hoorn-Umrundung erneut auf und zog mich in seinen Bann. Es schien alles genau zu passen an diesem neuen Plan, der Zeitpunkt, die Zeitdauer und auch die Abwechslung zu Grönland. Von einem Moment zum anderen wußte ich, daß es diese Expedition und keine andere sein würde, ich ich als nächstes angehen würde.

Die mir für die Vorbereitung zur Verfügung stehende Zeit war sehr knapp bemessen. Zwar hatte ich umfangreiche Vorarbeit geleistet, aber schließlich mußte die Expedition organisiert und finanziert werden. Es mußte der geeignete Bootstyp herausgesucht und für die Bedürfnisse eventuell verändert werden. Die Boote mußten ferner einem harten Eignungstest unterworfen werden, und letztlich stellte sich noch die Frage, wie wir unsere gesamte Ausrüstung verstauen sollten. Immerhin mußten wir einen Aktionsradius einplanen, der es uns erlaubte, für mindestens einen Monat ohne fremde Hilfe zu überleben. Einmal unterwegs, würden wir keine Möglichkeit haben, unseren Proviant zu ergänzen oder defekte Ausrüstungsgegenstände zu ersetzen. Da wir ständig mit Seewasser zu tun haben würden, war es von größter Wichtigkeit, daß alles wasserdicht verpackt war. Wie sehr Salzwasser Ausrüstungsgegenständen zusetzt, sollten wir später noch zur Genüge erfahren.

Da zu erwarten stand, daß es sich hierbei um eine sehr extreme Unternehmung handeln würde, maß ich der Auswahl des Partners höchste Bedeutung bei. Was lag also näher, als Rainer Neuber zu fragen, mit dem ich bereits einige andere Abenteuer bestanden hatte, und von dem ich genau wußte, daß er in jeder Hinsicht zuverlässig ist. So reiste ich also kurzentschlossen nach London und trug ihm dort meine neuen Reisepläne vor. Es ist bezeichnend für Rainer, daß er zunächst der Sache kritisch gegenüberstand und erst, als er sich mehr und mehr von der Durch-

führbarkeit der Unternehmung überzeugt hatte, brach in ihm die Begeisterung durch und er sagte zu. Es gab da zwar noch einige zeitliche und organisatorische Probleme bei ihm, die sogar fast die gemeinsamen Pläne kurz vor Antritt der Expedition zum Scheitern gebracht hätten, die dann aber letztendlich doch noch bewältigt werden konnten.

Bei der Auswahl des Bootstyps entschieden wir uns für zwei Einerfaltboote der Marke Klepper Aerius I. Diese Boote werden vom Klepper-Werk in einer Expeditionsausführung angeboten, die gegenüber dem Standardmodell in mehreren Bauteilen verstärkt und somit widerstandsfähiger sind. Man kann sicherlich darüber streiten, ob ein Faltboot nun das ideale Boot für eine

37

derartige Unternehmung ist. Ich will aber an dieser Stelle nicht im einzelnen auf die Vor- und Nachteile dieses Bootstyps eingehen, sondern werde dies im zweiten Teil des Buches ausführlich nachholen. Nur soviel sei gesagt, daß wir kurzfristig erwogen, entweder jeder im Zweier zu fahren, um mehr Stauraum zur Verfügung zu haben, oder aber gemeinsam in einem einzigen Zweier zu sitzen. Beide Ideen wurden sehr rasch verworfen. Bei starkem Wind und Brandung ist ein Zweier für eine einzelne Person viel zu schwerfällig und zu träge, das heißt, der Paddler kann dieses Boot alleine in schwierigen Situationen nicht vollends beherrschen. Bei weiten Seestrecken, in deren Verlauf auch großenteils gesegelt wird, mag man sich anders entscheiden. Wenn man aber, wie wir, sich überwiegend mit Brandungswellen und Kreuzseen herumschlägt, dann braucht man vor allen Dingen ein wendiges Boot, das auf den Ein-Mann-Betrieb zugeschnitten ist. Und das ist bei einem Zwei-Mann-Faltboot eben nicht gewährleistet. Gemeinsam in einem Zweier-Faltboot zu sitzen, gäbe zum einen erhebliche Probleme mit dem Verstauen der Ausrüstung, und zum anderen sagten wir uns, wenn dieses eine Boot zerstört werden würde, dann hätten wir überhaupt kein Fortbewegungsmittel mehr. Wenn hingegen jeder ein Boot zur Verfügung hat, dann besteht in einem Notfall immer noch die Chance, daß zumindest ein Boot einsatzbereit bleibt, beziehungsweise man aus zwei defekten Booten ein funktionstüchtiges bauen kann.

Obwohl gerade die Klepper-Faltboote immer wieder auf Expeditionen zum Einsatz gekommen sind und in einem Aerius II von Dr. Hannes Lindemann in den 50er Jahren bereits der Atlantik überquert worden ist, so hört man doch immer wieder Leute, die meinen, daß ein Faltboot etwas für pensionierte Akademiker sei und bestenfalls auf einen windstillen Binnensee gehöre. Diese Vorstellung – ich weiß nicht, wie sie entstanden ist – ist sicherlich falsch! Sieht man sich einmal die Einsatzgebiete von Faltbooten an, dann gibt es kaum eine Klimazone, in der sie nicht verwendet worden wären. Ob auf dem Amazonas, dem Atlantik, auf Nord- oder Südpolar-Expeditionen oder auch im Indischen Ozean, überall hat das Faltboot Verwendung gefunden. Dabei ist es sehr viel strapazierfähiger und belastbarer als weitläufig angenommen wird. Während unserer Vorbereitungs- und Trainingsfahrten an den norddeutschen Küsten war ich immer wieder erstaunt, wie selbst die härtesten Schläge und Anlandungen durch die Brandung den Booten keinen Schaden zufügten.

Voll beladen wog ein Boot knapp 90 Kilogramm, und dann kam immerhin noch unser Eigengewicht von rund 80 Kilo dazu. Wir versuchten nach Möglichkeit, alles in den Booten zu verstauen, um das Deck des Bootes freizuhalten. Dies war letztendlich leider nicht ganz möglich, so daß jeder von uns auf dem Achterdeck eine leichte und wasserunempfindliche Last transportieren mußte. Auf dem Vorschiff befanden sich jedoch ausschließlich Gerätschaften, die unmittelbar der Sicherheit, der Navigation oder dem Antrieb dienten.

Anfragen sowohl beim chilenischen als auch argentinischen Konsulat in Hamburg ergaben, daß wir für dieses Projekt keine besondere Expeditionsgenehmigung benötigten. Ein Touristen-Visum, das man bei der Einreise in das entsprechende Land erhält, war formal gesehen alles, was zur Durchführung dieses Projektes erforderlich war. Da ich sehr wohl über den Disput der beiden Länder über die drei am Ostausgang des Beagle-Kanals liegenden Inseln Lennox, Nueva und Picton Bescheid wußte und aus diesem Grunde Komplikationen für unser Unternehmen befürchtete, wurde ich gleich mehrere Male bei den Konsulaten vorstellig und ließ mir immer wieder die Rechtmäßigkeit unserer Expedition bestätigen. Eine schriftliche Genehmigung hingegen wollte man uns nicht ausstellen, da dies − so die übereinstimmende Auskunft der Konsulate − völlig überflüssig sei.

Dies schien mir fast alles zu glatt und einfach abzulaufen, und so setzte sich, zumindest in diesem einen Punkt, doch ein etwas ungutes Gefühl in mir fest. Wie wenig mich dieses Gefühl trügen sollte, mußten wir dann später leider auch feststellen.

Am 30. März fuhr ich im Lieferwagen mit 220 Kilogramm Expeditionsgepäck zum Flughafen Fuhlsbüttel nach Hamburg, um dort die Ausrüstung rund eine Woche vor unserem Abflug als Luftfracht aufzugeben.

Am Abend des 6. April traf ich auf dem Flughafen Brüssel mit Rainer Neuber zusammen, der seinerseits aus London angereist war. Wir hatten uns nach der Grönland-Expedition nur ein einziges Mal zwischendurch gesehen, nämlich als ich nach London gereist war, um ihn für dieses neue Vorhaben zu gewinnen. Alle anderen Absprachen hatten wir entweder schriftlich oder per Telefon getroffen. Trotzdem hatten wir nie den Eindruck, daß unsere Kommunikation beziehungsweise Planung durch die Trennung gelitten hätte. Wir fingen quasi dort wieder an, wo wir nach Grönland aufgehört hatten. Als wir uns die Hände drückten, konnte ich förmlich die Entschlossenheit und Begeisterung bei Rainer spüren. Was immer auch kommen mochte, in einem Punkt durfte ich sicher sein – mit Rainer hatte ich den besten Partner gefunden, den ich mir für diese schwierige und ehrgeizige Expedition vorstellen konnte!

Stapellauf im Schneetreiben

Fragend sehen Rainer und ich uns an. Soeben wurde über den Bordlautsprecher der Boeing 737 auf englisch die Mitteilung durchgegeben, daß wir kurz vor dem Reiseziel, der Landung in Ushuaia, stünden. Englisch – dabei waren Rainer und ich doch der Meinung gewesen, daß wir die englische Sprache ganz passabel beherrschten. Die Aussprache des argentinischen Flugbegleiters hätte jedenfalls ehrenwerten Angelsachsen die Schamröte ins Gesicht getrieben. Mit Englisch hatte diese Aussprache nämlich kaum noch etwas gemeinsam, und so konnten wir mehr oder weniger nur erraten, was uns dort über das Wetter von Ushuaia mitgeteilt werden sollte.

Im übrigen dürfen wir uns mit einem Blick aus dem Fenster selbst davon überzeugen, daß die Aussichten auf einen sonnigen Nachmittag nicht gerade vielversprechend sind. Unter uns liegt eine dichte, gräuliche Wolkenmasse, die alle Hoffnung auf einen schönen Landeanflug zunichte macht. Ein letzter Blick zum strahlend blauen Himmel über uns, dann taucht das Flugzeug in die dichte Wolkenmasse ein und wird sofort wie von einer Riesenfaust hin- und hergeschüttelt. Wenn der Pilot genau so wenig sehen kann wie wir, denke ich mir, dann müßte er zumindest langsam feuchte Hände bekommen. Aber zum Glück gibt's da ja noch die Instrumente! Wir verlieren weiter an Höhe, die Boeing wird hin- und hergeworfen und erfährt eine Behandlung, die jeder Flugzeugkonstrukteur schlicht als ›unerhört‹ empfinden muß. Plötzlich reißt der Vorhang auf, durch Wolkenfetzen und Regenschauer hindurch sehen wir ein unfreundliches und nasses Gelände liegen. Wie ein aufgebrachter Ziegenbock hüpft die Maschine auf die Landebahn zu und setzt endlich – wie durch ein Wunder – weich auf der Piste auf. Einige Leute klatschen

Unser
Basislager
am
Lago Roca.

43

dem Piloten Beifall, die meisten hingegen sind bereits damit beschäftigt, ihre Sicherheitsgurte zu lösen, die Ablagen zu öffnen und trotz der ausdrücklichen Bitte der Stewardeß, sich doch noch ein wenig zu gedulden, sich wind- und wetterfest anzuziehen. Wir waren morgens um 8.30 Uhr von Buenos Aires bei strahlendem Sonnenschein und 28° Celsius gestartet. Hier am Südzipfel Argentiniens mochten es jetzt gerade 8 °C sein. Der Regen peitscht über das Flugfeld und läßt in uns den Wunsch nach einer warmen und trockenen Unterkunft erwachen. Nachdem uns zum wiederholten Male ein sich näherndes Taxi von einem wild gestikulierenden Argentinier vor der Nase weggeschnappt worden ist, treten wir ebenfalls mutig auf die Fahrbahn, winken mit den Armen – und tatsächlich hält eines der Taxis und nimmt uns auf. Man hatte mir Ushuaia immer wieder als einen kleinen, unscheinbaren Ort geschildert. Tatsächlich erfahren wir in dem Hotel, in dem wir uns einmieten und das den bezeichnenden Namen ›Cabo de Hornos‹ trägt, daß Ushuaia immerhin die stattliche Einwohnerzahl von rund 16 000 aufweist. Zwar gibt es immer wieder Schwankungen in den Angaben, aber so in etwa muß diese Größenordnung wohl schon stimmen. Zwei Tage und zwei Nächte haben wir benötigt, um hier am Zielort einzutreffen. Geschlafen haben wir in der Zwischenzeit fast kaum und sind jetzt dementsprechend müde. Nach einem riesigen Steak, das wir am liebsten fotografiert und deutschen Steakhausbesitzern als stummen Vorwurf überreicht hätten, haben wir endgültig die nötige Bettschwere und ziehen uns in unser Hotelzimmer zurück.

Am nächsten Morgen scheint die Sonne. Nach dem Frühstück machen wir zunächst einen Rundgang durch die Stadt, die alles andere als primitiv und rückständig ist. Im Gegenteil – Ushuaia scheint auf dem besten Wege zu sein, eine ausgeprägte Touristenstadt zu werden. In der Tat haben sich die Stadtgründer, vom Klima vielleicht einmal abgesehen, einen landschaftlich sehr reizvollen Platz ausgesucht. Im Westen liegen die schneebedeckten Berge der Darwin-Kordillere, im Süden der Beagle-Kanal mit der zu Chile gehörenden Insel Navarino, und unmittelbar an der nördlichen Stadtgrenze erheben sich die Martialberge, die im Osten in der eindrucksvollen Gipfelpyramide des

Die Ausrüstung wird einer letzten, eingehenden Prüfung unterzogen.

Monte Olivia auslaufen. Es gibt einen Skilift in den besagten Martialbergen, Busausflüge werden ins Hinterland angeboten, und täglich gibt es Bootstouren zu kleinen Inseln im Beagle-Kanal, auf denen Seevögel brüten und Robben sich das Fell wärmen lassen. Die südlichste Stadt der Welt, wie Ushuaia auf Plakaten und Aufklebern immer wieder angepriesen wird, ist zur Freihandelszone erklärt worden, in der man preisgünstig einkaufen kann. Vom zwölf Jahre alten schottischen Whisky über japanische Heimcomputer bis hin zur bundesdeutschen Sportbekleidung und schließlich zur französischen Haute Couture ist hier alles zu haben. Ushuaia ist das langersehnte Ziel vieler Globetrotter oder VW-Busfahrer, die auf der sogenannten ›Traumstraße der Welt‹ den nord- und südamerikanischen Kontinent bereist haben und hier am Ende aller Straßen ihre Reise beenden. Zwar ist die Behauptung, daß Ushuaia die südlichste Stadt der Welt sei, ein wenig erschwindelt, denn die auf der chilenischen Insel Navarino gelegene Siedlung Pt. Williams liegt nun einmal unstreitbar südlicher als Ushuaia. Das scheint aber zumindest auf argentinischer Seite niemand zu stören. Schließlich mag es auch ziemlich unerheblich sein, ab welcher Einwohnerzahl man von einer ›Stadt‹ sprechen kann. Ushuaia ist ganz sicherlich mehr Stadt als Pt. Williams, wenngleich letzteres auch die südlichste menschliche Ansiedlung außerhalb der Antarktis ist.

Verkehrstechnisch ist Ushuaia schon lange kein Problem mehr. Täglich gibt es Flüge von der 2900 Kilometer nördlich gelegenen Metropole Buenos Aires, außerdem unterhält die argentinische Luftwaffe einen zusätzlichen Linienverkehr, der auch von Zivilisten genutzt werden kann. Regelmäßige Buslinien verbinden den Süden mit dem Norden, und wem dies alles noch nicht genug ist, der findet sicherlich auch gelegentlich eine Schiffspassage dorthin.

Das Wetter scheint heute wie ausgewechselt. Es herrschte völlige Windstille und Sonnenschein, als wir um die Mittagszeit wieder am Flughafen stehen und auf das Eintreffen der Maschine aus Buenos Aires warten. Wie man uns auf dem Frachtbüro mitgeteilt hat, soll heute unsere gesamte Ausrüstung eintreffen. Pünktlich auf die Minute landet das Flugzeug und mit ihr unsere aus acht Kisten bestehende Ausrüstung. Die Erledi-

In der Vorbereitungszeit stärken wir uns mit argentinischen Steaks.

Rainer tauft sein Boot auf den Namen ›Joshua‹ (benannt nach dem Einhandsegler Joshua Slocum).

gung der Zollformalitäten dauert nur etwa 30 Minuten. Man ist hilfsbereit und stellt uns einen Dolmetscher zur Seite und wünscht uns schließlich viel Spaß. Man mag über die Südamerikaner sagen was man will, die Zuverlässigkeit und Korrektheit, mit der unsere Ausrüstung transportiert und abgefertigt wurde, läßt keinerlei Ansatzpunkte zur Kritik erkennen. Bei der Grönland-Expedition 1983 hatte es da ganz andere Probleme gegeben, die damals den Ablauf der Expedition um gute vierzehn Tage verzögerten.

Wir wollen, von der Öffentlichkeit unbehelligt, unsere Boote aufbauen, die Ausrüstung sortieren und überprüfen und uns auf zahlreichen Probefahrten auf das eigentliche Unternehmen vorbereiten. Die dafür benötigte Ruhe findet man nicht in einer Stadt wie Ushuaia. Ein Argentinier, den wir nach einem geeigneten Platz fragen, schlägt uns ganz spontan den Roca-See vor, der etwa 20 Kilometer westlich von Ushuaia liegt. Dies zu hören und einen Lieferwagen zu mieten ist eins, und eine gute halbe Stunde später treffen wir nach einer rasanten Fahrt über Feldwege an dem besagten See ein. Der Platz könnte gar nicht besser für unser Vorhaben geschaffen sein. Der See ist Teil eines Nationalparks, an dem es einen Campingplatz gibt, sowie ein Hotel mit Blick auf den See und die Darwin-Kordillere. Jetzt im Spätherbst liegen Zeltplatz und Hotel verlassen da, somit sind wir die einzigen, die dort unmittelbar am See ihr Lager aufschlagen. Wir freuen uns darauf, endlich unser Zelt aufstellen zu können, die Kisten zu öffnen und das gesamte Expeditionsgepäck um uns herum auszubreiten. Das herrliche Spätherbstwetter hält auch am nächsten Tag an. Wir genießen die Sonnenstrahlen und sind begeistert von der herbstlichen Färbung der Laubwälder. Wir haben heute den 12. April, zu Hause dürfte jetzt der Frühling Einzug gehalten haben. Zu Hause – das ist nicht nur eine andere Jahreszeit, sondern auch rund 15 000 Kilometer von unserem derzeitigen Standort entfernt. Es ist schwer, sich jetzt gedanklich dorthin zu versetzen.

Die Boote werden mit Sorgfalt aufgebaut und alsdann getauft. Während Rainer sein Boot auf den Namen ›Joshua‹, benannt nach dem Einhandsegler Joshua Slocum, tauft, gebe ich meinem Boot den Namen ›Williwaw‹. Als Williwaw bezeichnet man die

Sturmböen, die in dieser Region häufig und unvermittelt auftreten können, um dann genau so schnell wieder zu verschwinden. Noch bevor wir die Boote zu Wasser lassen, beginnen wir damit, probeweise die Ausrüstungsgegenstände zu verstauen. Jeder kleinste Winkel, jede noch so unscheinbare Lücke muß genutzt werden, um unser Gepäck unterzubringen. Dabei darf das Boot weder kopf- noch hecklastig sein, und schließlich muß doch noch Platz genug sein, damit wir im Falle einer Kenterung auch aus dem Boot aussteigen können und nicht etwa von Ausrüstungsgegenständen daran gehindert werden.

Abends ziehen Wolken auf, die Temperatur sinkt und es wird feucht und unangenehm kühl. Rainer hat ein prasselndes Lagerfeuer entfacht, an dem er eifrig damit beschäftigt ist, Steaks, die wir aus Ushuaia mitgebracht haben, zu braten. Ich rühre derweil den Teig für unser Brot an, das wir später, wenn das Feuer heruntergebrannt ist, über der Holzkohle backen werden. Die Tage sind kurz, um 19 Uhr ist es schon stockdunkel. Kein Stern bricht heute durch die dichte Wolkendecke. Wir liegen im Zelt, lauschen dem Wind, der durch die welken Blätter der Südbuchen rauscht. Ich mag dieses Geräusch, das Gefühl, Bestandteil der Natur selbst zu sein. Es gibt keine Entfremdung durch Häuser, Fahrzeuge oder sonstige hektische Betriebsamkeit. Alles ist so, wie es eigentlich sein sollte – ruhig und harmonisch. Während ich langsam einschlafe, höre ich schwere, nasse Schneeflocken auf das Zelt fallen. Der Winter hat Einzug gehalten.

Am nächsten Morgen liegt der ganze Lagerplatz unter einer 30 cm dicken Neuschneedecke verborgen. Wir sind froh, daß wir die Vorbereitungen abgeschlossen haben und am Abend zuvor noch die letzten herumliegenden Gegenstände geordnet und an den jeweils entsprechenden Platz hingelegt hatten. Allzuleicht vergißt man nämlich Ausrüstungsgegenstände, die vom Schnee verdeckt und somit dem Blick entzogen werden.

Es weht ein kühler und böiger Wind, der in unregelmäßigen Intervallen von der Darwin-Kordillere zu uns herüberfegt. Der Schnee ist feucht und klebrig, die Temperatur messen wir mit 2° über Null. Es ist ein trostloser, wolkenverhangener Morgen, als wir schließlich unser Lagerfeuer löschen, unser Zelt abbrechen und im Boot verstauen. Zu zweit schieben wir jeweils ein Boot über die Schneedecke hinunter zum Wasser. Wir zwängen uns in die enge Öffnung, schließen die Spritzdecke und stoßen vom Land ab. Langsam werden wir von der Strömung erfaßt und verlassen den Roca-See über dessen Ablauf in Richtung Beagle-Kanal. Das Abenteuer Kap Hoorn hat begonnen.

Aufbruch

Die vergilbten Bilder
nimm von den Wänden
und
die liebgewonnenen Erinnerungen
schnür in ein Bündel;
hol die bunten Kinderträume
aus der verstaubten Kiste
und laß sie
Dein Kompaß und Deine Karte sein –
und dann mach Dich
auf Deine große Reise,
auch wenn Du nicht weißt,
wohin sie Dich am Ende
führen wird.

(HANS-ALFRED ARNS)

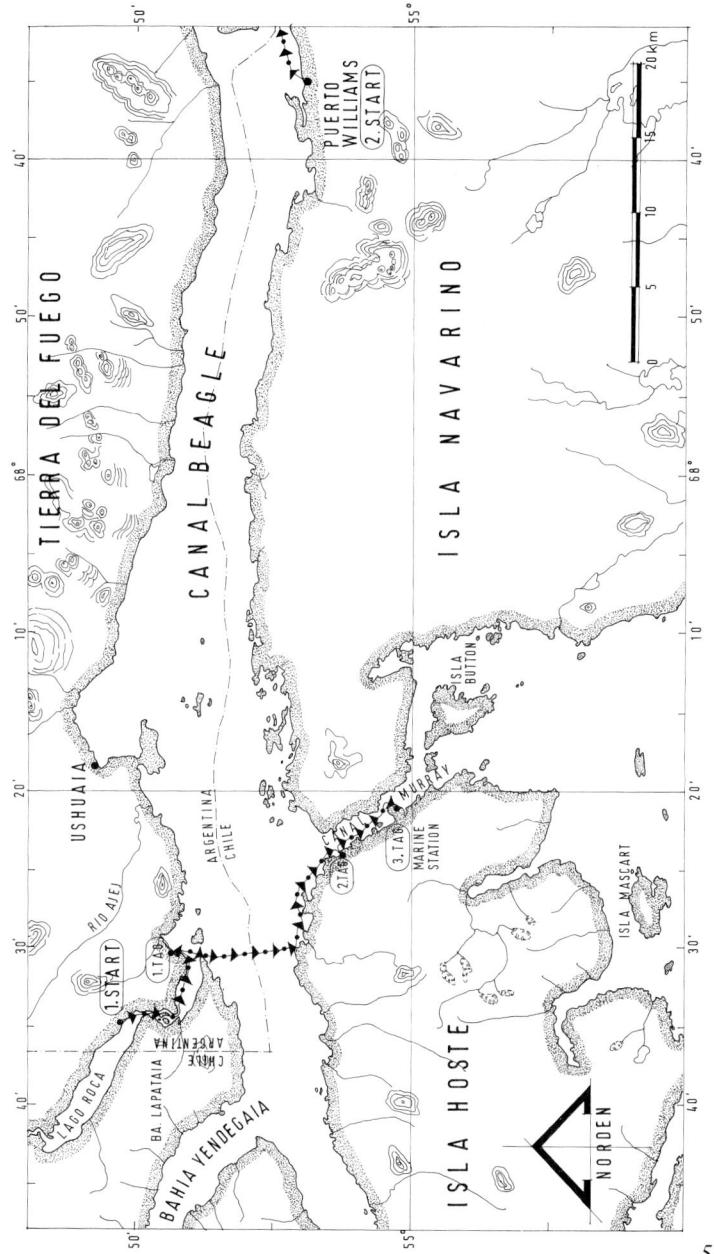

51

Aufbruch nach Süden

Tief liegen die Boote im Wasser, es ist eng darin, und wir haben Mühe, eine bequeme Sitzposition zu finden. Die Kälteschutzanzüge, die wir tragen, mögen zwar für uns eine Lebensversicherung sein, andererseits behindern sie uns aber auch ein wenig und lassen uns darüber hinaus bereits nach einer halben Stunde kräftig in Schweiß ausbrechen. Da das Material nicht atmen kann, sammeln sich die Körperausdünstungen im Anzug, und selbiger wird entsprechend feucht. Trotz der Feuchtigkeit bleiben wir warm, die eigene Körperwärme wird ständig reflektiert.

Das Wetter bleibt kalt und naß. Die Landschaft wirkt dadurch trostlos und öde. Der Schneefall ist jetzt einem Dauerregen gewichen, der offensichtlich das ganze Land ertränken will. Vorbei ist die herrliche Färbung des Herbstlaubes, die Blätter werden durch die Sturmböen von den Ästen gefetzt und wirbeln verloren durch die Landschaft. Langsam beginnt das Wasser brackig zu riechen. Ich fange mit einer Hand ein wenig Wasser auf und nippe daran. Es schmeckt salzig, und damit ist uns klar, daß wir die Stelle erreicht haben, an der sich das kristallklare Frischwasser des Roca-Sees mit dem Salzwasser des Beagle-Kanals zu vermischen beginnt. Die Bahia Lapataia ist in westlicher Richtung gut geschützt. Trotzdem entsteht bereits hier durch die zunehmenden Böen eine kurze und unregelmäßige See. Wir passieren Seetangfelder, deren große, fleischige Blätter wie Flossen aus dem Wasser herausragen. Auf den kleinen in der Bucht verstreuten Felseninseln sieht man Schwärme von Kormoranen sitzen. Wie die Orgelpfeifen sitzen diese Seevögel auf schmalen Simsen an den steil abfallenden Felsen. Kommt man ihnen zu nah, brechen sie in Geschrei aus und stürzen sich in scheinbar selbstmörderischer Weise von den Felsen herunter. Der Flug dieser Vögel sieht mühsam und ein wenig ungelenkig aus. Wenn sie sich von einem solchen Felssims herunterstürzen, gelingt es ihnen trotz heftigster Flügelschläge meist erst kurz vor der Wasseroberfläche, sich aufzufangen. Mühsam gewinnen sie dann an Höhe, schlagen einen Bogen, um sich alsdann wieder an der Felswand niederzulassen, oder aber sie ziehen es einfach vor, auf dem Wasser zu landen. Man kennt rund 30 unterschiedliche Arten von Kormoranen. Der, den wir hier vorfinden, ist gut 60 cm groß, hat einen langen Schnabel und eine leuchtend weiße Brust. Sosehr ihnen einerseits das Fliegen Probleme bereitet, so gut können sie sich andererseits im Wasser fortbewegen. Kormorane haben Schwimmhäute zwischen den Zehen; kräftig ausgebildete Beine und die Flügel werden unter Wasser zum Steuern verwendet. Nach einem solchen Tauchgang kann man die Vögel häufig an ihren Nistplätzen sehen, wie sie ihre Flügel ausbreiten und vom Wind trocknen lassen.

Die Seetangfelder breiten sich wie große Teppiche vor uns aus. Wir sollen im Verlauf der Expedition noch mehrfach die Gefahr erkennen müssen, die für den Paddler von diesen Wasserpflanzen ausgeht. Wie die Fangarme eines Polypen wickeln sich die zähen Stiele um die Paddel, verhaken sich im Ruderblatt und bremsen das Boot in einigen Fällen derart ab, daß man das Gefühl hat, auf einer Sandbank zu sitzen. Die eigentliche Gefahr dieser Pflanzen besteht aber in ihrer ungeheuren Dichte. Schiffbrüchige Seeleute, die in dem verzweifelten Versuch, das rettende Ufer zu erreichen, sich durch derartige Seetanggürtel hindurcharbeiten wollten, wurden meist Opfer dieser heimtückischen Fangarme. Man verwickelt und verfängt sich fast automatisch, wenn man dort hineingerät, und so wurde dieser Seetang für manchen verzweifelt um sein Leben kämpfenden Seemann zur Todesfalle, obwohl das rettende Ufer zum Greifen nahe schien. Auch wir versuchen, wo immer es geht, diese Felder zu umfahren, nachdem wir beide mehrfach erleben mußten, daß sich unser Boot, von einer See angehoben, mit dem Bug wie eine Lanze in dieses Gewirr hineinbohrte und fast senkrecht darin steckenblieb. Je rauher und bewegter die See, desto größer das Risiko, auf diese Art und Weise festgehalten zu werden. Es erübrigt sich wohl, näher zu erläutern, daß man in einer derartigen

Situation sehr gefährdet ist; denn schließlich braucht nur eine nächste See einen vollends aus der Balance zu bringen und schon liegt man im Bach, um womöglich das traurige Schicksal der eben erwähnten Schiffbrüchigen zu teilen. Dabei sind die langen und schmierigen Stiele derart zäh und elastisch, daß man sie mit bloßen Händen nicht durchreißen kann.

Wenn man all diese Nachteile und Gefahren des Seetangs erkannt hat, dann kann man ihn sich allerdings in Einzelfällen auch zunutze machen. Er hat nämlich die Eigenart, stürmische See zu beruhigen und zu glätten, ähnlich wie das bewußte Öl, das man aufs Wasser kippt. In einem solchen Seetangfeld wird man keine brechenden Seen vorfinden, nur die Grunddünung bleibt erhalten. Dies haben wir später öfters ausgenutzt, indem wir an den Rand eines solchen Feldes herangefahren sind, eine der Schlingpflanzen ergriffen und diese quasi wie einen Anker mit dem Boot verbunden haben. Auf diese Art und Weise konnten wir uns für einen Moment ausruhen und sicher sein, daß wir nicht von irgendeinem Brecher unvermittelt überrascht wurden.

Nachdem wir das Ende der Bucht erreicht haben, ist der Blick frei auf den Beagle-Kanal. Der Wind hat mittlerweile Stärke 7 erreicht, auf dem Beagle-Kanal sind weiße Schaumkronen zu sehen und eine sich zunehmend aufbauende Dünung. Somit beschließen wir, zunächst diesen Abend auf der argentinischen Seite zu verbringen und die Überquerung des Kanals am nächsten Morgen zu versuchen. Wir landen in einer kleinen, geschützten Bucht und beginnen damit, einen geeigneten Lagerplatz zu suchen. Dies ist leichter gesagt als getan, denn fast die gesamte Region ist von einem dichten Unterholz, von umgestürzten Bäumen und Morasten durchsetzt. Während wir etwa 50 Meter landeinwärts einen winzigen, ebenen Platz finden, auf dem gerade unser Zelt Raum genug hat, wechselt der Dauerregen wieder über in Schneetreiben. Da wir unser Zelt morgens feucht zusammenlegen mußten, ist jetzt natürlich auch das In-

Die Faltboote bewähren sich hervorragend in der rauhen See. Vollbeladen wiegt jedes etwa 95 kg, hinzu kommt unser Eigengewicht.

nenzelt wie aus dem Wasser gezogen. Wir breiten unsere Isolier-
matten aus, die die einzige trockene Stelle im Zelt bilden. Unsere
Boote haben wir den steilen Abhang nach oben gezogen und
sicher an einem Baum vertäut. Niemals darf man sich in dieser
stürmischen Region damit zufrieden geben, die Boote nur aufs
Trockene zu ziehen, sondern muß sie darüber hinaus irgendwo
festbinden, da sie sonst vom Sturm fortgeweht werden könnten.
Bei schneidendem Wind und letztem Tageslicht ziehen wir unsere vom eigenen Schweiß naß gewordenen Survival-Anzüge
aus, wechseln die ebenfalls feuchte Unterwäsche gegen trockene
Kleidung aus und setzen uns alsann, zitternd vor Kälte, in unser
Zelt. Erst als der Kocher brennt und wir den ersten heißen Tee
trinken, wird uns langsam warm. Diese feuchte Kälte ist zwar
nicht so gefährlich und so brutal wie die, die wir in der Arktis auf
Grönland kennengelernt haben, dennoch setzt sie uns hier mehr
zu. Die Feuchtigkeit durchdringt jede Faser und läßt uns mit den
Zähnen klappern. Wir fühlen uns ziemlich elend und verloren in
unserem kleinen Zelt, während draußen der Sturm immer mehr
zunimmt. Eine Flasche chilenischer Rotwein soll uns über diesen
ersten demoralisierenden Tag hinweghelfen. Wir genießen den
starken, guten Wein und stellen Mutmaßungen über die weitere
Entwicklung des Wetters an.

Am nächsten Morgen regnet es zwar immer noch, aber der
Wind ist erheblich abgeflaut. Nach einem kurzen Frühstück aus
Kaffee und Müsli packen wir unser pitschnasses Zelt zusammen
und verstauen die Gegenstände in den Booten. Durch einen
Dunstschleier können wir das andere Ufer des Beagle-Kanals
sehen. Hohe, schneebedeckte Berge verschwinden in der undurchdringlichen Wolkendecke. Dort drüben liegt Chile. Die
imaginäre Grenze verläuft irgendwo in der Mitte des Beagle-Kanals. Wir verlassen endgültig die geschützte Lapataia-Bucht und
fahren auf den Beagle-Kanal hinaus. Nach etwa einer Dreivier-
telstunde brist der Wind aus südwestlicher Richtung auf und
kommt uns schräg von vorn entgegen. Es ist erstaunlich, wie
schnell Seegang entstehen kann, der das Paddeln zu einer recht
kräftezehrenden Angelegenheit macht. Trotzdem kommen wir
gut voran und freuen uns über die Gutmütigkeit, mit der unsere
Faltboote der bewegten See begegnen. Nach zwei Stunden unun-

terbrochenem Paddeln laufen wir in eine kleine Bucht ein und betreten dort ein neues Land – wir sind in Chile!

Nach einer kurzen Pause fahren wir durch ein von Seevögeln belagertes Inselgewirr in südöstlicher Richtung weiter. Ausdrücklich weist das Seehandbuch darauf hin, daß der Eingang zum Murray-Kanal, den wir jetzt gerade im Begriff sind anzusteuern, mit großer Vorsicht zu genießen ist. Genau dort, wo dieser natürliche Kanal mit der nach Osten laufenden Strömung des Beagle-Kanals zusammentrifft, entstehen durch nach Süden laufende Gezeitenströme schwere Verwirbelungen und eine konfuse und steile See. Wir können die Schaumkronen deutlich sehen und suchen uns einen sicheren Weg zwischen diesen Verwirbelungen und den der Küste vorgelagerten Seetangfeldern. Da der Schneeregen endlich nachgelassen hat, entschließeen wir uns dazu, bereits am frühen Nachmittag in einer geschützten Bucht des Murray-Kanals einen Lagerplatz zu suchen, um den Versuch zu starten, unsere Ausrüstung zu trocknen. Rasch ist ein großes Lagerfeuer entfacht, an dem wir uns wärmen, Kaffee kochen und unsere Kleidung zum Trocknen aufhängen. Das Zelt macht keinen sehr einladenden Eindruck. Es ist derart naß, daß sich sofort eine große Pfütze auf dem Boden bildet, als wir es schließlich aufgestellt haben. Mit einem Schwamm wischen wir das Wasser auf und versuchen, das Zelt zu trocknen, was uns allerdings nur mit sehr mäßigem Erfolg gelingt. Trotzdem sind wir beide ausgelassener Stimmung und vergnügt. Lange sitzen wir an diesem Abend am Lagerfeuer und stopfen uns mit Keksen und Pemmikan voll. Erst erneut einsetzender Regen treibt uns in unser immer noch feuchtes Domizil, wo wir schnell in einen tiefen Schlaf versinken.

Zwischenfall im Murray-Kanal

Seit etwa zwei Stunden sitzen wir wieder im Boot und paddeln in aller Seelenruhe auf die engste Stelle des Murray-Kanals zu. Dort, so hatten wir erfahren, soll es einen kleinen Außenposten der chilenischen Marine geben, und genau dorthin wollen wir uns wenden, um offiziell in Chile einzuklarieren. Bislang hatten wir die Zoll- und Visaformalitäten noch nicht erledigen können, da wir direkt aus argentinischen Gewässern in chilenische übergewechselt sind und noch keine Station oder Ansiedlung zu Gesicht bekommen haben. Das chilenische Konsulat hatte uns immer wieder ausdrücklich versichert, daß für unsere Expedition keine besondere Genehmigung vonnöten wäre, daß wir der ersten Station, die auf unserem Weg liege, lediglich einen gültigen Reisepaß vorzulegen hätten. Dort würde man uns dann ein Touristenvisum ausstellen und bestenfalls unsere Ausrüstung aus zolltechnischen Erwägungen heraus überprüfen.

Mir gehen diese Worte nochmals durch den Kopf, als wir auf einem Felsvorsprung einen Mast mit der chilenischen Flagge sehen. Obwohl wir über das offene Meer kommen, scheint keiner in der Station unsere Ankunft zu bemerken, und so ziehen wir unsere Boote ans Ufer, vertäuen sie dort und steigen mitsamt unseren Papieren den steilen Hang zur Wachstation hinauf. Hinter der Hütte stehen zwei Soldaten, die derart emsig damit beschäftigt sind, ein frisch geschlachtetes Schaf abzuziehen, daß sie, obwohl wir nur noch wenige Meter von ihnen entfernt sind, nichts von unserer Ankunft mitbekommen. Nach einem freundlichen ›Buenos Dias‹ unsererseits fahren sie erschrocken herum und starren uns derart ungläubig und verdutzt an, als wären wir geradewegs mit einer fliegenden Untertasse gelandet. Etwas ratlos schauen Rainer und ich in die erstaunten Gesichter, denn nun wird unser Hauptproblem auf dieser Reise überdeutlich. Mit dem freundlichen ›Buenos Dias‹ haben wir ca. 30 Prozent unseres gesamten spanischen Sprachschatzes herausgelassen und stehen jetzt vor der schier unüberwindlichen Hürde, mit den verbleibenden zwei Dritteln unser unerwartetes und plötzliches Erscheinen zu erklären. Die stille Hoffnung, daß einer der beiden Wächter englisch spricht, erfüllt sich leider nur in dem gleichen Maße, wie wir spanisch sprechen. Argwöhnisch werden wir in unseren leuchtend roten Survival-Anzügen gemustert, und erst nachdem wir ihnen unsere Pässe sowie eine in spanischer Sprache verfaßte Expeditionsbeschreibung überreichen, hellen sich ihre Mienen ein wenig auf. Die Eingeweide des Schafes bleiben achtlos liegen und werden umgehend von zwei herumstreunenden Hunden in Beschlag genommen. Gemeinsam steigen wir den schmalen Stieg hinunter zu den Booten, wo unsere beiden unfreiwilligen Gastgeber offensichtlich mit Genugtuung feststellen, daß es sich hierbei keinesfalls um waffenstarrende Gefährte handelt, sondern schlicht um Faltboote, made in Germany. Faltboote hat noch keiner von ihnen bisher gesehen, und warum — um alles in der Welt — sollte sich ein im Vollbesitz seiner geistigen Kraft befindlicher Mensch freiwillig in ein derart kleines und zerbrechliches Boot, zudem in solch rauhes Gebiet, begeben? Folgerichtig schließen sie daraus, daß es sich bei uns ganz einfach um hochkarätige argentinische Spione handeln muß. Nur, warum begrüßen wir sie dann mit einem freundlichen ›Buenos Dias‹ und überfallen sie nicht einfach hinterrücks, während sie noch mit dem Häuten ihres Schafes beschäftigt waren? Oder — auch der Gedanke läßt sich an ihren entgeisterten Gesichtern deutlich ablesen — es muß sich tatsächlich um Leute handeln, die eben nicht im Vollbesitz ihrer geistigen Kraft sind, mit anderen Worten: um Verrückte. Beide Spezies, ob nun Agent oder Geistesgestörter, erscheinen ihnen immerhin gefährlich genug, um sich sofort ans Funkgerät zu setzen und Kontakt mit ihrer Basis in Pt. Williams aufzunehmen. Man gestattet uns, in die Hütte einzutreten, an einem Tisch Platz zu nehmen und versucht, unter Zuhilfenahme eines von uns mitgeführten spanischen Sprachführers, weitere Einzelheiten über unser Vorhaben zu erfahren. Es entwickelt sich eine mühselige, langatmige und wenig fruchtbare Unterhaltung. Einer der beiden, der Funker, unterhält sich derweil mit seinen Vorgesetzten in Pt. Williams, wo man ebenfalls in heller Aufregung zu sein scheint. Die Zeit verstreicht. Man bietet uns sogar etwas zu essen und zu trinken an, doch zu einem Entschluß, was nun mit uns zu geschehen hat, kann man sich vorerst offensichtlich nicht durchringen. Unsere Hoffnung, doch noch am gleichen Tag weiterfahren zu können, wird schließlich durch einen Funkspruch aus Pt. Williams gänzlich zunichte gemacht. Dort hat man offensichtlich erkannt, daß es sich bei uns nur um ein argentinisches Kommandounternehmen handeln könne, und demgemäß seien wir als Gefangene zu betrachten. Ferner würde man sofort ein Marineboot von Pt. Williams zum Murray-Kanal senden, um uns samt Ausrüstung zu übernehmen und uns einem ausführlichen Verhör zu unterziehen. Resigniert öffnen Rainer und ich die Reißverschlüsse unserer Survival-Anzüge und strecken die Beine unter dem Tisch aus. Für heute läuft offensichtlich überhaupt nichts mehr. Nachdem die beiden Soldaten unser spanisches Exposé immer und immer wieder durchgelesen haben, nachdem sie die Pässe und andere Unterlagen zum wiederholten Male auf versteckte Hinweise hin untersucht haben, geben sie es schließlich auf und machen sich mit dem Gedanken vertraut, daß es sich bei uns wohl doch nicht um argentinische Agenten, sondern um die zweite Kategorie handelt – nämlich um Verrückte. Der Ton wird zunehmend freundlicher – Verrückte soll man nett behandeln! Um die Situation aufzulockern, zeigen wir einige Fotos, worauf sie ihrerseits sofort die Brieftasche zücken und uns auf abgegriffenen Papierfotos die gesamte Familie vorstellen, und zwar von der Großmutter bis hin zum Säugling. Wie aus der mühsamen Unterhaltung ersichtlich wird, haben die beiden momentan viel weniger Angst vor uns als vielmehr vor ihren Vorgesetzten, da schließlich nicht sie uns entdeckt haben, sondern wir sie. Verständlich, daß dies ein frustrierendes Erlebnis für sie sein muß, denn vermutlich sind wir das einzige Boot in ihrer zweimonatigen Amtszeit auf der Station gewesen, das hier vorbeikam, und ausgerechnet zu diesem Zeitpunkt mußten sie gerade ihr Schaf schlachten. Da es nun auf ein Delikt mehr oder weniger offensichtlich nicht ankommt, holt einer der beiden aus einer dunklen

Der Konflikt zwischen Chile und Argentinien birgt auch für uns einen unerfreulichen Zwischenfall.

Ecke eine große Karaffe mit Wein, die wahrscheinlich verbotenerweise auf die Station mitgebracht worden ist. Die Karaffe mit Wein kreist, die Gläser werden mehrfach gefüllt, und keiner, der jetzt unvermittelt in die Hütte treten würde, könnte annehmen, daß wir eigentlich Gefangene der chilenischen Marine sind. Wir nutzen die Gelegenheit, um unsere Spanisch-Kenntnisse aufzubessern. Wir erfahren Einzelheiten über die Vorzüge des chilenischen Weines, über das Musikfestival in Vinya del Mar, über die Schönheit Chiles sowie über die Vorzüge der chilenischen Frauen.

Am späten Nachmittag sichten wir ein mit voller Kraft fahrendes Marineboot, das sich der Station nähert. Sogleich werden unsere beiden Gegenüber wieder offizieller, das so gehaltvolle Gespräch über Wein, Weib und Gesang verstummt. Über Funk erhalten wir die Order, mit unseren Booten auf den Kanal hinauszufahren und dort am Marineschiff längsseits zu gehen, da es keine geeignete Anlegestelle für das Boot gibt. Die beiden Soldaten scheinen beruhigt zu sein, daß keiner ihrer Vorgesetzten den Fuß an Land setzen will. Auf diese Art und Weise bleibt ihnen der Rüffel vorerst erspart, und vielleicht verraucht der Zorn im Laufe der Zeit ja auch. Sie begleiten uns hinunter zu unseren Booten, helfen uns beim Einsteigen und verabschieden uns fast freundschaftlich. So ärgerlich die Situation für uns auch sein mag, dennoch entbehrt sie nicht einer gewissen Komik. Während wir zielstrebig auf das Marineboot zupaddeln, überlege ich, nicht ohne Sorge, wie wir bei dem derzeit herrschenden Schwell die schweren Boote an Bord hieven können. Ein finster dreinschauender Offizier fordert uns in gutem Englisch auf, die Faltboote an den heruntergelassenen Tampen zu befestigen und dann über die Strickleiter an Bord zu kommen. Das ist leichter gesagt als getan! Rainer versucht es als erster. Immer wieder wird sein Boot vom Schwell heftig gegen die Bordwand gedrückt. Wenn er endlich den einen Tampen zu fassen hat, dann gleitet das Boot in das nächste Wellental und katapultiert ihn fast aus seinem Faltboot. Beide haben wir ein ungutes Gefühl bei dieser Aktion, denn wir wissen nicht, ob die schwer beladenen Boote nicht einfach in der Mitte auseinanderbrechen, wenn sie an Bug und Heck nach oben gezogen werden. Um dem vorzubeugen, führen wir zwei Schlaufen um das Vor- und das Achterschiff, verbinden diese beiden Schlaufen miteinander und haken schließlich genau in der Mitte dieser Verbindung, durch ein Auge vorm Verrutschen gesichert, den Haken des Ladebaums ein. Bevor das Boot endgültig an Bord gehievt wird, klettert Rainer über die Strickleiter an Bord und überwacht die Übernahme des Bootes. Bei mir läuft der Vorgang in der gleichen Form ab, nur mit dem kleinen, aber nicht unerheblichen Unterschied, daß ich jetzt ganz allein auf dem Wasser bin und mich mehrfach im Boot um die eigene Achse drehen muß, um die Schlaufen fest und sicher anzulegen. Schließlich ist auch dies geschafft. Ich klettere nach oben und nehme dort zusammen mit Rainer mein Boot in Empfang. Offenbar hat weder Joshua noch Williwaw Schaden durch diese rüde Behandlung genommen.

Sogleich werden wir aber wieder mit dem Ernst der Lage vertraut gemacht, indem uns der Offizier auf englisch mitteilt, daß wir nunmehr verhaftet seien und strikt seinen Anordnungen zu gehorchen hätten. Als ob dies nicht reichen würde, befiehlt er einem Seesoldaten, uns mit einer Maschinenpistole in Schach zu halten. Man dirigiert uns in eine Ecke, wo wir einigermaßen vor Wind und Spritzwasser geschützt sind, und dort dürfen wir jetzt die nächsten dreieinhalb Stunden stehen und warten, bis wir Pt. Williams erreicht haben. Unter Deck zu gehen, ist uns nicht gestattet, die auf uns gerichtete Maschinenpistole spricht eine überdeutliche Sprache. In schneller Fahrt legen wir die Strecke zurück, die wir zuvor mühsam gepaddelt sind, biegen schließlich in den Beagle-Kanal ein und fahren nach Osten Richtung Pt. Williams. Langsam senkt sich der Tag zur Neige, die Luft ist klar und frisch, und nur einige vereinzelte Wolken sind am Himmel zu sehen. Auf der Fahrt werden wir Zeuge eines der großartigsten Sonnenuntergänge, die ich bislang erlebt habe, und die Versuchung, zur Kamera zu greifen, um einige Aufnahmen zu machen, ist fast übermächtig. Doch die unverändert auf uns gerichtete Maschinenpistole belehrt mich eines besseren. Auf einem Boot der chilenischen Marine zu fotografieren, würde sicherlich dem Faß den Boden ausschlagen, und so lasse ich also die Kameras in ihrem wasserdichten Behälter und versuche, mir dieses einzigartige Naturschauspiel, so gut es geht, einzuprägen.

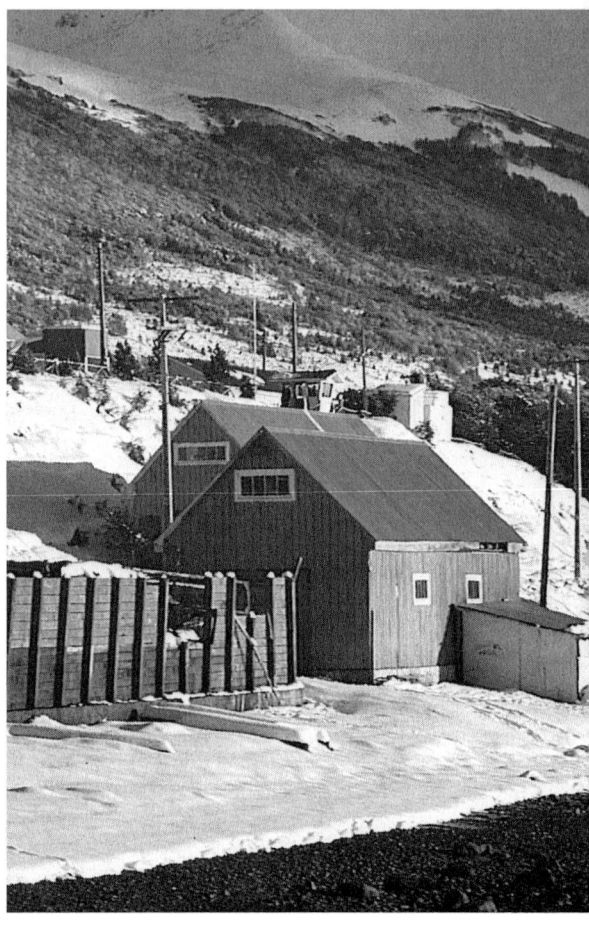

Pt. Williams auf der Insel Navarino, die südlichste Ansiedlung außerhalb der Antarktis.

Nie wieder im Verlauf der gesamten Expedition sollten wir einen ähnlich schönen Sonnenuntergang erleben wie gerade an diesem Abend. Am argentinischen Ufer des Beagle-Kanals sehen wir das hell erleuchtete Ushuaia liegen. Wir halten uns dicht an der chilenischen Küste und können schließlich in der Ferne die ersten Lichter von Pt. Williams ausmachen. Daß wir so früh dorthin gelangen würden, hatten wir uns bei unserer Planung weiß Gott nicht vorgestellt. Unser Plan sah eigentlich vor, erst nach der

Kap-Hoorn-Umrundung diese südlichste Ansiedlung außerhalb der Antarktis aufzusuchen.

Erst nachdem das Schiff seinen endgültigen Liegeplatz eingenommen hat, dürfen wir unsere Ecke verlassen und werden unter der Führung des Offiziers zur Kommandantur geleitet. Dort scheint helle Aufregung zu herrschen. Wir dürfen uns endlich jeder auf einen Stuhl setzen, und dann beginnt das eigentliche Verhör, das durch einen neu hinzugekommenen Offizier auf englisch geführt wird. Während wir ihm unsere Geschichte erzählen und ihm dabei zusätzlich unsere Pässe, Flugtickets, Expeditionsbeschreibung und andere Dinge mehr vorlegen, hellt sich seine Miene merkbar auf, und gelegentlich huscht sogar ein amüsiertes Lächeln über sein Gesicht. Ob man uns denn auf dem Konsulat nicht gesagt habe, daß gerade der Murray-Kanal und das angrenzende Gewässer zum militärischen Sperrgebiet erklärt worden sei und daß es mit Ausnahme der chilenischen Marine keinem anderen Schiff gestattet sei, dort hindurchzufahren, will er wissen. Wir können dies guten Gewissens verneinen und erklären ihm die Einreisebestimmungen so, wie sie uns auf dem Konsulat mitgeteilt worden waren. Warum, so will er wissen, sind wir nicht zuerst nach Pt. Williams gekommen, um dort einzuklarieren. Unsere Erklärung, daß wir in diesem Fall einen großen Umweg hätten machen müssen, erscheint ihm immerhin plausibel genug. Schließlich fragt er uns sogar, ob wir vielleicht Durst auf eine Tasse Kaffee haben. Und ob wir haben! Während wir die dampfende Tasse Kaffee in Empfang nehmen, stellt man uns weitere Fragen, etwa nach dem Sinn und Zweck unserer Reise, und man tut sich hier offensichtlich schwer, unseren Argumenten zu folgen. Trotzdem – das Eis scheint gebrochen. Der Ton wird zunehmend freundlicher, die Spannung läßt spürbar nach, und hier und dort macht sich spontan Gelächter breit. Nachdem zusätzlich die telegrafische Benachrichtigung kommt, daß die Personen Fuchs und Neuber keinesfalls auf irgendeiner Fahndungsliste stehen, schwindet auch langsam der letzte Zweifel an unserer Harmlosigkeit. Trotzdem ist das Verhör noch nicht beendet. Der Kommandant und Chef der chilenischen Hemisphäre West nimmt uns noch einmal ins Verhör. In seinem Amtszimmer stellt er uns mit ernstem Gesicht die gleichen Fragen, nickt schließlich mit dem Kopf und sagt, daß es gut sei. Wir müßten Verständnis haben für die für uns unerwartete Entwicklung. Der Murray-Kanal sei jedoch für die Öffentlichkeit gesperrt, da dort derzeit neue militärische Anlagen installiert würden, über deren Position, Umfang und Art Stillschweigen bewahrt werden solle. Schließlich befände man sich mit Argentinien nach wie vor in einem nicht unerheblichen Streit und müsse eventuellen Aggressionen seitens der Argentinier in jeder Hin-

Hier hat der chilenische ›Marinedistrikt Süd‹ seinen Sitz.

sicht gewachsen sein. Es täte ihm aufrichtig leid, daß unsere ersten Erfahrungen in Chile so unangenehmer Natur seien, dafür müßten wir aber Verständnis haben, und er, der Kommandant selbst, wolle dafür sorgen, daß nunmehr unser Aufenthalt so angenehm wie möglich ablaufen möge. Augenblicklich wird die Verhaftung aufgehoben, man schüttelt uns sogar die Hände, und es wird offensichtlich, daß die Chilenen besorgt sind, daß wir ja keinen falschen Eindruck von ihrem Land bekommen. Der Chilene ist von seinem Naturell her ein überaus freundlicher und entgegenkommender Mensch. Die Gastfreundschaft bedeutet ihm alles, und es gibt kaum eine bessere Möglichkeit, einen Chilenen schwer zu kränken, als seine angebotene Gastfreundschaft, die, wie wir erfahren sollten, wirklich ehrlich gemeint ist, abzuweisen. Es wird kurzerhand ein Soldat abkommandiert, der uns an diesem mittlerweile späten Abend zu einer Herberge begleitet, um dort für uns einen angemessenen Preis für eine Übernachtung auszuhandeln. Nachdem dies geschehen ist, wünscht er uns eine gute Nacht und verläßt uns mit der Ankündigung, morgen früh rechtzeitig zum Frühstück wieder da zu sein. Um unsere Boote und die Ausrüstung brauchen wir uns keine Gedanken zu machen. Sie liegen hoch und trocken auf der Pier und werden ständig bewacht. Gern schenken wir der Aussage Glauben, daß es wohl in ganz Pt. Williams keinen sichereren Ort gebe als den Marinehafen.

Das ›Uspachum‹, unsere schäbige Herberge, könnte genauso gut eine asiatische Hafenkneipe sein. Irgendwie ähneln sich Unterkünfte dieser Art auf der ganzen Welt. Rainer und ich setzen uns an einen Tisch, bestellen ein Bier und finden langsam wieder zu uns selbst. Dies war fürwahr ein ereignisreicher Tag, der so ganz anders verlaufen ist, als wir ihn uns noch heute morgen in unserem durchnäßten Zelt vorgestellt haben.

Welcome to Puerto Williams

Wie schnell sich das Blatt doch wenden kann! Pünktlich zum Frühstück erscheint unser Verbindungsoffizier und teilt uns freudestrahlend mit, daß man in der Zwischenzeit für uns ein kleines Programm aufgestellt habe, um uns den Aufenthalt in Pt. Williams so angenehm wie möglich zu gestalten. Auf besagtem Programm steht ein Museumsbesuch, eine Einladung zum Mittagessen, ein erneuter Besuch beim Kommandanten sowie ein abendlicher Empfang im Offizierskasino. Als nächstes, fordert uns der Offizier auf, möchten wir doch bitte unser Zimmer in dieser etwas heruntergekommenen Herberge räumen, der Kommandant von Pt. Williams habe nämlich in der Zwischenzeit ein anderes, besseres Arrangement für uns getroffen. Nun sind wir doch ein wenig verblüfft! Die Schwerverbrecher von gestern sind die gefeierten Gäste von heute. Tatsächlich kommt eine halbe Stunde später ein klappriger VW-Bus vorgefahren und nimmt unsere Habe sowie uns selbst auf, um uns in unser neues Domizil zu bringen. Das Hotel liegt etwas außerhalb der Stadt und verfügt über Zimmer mit Bad und WC, hat ein Kaminzimmer, eine Bar, einen Speisesaal, kurzum alles, was man sich von einem guten Hotel erhofft. Hinzu kommt, daß sich der Bauherr den wohl schönsten Platz ausgesucht hat, an dem man ein derartiges Hotel errichten kann. Obwohl dieses Hotel normalerweise sündhaft teuer ist, brauchen wir nur den gleichen Preis zu zahlen, den wir zuvor auch in unserer heruntergewirtschafteten Herberge entrichten mußten. Der Wirt sieht es offensichtlich als Ehre an, daß wir bei ihm wohnen. Man lädt uns sofort in gastlicher Runde zu einem morgendlichen Umtrunk ein und ist überhaupt besorgt, uns in jeder Hinsicht entgegenzukommen. Offensichtlich hat man viel Zeit in diesem Teil von Chile und ist darum

Vorbereitungen zum zweiten Start in Pt. Williams.

bemüht, den Kontakt mit seinen Mitmenschen aufgeschlossen und fröhlich zu pflegen. Wir laufen das Stück zurück nach Pt. Williams und besichtigen dort das kleine, aber mit sehr viel Liebe und Geschick aufgebaute Museum. Wir bleiben vor einem ausgehöhlten Baumstamm stehen, an dem der Zahn der Zeit bereits deutliche Spuren hinterlassen hat. Bei diesem alten Einbaum handelt es sich um eines der Kanus, die die Yahgan-Indianer auf ihren Wanderungen benutzt haben. Es ist ein kleines, unförmiges Gefährt, von dem wir uns nur schwerlich vorstellen können, daß Menschen darin auf die offene See herausgefahren sind. An den Wänden des Museums hängen alte Fotografien sowie Zeichnungen der Feuerland-Indianer. Gedrungene, kräftige Gestalten sind es gewesen, die bestenfalls mit einem Guanacofell bekleidet waren. Aus der Art, wie dieses Museum aufgebaut ist, wird ersichtlich, daß die Chilenen daran interessiert sind, die Kultur und Lebensform dieser Ureinwohner der Nachwelt zumindest in Form von Dokumenten zu überliefern, wenn es schon keine lebenden Vertreter dieses Volksstammes mehr gibt. Bis vor einigen Jahren war Pt. Williams der Wohnort der letzten Yahgan-Indianerin. Die Abuela Rosa wohnte hier bis zu ihrem Lebensende und liegt jetzt auf dem Friedhof Pt. Williams begraben.

Vor der Einladung zum Mittagessen bleibt uns gerade noch Zeit genug, unsere Boote zu inspizieren. Wir räumen sie fast vollständig leer, um zu überprüfen, ob die Spanten am gestrigen Tage durch die rabiate Übernahme gelitten haben. Erleichtert stellen wir fest, daß die Boote diese Prozedur ohne jeden Schaden überstanden haben. Wir nutzen die Gelegenheit und hängen unser nasses Zelt zum Trocknen auf, Schlafsäcke und andere Dinge nehmen wir mit ins Hotel, um sie dort noch einmal richtig austrocknen zu können.

Nach dem Mittagessen werden wir erneut vom Kommandanten in seinem Büro empfangen. Wir werden freundschaftlich begrüßt und nehmen an einem Tisch, auf dem eine Seekarte ausgebreitet liegt, Platz. Obwohl man von unserer Harmlosigkeit vollends überzeugt ist, ist es trotzdem nicht möglich, uns eine Genehmigung für die Durchfahrt des Murray-Kanals zu geben. Diese Strecke sei, wie der Kommandant zum wiederholten Male sagt, für alle Schiffe, außer der chilenischen Marine, ›off limits‹.

Somit verbleibt uns nur noch eine Möglichkeit, unser Ziel, Kap Hoorn, zu erreichen, nämlich durch den Ostausgang des Beagle-Kanals. Dieses ist mit Sicherheit eine ungünstigere und schwierigere Route, da wir jetzt nicht nur den Wind, sondern auch die Strömung gegen uns haben würden. Es ist aber müßig darüber zu diskutieren, denn eine andere Alternative gibt es nicht. Die

chilenische Marine, so sagt man uns, hat beschlossen, die Schirmherrschaft über diese Expedition zu übernehmen. Man teilt uns die Positionen vereinzelter kleiner Marinestationen entlang unseres Weges mit und bittet uns, dort regelmäßig vorzusprechen, damit man über den Verlauf unserer Unternehmung informiert sei. Selbstverständlich dürften wir im Notfall auch die Hilfe der Station in Anspruch nehmen. Der Kommandant sagt uns, daß er diese Expedition für ein sehr schwieriges und auch gefährliches Unterfangen hält und unsere Entschlossenheit und unseren Mut bewundert. Zwischenzeitlich haben offensichtlich auch die Medien von unserer Expedition Wind bekommen und berichten ausführlich über diese Reise. In Pt. Williams gibt es einen Mitarbeiter des chilenischen Fernsehens, und so teilt uns der Kommandant mit, daß man am morgigen Tage bei unserem Start einen Film für das Fernsehen drehen wolle. Rainer und ich hatten eigentlich beabsichtigt, diese Expedition still und ohne Aufsehen durchzuführen. Jetzt ist genau das Gegenteil eingetreten.

Der abendliche Empfang im Offizierskasino soll der Höhepunkt des heutigen Tages werden. Wir sitzen in großer Runde zusammen, trinken Pisco, den chilenischen Nationalschnaps, und müssen über frühere Reisen, insbesondere über die Grönland-Expedition, berichten. Wir werden mit äußerster Höflichkeit und Gastfreundschaft behandelt, die einen als Europäer fast beschämt. An einer festlich gedeckten, langen Tafel essen wir bei Kerzenschein mehrere Gänge, die überwiegend aus unterschiedlichen Fischspeisen bestehen. Man ist untröstlich, daß es derzeit gerade keine Centolla gibt, die man uns nur zu gern angeboten hätte, da sie als die Köstlichkeit schlechthin gilt. Diese langbeinigen und großen Krabben sind mit den in Alaska vorkommenden King Crabs verwandt, und ihr Fleisch muß in der Tat vorzüglich sein.

Erst spät kommen wir an diesem Abend in unser Hotel zurück, wo wir – obwohl todmüde – sofort von dem Wirt in Beschlag genommen werden, der schon den ganzen Abend drauf gewartet hat und uns jetzt zu einem erneuten Umtrunk einlädt. Unmöglich, diese Einladung abzulehnen, es wäre nicht nur unhöflich, sondern er würde sich wirklich zurückgesetzt und gekränkt fühlen. So nehmen wir um den Kamin herum Platz, radebrechen auf Englisch, Spanisch und Französisch und können ihn nur mit Mühe davon abhalten, uns sein ganzes Sortiment an Spirituosen vorzuführen. Nur dem Umstand, daß wir am nächsten Tag starten wollen, verdanken wir, daß wir an diesem Abend noch halbwegs nüchtern ins Bett kommen.

Bei strahlendem Sonnenschein gibt man uns sogar noch ein Stück Geleit.

Früh am nächsten Morgen packen wir unsere Sachen, nehmen ein reichliches Frühstück im Hotel ein und werden dann vom Wirt zum Hafen gefahren. Der Kommandant empfängt uns ein weiteres Mal, wünscht uns alles Gute und schenkt uns zum Schluß noch eine zusätzliche Seekarte. Das Wetter ist kalt, aber klar und sonnig. Schnell sind die Boote gepackt und zu Wasser gelassen. Eine Gruppe von Menschen ist hinunter zum Hafen gekommen, um uns zu verabschieden. Wiederholt müssen wir Hände drücken, Kameras klicken – und immer wieder der gutgemeinte Ratschlag, vorsichtig zu sein und aufzupassen. Ein ausgedientes Rettungsboot hat derweil einige Offiziere aufgenommen, die uns jetzt an Bord dieses Bootes aus der Hafenausfahrt hinausbegleiten und uns auf dem Beagle-Kanal ein Stück Geleit geben. Wieder klicken die Kameras, die Fernsehkamera surrt, schließlich ein letztes Lebewohl – Rainer und ich sind wieder allein. Schlagartig ist die Hektik der vergangenen beiden Tage vergessen. Es ist heute der 19. April, und wir sind glücklich, uns endlich wieder unserem eigentlichen Projekt widmen zu können. Plötzlich wird das Bild des Feuerland-Indianers wieder lebendig, dessen Spuren wir folgen und von dem wir gern mehr erfahren möchten. Wir tauchen wieder ein in das unmittelbare Naturerleben und vergessen alles, was hinter uns liegt.

Die Feuer sind verloschen

Während im fernen Mexiko und Peru die Hochkulturen der Azteken und Inkas durch Männer wie Cortes und Pizarro in einem durch ›auserlesenste‹ Grausamkeiten geprägten Feldzug in unglaublich kurzer Zeit vernichtet wurden, schien die Welt für die im tiefen Süden lebenden Feuerland-Indianer noch weitgehend in Ordnung zu sein. Die Lebensform dieser Indianer war einfach zu primitiv, als daß man ähnliche Schätze, wie man sie bei den Inkas fand, bei ihnen vermutete. Erst im 19. Jahrhundert, nachdem einige Goldvorkommen gefunden wurden und Farmer mit der Schafzucht begannen, wurde der rasant voranschreitende Untergang dieses seit Urzeiten in Harmonie und Einklang mit der Natur lebenden Volkes eingeleitet.

Erste verläßliche ethnologische Beobachtungen der Indianer machte der Spanier Don Antonio de Cordoba auf einer Expedition in den Jahren 1785 bis 1789. Durch Berichte von anderen Expeditionsreisenden und Seeleuten gewann man bis zum Ausgang des 18. Jahrhunderts schließlich einen sehr umfangreichen Einblick in die Sitten und Gebräuche der Indianer. Forschungen über die Sprachzugehörigkeit oder gar eine ethnische Einteilung blieben indessen dem englischen Kapitän und Forschungsreisenden Fitzroy überlassen. Er teilte die Indianer nicht nur in vier unterschiedliche Stämme auf, sondern stellte darüber hinaus auch Beobachtungen über kulturelle und physische Unterschiede der einzelnen Stämme an. Fitzroy hat hierbei offensichtlich eine höher zu bewertende Aufgabe gelöst, als dies in dem Zusammenhang etwa Charles Darwin getan hat, der auf eine ethnische Einteilung verzichtete und sogar den schweren Irrtum beging, die Eingeborenen für Kannibalen zu halten. Die letztlich auf Betreiben Fitzroys eingerichteten Missionsstationen berichtigten alsbald die Einteilung der Stämme, wie sie von Fitzroy getroffen worden war und unterteilte nunmehr die Stämme in drei unterschiedlich Gruppierungen: die Alakaluf, die Yahgan und Ona. Bis zum heutigen Tage hat sich diese Einteilung erhalten. Es gibt nur Mutmaßungen über die Herkunft dieser Indianer. Wenn man der Theorie folgt, daß ein Großteil der Ureinwohner Amerikas über Asien eingewandert ist, dann ist es durchaus möglich, daß es sich bei den Feuerland-Indianern um den ersten Einwanderungsschub gehandelt hat. Durch nachfolgende, ihnen vermutlich überlegene Völkergruppen wurden sie wahrscheinlich gezwungen, bis in den äußersten Süden des Kontinents auszuweichen. Dorthin also, wo das Klima rauh und kalt, es für andere Indianer somit unattraktiv war. Ähnlich wie die Eskimos im hohen Norden, entwickelten die Indianer ein hohes Maß an Anpassungsfähigkeit und waren somit in der Lage, den klimatischen Widrigkeiten zu trotzen. Als einmal ein Missionar an einem kalten Wintertag einen fast unbekleideten Ona-Indianer fragte, wie es denn möglich sei, daß er bei dieser Kälte nicht friere, zeigte der Befragte auf das Gesicht des Missionars und erwiderte: »Warum frieren Sie denn da nicht?« Als der Geistliche antwortete, daß dies schließlich sein Gesicht sei, meinte der Indianer: »Ganz recht, bei uns ist eben der ganze Körper Gesicht!«

Bis zur Mitte des 19. Jahrhunderts wurden die Indianer mehr oder weniger als Kuriosität betrachtet und, vielleicht einmal abgesehen von einigen wenigen Zwischenfällen, weitgehend in Ruhe gelassen. Erst in den 80er Jahren des vergangenen Jahrhunderts begann sich der baldige Untergang der Indianer abzuzeichnen. Wie so oft in der Geschichte, lockten Goldfunde manch hartgesottenen und skrupellosen Glücksritter in das Land, der nur darauf erpicht war, innerhalb kürzester Zeit Reichtümer an-

Die Abuela Rosa war die Letzte vom Stamme der Yahgan-Indianer. Sie starb vor einigen Jahren in Pt. Williams. Mit ihr ging ein weiteres Naturvolk zugrunde, das einst in völliger Harmonie mit der Natur lebte und das dem zerstörerischen Einfluß der sogenannten Zivilisation nicht gewachsen war. (Archiv Dr. Beese)

zusammeln, und dabei die Eingeborenen, die ihm womöglich dabei in den Weg kamen, einfach erschoß. Die einfache Erscheinung und die primitive Lebensform der Indianer ließ offensichtlich in vielen dieser Eindringlinge gar nicht erst den Gedanken entstehen, daß es sich hierbei um Wesen der Gattung Mensch handeln könnte. Im Gegenteil! Mit der gleichen unerklärlichen Lust, wie man wilde Tiere abknallte, schoß man jetzt auf Indianer und war offensichtlich darauf noch stolz. So ließ sich im Jahre 1885 der Goldsucher Julius Popper dabei fotografieren, wie er auf einen wehrlosen Ona-Indianer anlegte.

Als schließlich die ersten europäischen Schafzüchter in das Land der Indianer eindrangen, um dort zu siedeln, schien der Konflikt mit den Indianern vorprogrammiert zu sein. Gerade die Ona-Indianer, die auf der Hauptinsel Feuerlands lebten, machten von jeher Jagd auf das Guanaco, eine zur Familie der Lamas gehörenden Tierart, und so war es nur zu verständlich, daß sie statt des schwierig zu erjagenden Guanacos auch hier und da einmal ein Schaf erlegten. Die Besitzvorstellungen der Indianer mochten grundlegend anders sein als die der Farmer, zudem fühlten sich die Eingeborenen zu Recht als die Herren des Landes. Die Reaktion der Schafzüchter war genau der gleichen Natur wie die der Siedler in Nordamerika oder an vielen anderen Orten der Welt. Man hatte alle Brücken zur Heimat abgebrochen, wollte sich hier eine neue Existenz aufbauen und war fest entschlossen, sich das Land der Indianer anzueignen.

Der aus Nordamerika stammende Ausspruch: »Nur ein toter Indianer ist ein guter Indianer«, sollte auch hier schnell zu trauriger Berühmtheit gelangen. So wurden reguläre Jagden auf Indianer veranstaltet, und einige Schafzüchter zahlten ein Pfund Sterling für ein Paar abgeschnittene Indianerohren. Dies erschien einigen Leuten immerhin Anreiz genug, sich bei der Jagd auf Indianer effektiverer Methoden zu bedienen. Da bekannt war, daß Indianer auch tote Tiere aßen, die sie zufällig auf ihren Wanderungen entdeckten, gingen die Indianerjäger dazu über, mit Strychnin vergiftete Tierkadaver auszulegen, die die Indianer dann aßen und gleich gruppenweise daran starben. Somit blieb dem Kopfjäger nur noch die Arbeit, die Ohren der Gemordeten abzuschneiden und sie seinem Dienstherrn vorzulegen. Erst als einige Indianer auftauchten, die zwar abgeschnittene Ohren hatten, aber trotzdem durchaus lebendig waren, verlangten die Auftraggeber entweder den Kopf oder den ganzen Leichnam des Opfers zu sehen.

Aber auch offizielle, von den Regierungen beauftragte Expeditionen waren den Schafzüchtern, Robbenfängern und Goldsuchern an Brutalität und Mordlust durchaus ebenbürtig. So ließ der Expeditionsleiter Ramon Lista im Jahre 1886 bei einer Erkundung 25 Indianer, die sich nicht freiwillig ergreifen lassen wollten, ohne jeden Grund erschießen. Im Jahre 1895 entsandte der Gouverneur Don Manuel Senoret unter dem Vorwand, ein von den Indianern angerichtetes Massaker rächen zu müssen, eine Abteilung Soldaten mit dem Befehl, alle Indianer, deren man habhaft werden konnte, gefangenzunehmen und nach Punta Arenas zu bringen. Man überfiel die ahnungslosen India-

Ein von Indianern bearbeiteter Knochen, der vermutlich als Axtstiel benutzt wurde.

ner, schlug sie nieder und führte die Überlebenden, zum Teil Frauen und Kinder, nach Punta Arenas, wo sie halbnackt durch die Straßen laufen mußten, und jeder, der wollte, durfte sich einen Indianer oder eine Indianerin mit nach Hause nehmen. Familien wurden zerrissen, Frauen vergewaltigt und Kinder ihrem Schicksal überlassen.

Erst der massive Protest der Salesianer-Missionare bewirkte, daß der Gouverneur versetzt wurde und die wenigen überlebenden Indianer unter die Obhut der Missionare gestellt wurden. Es ist beeindruckend und großartig, wie sich diese Missionare, teilweise unter Bedrohung ihres eigenen Lebens, für die gepeinigten Indianer einsetzten. Als die bereits erwähnte Expedition des Ramon Lista eine Gruppe von Indianern niedermetzelte, war es der Geistliche Fagnano, der entschlossen dem brutalen Treiben Einhalt gebot und dabei fast selbst Opfer der Mordlust wurde. Die Salesianer-Missionare richteten Missionsstationen ein, in denen die Indianer verpflegt wurden und in denen sie jederzeit Zuflucht finden konnten. So sehr diese frommen Männer einerseits bemüht waren, die Eingeborenen vor der Willkür der weißen Eindringlinge zu schützen, so sehr arbeiteten sie andererseits auch – wenngleich unbeabsichtigt – am Untergang dieses Volkes mit. Durch die Missionierungsversuche wurde die Kultur der Indianer langsam, aber sicher zerstört, und da man sie zudem aufforderte, fortan Kleidungsstücke zu tragen, liefen die Indianer ständig mit durchnäßten Kleidern am Körper herum, mit der Folge, daß sie krank wurden und schließlich starben.

Solange die Indianer fast unbekleidet herumliefen, wurde die Haut immer wieder von der Luft getrocknet. Jetzt, nachdem sie Hemden, Hosen und Jacken tragen mußten, klebten die nassen Kleidungsstücke an ihrem Körper und führten alsbald zu Erkältungskrankheiten, die in den meisten Fällen den Tod brachten. Eingeschleppte Infektionskrankheiten, wie Tuberkulose, Masern und Röteln, gaben ihnen schließlich den Rest. Der Missionar Thomas Bridges belegt den rapiden Untergang des Volkes mit erschütternden Volkszählungen. So lebten seinen Angaben

Überreste eines alten Lagerplatzes der Yahgan.

zufolge im Jahre 1880 von den Ona-Indianern noch 3600, im Jahre 1891 waren es nur noch 2000, und zu Beginn des 20. Jahrhunderts wurden noch ganze 270 gezählt. Ähnlich schnell verminderte sich die Zahl der Yahgan-Indianer, die nach Bridges im Jahre 1883 noch ca. 1000 Mann umfaßten, im Jahre 1884 auf 945 Personen geschrumpft waren, um bereits zwei Jahre später, im Jahre 1886, auf rund 470 Personen dezimiert zu werden. Neue Zählungen im Jahre 1923 ergaben noch ganze 70 Yahgan-Indianer. Heute sind sie, wie die Ona-Indianer, ausgestorben. Allein von den Alakaluf-Indianern gibt es eine kleine Gruppe von Überlebenden, die aber auch dekulturiert und dem Alkohol verfallen sind und in der reinrassigen Form vermutlich auch nicht mehr lange überleben werden.

Entgegen der weitläufigen Ansicht waren die Ureinwohner Feuerlands keineswegs primitiv oder mit mangelnder Intelligenz gesegnet. Bereits Fitzroy konnte sich davon überzeugen, als er damals seine drei gefangenen Yahgan-Indianer mit nach England nahm und sie dort in überaus kurzer Zeit lesen, schreiben und natürlich auch die englische Sprache lernten. Der chilenische Forscher Gusinde, der 1919 Feuerland besuchte, konnte diesen Eindruck Fitzroys nur bestätigen. Er stellte darüber hinaus fest, daß die Indianer eine hochentwickelte Sprache hatten, in der man drei Dialekte unterschied und die auch feste grammatische Regeln kannte. Außerdem stellte er bei vielen Indianern eine Begabung für Musik fest. Doch diese Ehrenrettung half den Indianern selbst herzlich wenig. Der italienische Priester des Salesianer-Ordens, Alberto de Agostini, der insgesamt ein Jahrzehnt in Feuerland verbrachte und dort maßgebliche Untersuchungen sowohl kartographischer als auch ethnologischer Natur durchführte, drückt die Trauer und Machtlosigkeit, mit der er dem Untergang dieses Volkes zusehen mußte, in Worten aus, wie man sie besser nicht formulieren könnte. So ist in dem Schlußwort seines Buches ›Zehn Jahre in Feuerland‹ folgender Absatz zu lesen:

»Das Aussterben der Feuerländer, das bald vollendet sein wird, muß ein Gefühl des Mitleids und tiefen Bedauerns erwekken. Bevor der Europäer kam, verbrachte der harmlose Urbewohner seine Tage in sorgloser Stille und gemächlicher Ruhe, denn das Land spendete aus freien Stücken hinreichende Nahrung. Um den Reiz eines solchen urwüchsigen Nomadenlebens innerlich zu erfassen, muß man in das Schweigen dieser Talebene eingedrungen sein und die geheimnisvollen Wälder durchstreift haben, wo, dem verständnislosen Auge des Europäers verborgen, der Rest dieser Menschen lebt und nichts anderes begehrt, als in seinem langsamen Todeskampfe nicht belästigt zu werden. Erst wenn nach langem, vertrautem Zusammenleben die natürliche Scheu und Zurückhaltung der Eingeborenen zu weichen beginnt, erst dann ist es möglich, die ganze Heiterkeit dieses einfachen Urlebens unter dem großen Dache der Natur zu würdigen. Noch wenige Jahre, und dieses idyllische, unverfälschte Leben gehört für immer der Vergangenheit an. Dann werden die einsamen Täler und schneelastenden Berge ihre alten Herren nicht mehr sehen, mit denen sie jahrtausendelang gemeinschaftlich gegen Wind und Wetter kämpften, mit denen sie die unsagbare Lieblichkeit milder Sonnenuntergänge atmeten und uralte Feste und reiche Jagden feierten. Der Koliot (Fremde) aber, der mit todbringenden Waffen nach Schätzen lüstern aus fernen Ländern kam, wird bald sein unseliges Werk vollenden und restlos das einstige Glück dieser primitiven Menschen zerstören, die einsam und niemandem zuleide in der absonderlichsten Gegend der Erde lebten.«

Was der Priester Agostini einst prognostizierte, ist inzwischen eingetreten. Die Täler, Wälder und Inseln sind verlassen, die von einem Feuer erleuchteten Kanus, denen das Land seinen Namen verdankt, sind von den sturmgepeitschten Küsten verschwunden.

Die Feuer sind verloschen!

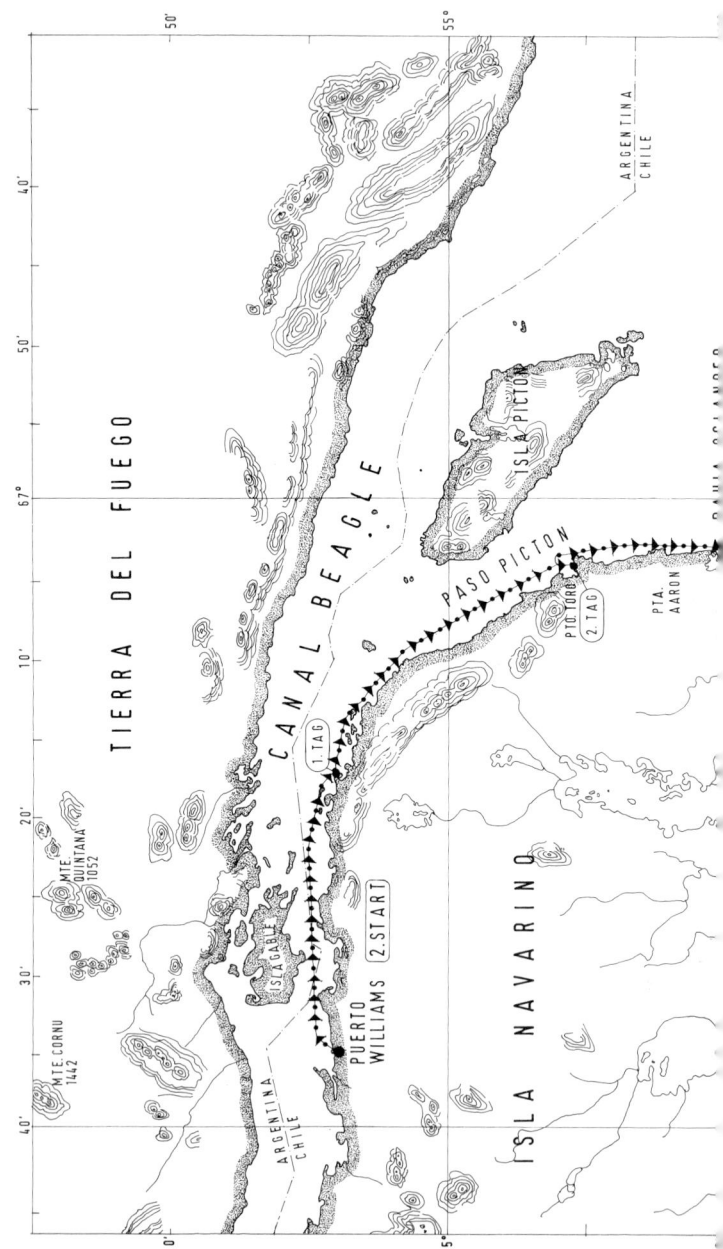

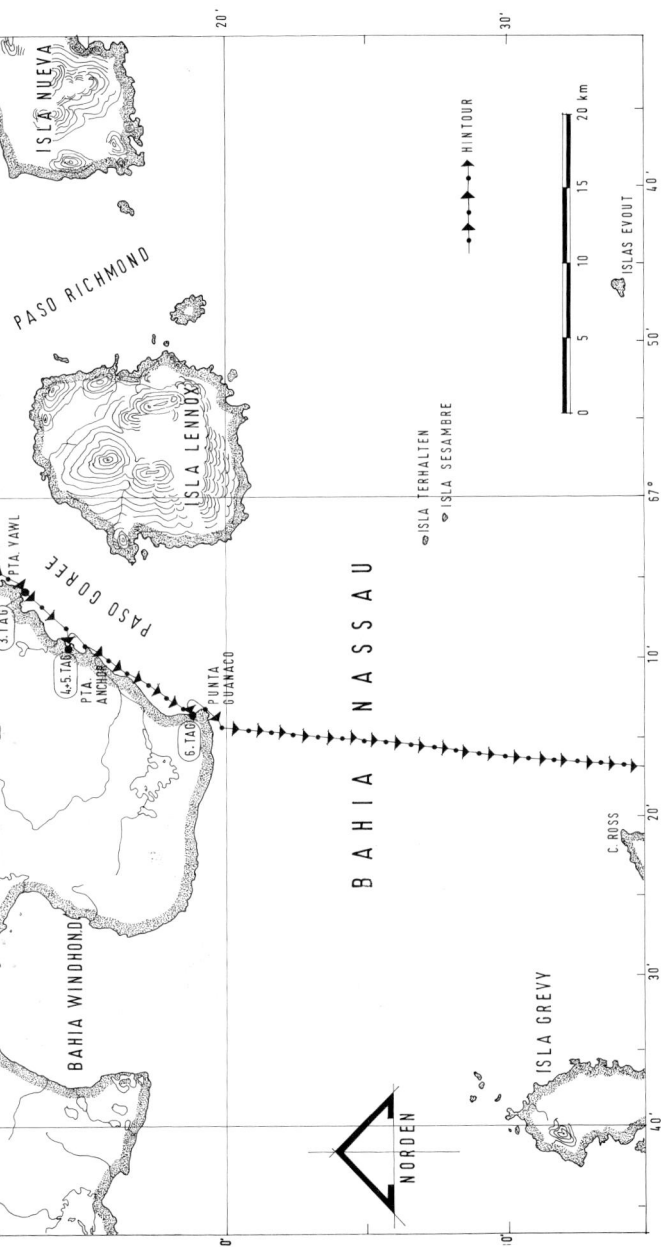

ISLA NUEVA

PASO RICHMOND

ISLA LENNOX

PTA YAWL

3.TAG

4.-5.TAG

PTA. ANCHOR

PASO GOREE

6.TAG

PUNTA GUANACO

BAHIA NASSAU

BAHIA WINDHOND

ISLA TERHALTEN

ISLA SESAMBRE

C. ROSS

ISLA GREVY

NORDEN

HINTOUR

ISLAS EVOUT

20 km

15

10

5

0

20'

30'

40'

50'

67°

10'

20'

30'

40'

Mucho viento

Mucho viento – viel Wind – hatte man uns für unsere Unternehmung prophezeit. Wenn wir erst einmal den schützenden Beagle-Kanal verlassen hätten, dann würden wir schon schnell genug wissen, was mit dieser knappen Aussage gemeint war. Zunächst jedoch scheint das Wetter alle Skeptiker und Kritiker Lügen zu strafen. Bei strahlendem Sonnenschein und leichtem achterlichen Wind ist es geradezu ein Vergnügen, auf der leichten Dünung des Beagle-Kanals zu paddeln. Langsam zieht die Küste der Insel Navarino an uns vorbei, immer wieder von Buchten unterbrochen, in denen sich die üppige Vegetation direkt bis zum steinigen Strand hinunterzieht. Wie schon früheren Expeditionsreisenden mutet auch uns die Küstenlinie fast tropisch an. Die Bäume und Büsche stehen derart dicht zusammen, daß man nur mit größter Schwierigkeit einen Weg durch das Unterholz finden kann. Vom Wasser aus sieht die Küstenlinie wie eine zusammenhängende grüne Wand aus. Die Bäume haben allesamt eine eigenartige Neigung nach Osten, ihre Kronen sind zum Teil flach, als wenn sie mit einer Heckenschere beschnitten worden wären. Diese eigenartige Ausrichtung der Bäume zeigt nur überdeutlich an, aus welcher Richtung hier der Wind weht. Um Pt. Williams herum machte die Region noch einen sehr gebirgigen, fast alpinen Eindruck. Dieser gebirgige Landschaftscharakter ändert sich jetzt langsam und geht in eine bewaldete Hügelkette über. So leidvoll das Schicksal eines Schiffbrüchigen in dieser Zone auch gewesen sein mag, eines brauchte er mit Sicherheit nicht: zu verdursten! Durch die ungeheuren Mengen an Niederschlag gibt es überall kleine Tümpel und Bäche, in denen ein braunes und mooriges Wasser steht, das trotz seiner fremdartigen Färbung für den Organismus durchaus verträglich ist und zudem auch noch gut schmeckt. Bei Wanderungen ins Hinterland treffen wir immer wieder auf umgestürzte Baumstämme, die bei näherer Betrachtung erkennen lassen, daß sie von einem Fachmann gefällt worden sind. Es sind jedoch nicht Holzfäller hier am Werk gewesen, sondern die hart arbeitenden Biber, die ihre Dämme und Bauten aus derartigen Holzkonstruktionen zusammenstellen. Überall treffen wir auf wilden Sellerie, der allerdings aufgrund der fortgeschrittenen Jahreszeit weich und faulig aussieht. Auch die wohlschmeckenden Calafatebeeren sind noch an einigen Stellen anzutreffen. Wenn man sich zudem die Zeit nimmt, an den Klippen und Felsen nach Muscheln zu suchen, dann läßt sich eigentlich relativ problemlos eine Mahlzeit zusammenstellen. Schließlich soll auch der Seetang vitaminreich und durchaus genießbar sein. Ein vom Sturm verschlagener Seemann hätte also durchaus die Möglichkeit, sich von dem Lande zu ernähren. Anders haben es die Indianer schließlich auch nicht gemacht.

Auch Rainer und ich sammeln uns an diesem Abend einen Topf voll Muscheln, ein anderer Topf steht derweil mit Seewasser gefüllt über dem Lagerfeuer und wird langsam zum Sieden gebracht. Schließlich werden die Muscheln in das kochende Wasser hineingeschüttet, etwa zehn Minuten lang gekocht und dann abgegossen. Die Muscheln haben einen ausgezeichneten Geschmack und versorgen uns darüber hinaus mit Eiweiß. Zu diesem opulenten Mahl leisten wir uns jeder ein Glas Weißwein und fühlen uns wie die Könige.

Das kühle, aber schöne und klare Wetter scheint sich vorerst zu halten. Der Wind weht beständig und gleichmäßig aus westlicher Richtung und schiebt uns vor sich her. Bereits gestern hatten wir zum ersten Mal unsere kleinen Treibsegel gesetzt und es genossen, ohne kräftezehrende Paddelei gut voranzukommen. Die Segeleinrichtung der Faltboote besteht jeweils nur aus einem einzigen sogenannten Großsegel. Auf eine Fock oder ein kleines Rahsegel verzichteten wir gänzlich, da uns dies zu umständlich erschien und in gewissen Situationen auch gefährlich sein konnte. Da wir zudem auch keinen Kiel oder Seitenschwerter am Boot montiert hatten, müssen wir beim Segeln höllisch aufpassen, daß nicht eine Böe das Boot auf die Seite legt und zum Kentern bringt. Demgemäß lassen wir die Schot (siehe Takelplan im Anhang) durch die Hände gleiten, um auf diese Art und Weise bei jedem größeren Windstoß das Segel zu entlasten. Der Mast selbst wird unten im Boot durch einen kleinen Vierkant fixiert und oben am Süll durch eine weitere Führung stabilisiert. Da der Mast ansonsten keine weitere Unterstützung erfährt, ist es uns jederzeit möglich, ihn während der Fahrt samt Segel aus seiner Führung herauszuziehen, den Baum an den Mast heranzuklappen, um dann Segel und Mast auf dem Deck zu verstauen. Der Vorgang läßt sich natürlich auch in umgekehrter Reihenfolge beliebig wiederholen, so daß wir zu jedem Zeitpunkt in der Lage sind, unsere Segel zu setzen oder herunterzunehmen. Die Segelfläche selbst sollte recht klein gewählt werden, da ein Faltboot nur sehr begrenzt zum Segeln taugt und sich ein kleines Segel sehr viel einfacher und sicherer bedienen läßt als ein großes. Bei den schlagartigen Klimaveränderungen müssen wir zudem ständig in der Lage sein, die Boote auf See sturmfest zu machen. Sturmböen können urplötzlich auftreten und das Boot einholen, bevor man überhaupt nur den Bruchteil einer Chance hätte, das rettende Ufer zu erreichen.

Wir freuen uns, daß wir gleich zu Anfang die Möglichkeit haben, unsere Treibsegel einzusetzen, später, in der rauhen Kap-Hoorn-See, würde dies vermutlich nicht mehr möglich sein. Jetzt hilft es uns aber ein wenig Kräfte zu sparen, wenngleich man pausenlos aufpassen muß, daß man nicht von einer Böe zum Kentern gebracht wird.

Langsam nähern wir uns jetzt einer der Inseln, die Anlaß für die Präsenz argentinischen wie auch chilenischen Militärs in dieser Region sind und die letztendlich auch unseren Plan, durch den Murray-Kanal zu fahren, zunichte machte. Gemeint ist die Isla Picton, die zusammen mit den etwas weiter südlich liegenden Inseln Lennox und Nueva den Hauptzankapfel zwischen Chile und Argentinien darstellt. Der Streit ist uralt, und auf den ersten Blick scheint es sich tatsächlich um einen einfachen Streit über die Abgrenzung der beiden Länder zu handeln. Während Argentinien die drei Inseln für sich beansprucht, behaupten die Chilenen, daß sie zu ihrem Staatsgebiet gehören. Daß sich dieser Streit nun über mehrere Jahrzehnte hinzieht und man noch im-

**Im Beagle-Kanal konnten wir sogar unsere Treibsegel verwen-
den. Später war dies wegen der stürmischen Winde nicht mehr
möglich.**

mer zu keiner Einigung gefunden hat, mag dem nüchternen Betrachter ein Stirnrunzeln abringen. Man muß nämlich einfach diese drei Inseln einmal gesehen haben, um zu wissen, daß sie, zumindest was landwirtschaftliche Nutzung angeht, relativ uninteressant sind. Bodenschätze hat man auch nur im begrenzten Maße festgestellt, ein Abbau scheint sich nicht zu lohnen. Somit liegt der Gedanke also nahe, daß diese drei Inseln nur ein vorgeschobener Grund für den Streit sind. Neben der Angst vor einem eventuellen Prestigeverlust im Falle des Nachgebens gibt es nämlich noch ein ganz handfestes Motiv, das diese Auseinandersetzung gerade in der letzten Zeit brandaktuell werden läßt. Sowohl Chile als auch Argentinien definieren ihre Landesgrenzen nämlich keineswegs nur bis nach Feuerland, sondern exakt bis zum Südpol!

Auf jeder chilenischen oder argentinischen Landkarte wird man einen Ausschnitt der Antarktis finden, der von den entsprechenden Ländern in ihren Staatsbereich einbezogen wird.

Wie ein Tortenstück hat sich jedes der Länder seinen Sektor herausgeschnitten. Betrachtet man jetzt die Position der umstrittenen drei Inseln auf der Weltkarte, dann wird ersichtlich, daß der Grenzverlauf der drei Inseln eine maßgebliche Rolle bei der Festlegung der Größe dieser Sektoren spielt. Werden die Inseln Chile zugesprochen, wird der Grenzverlauf entsprechend nach Osten verlegt und dieser daraus resultierende Längengrad wird von den Chilenen in seiner Verlängerung natürlich bis zur ›Staatsgrenze‹, dem Südpol, durchgeführt. Damit würde sich der chilenische Sektor vergrößern, und die Chilenen hätten dadurch einen besseren Zugang zu der begehrten antarktischen Halbinsel. Würden die Inseln hingegen Argentinien zugesprochen werden, dann würde der Vorgang entsprechend umgekehrt ablaufen, das heißt, die Argentinier hätten einen entsprechend größeren Sektor und die Chilenen demgemäß einen kleineren. Berücksichtigt man jetzt die vermuteten reichen Rohstoffvorkommen in der Antarktis, dann läßt sich deutlich erkennen, daß hier handfeste wirtschaftliche Interessen im Spiel sind.

Wir sind froh, wieder unterwegs zu sein, und finden langsam zu unserem Rhythmus und unserer Ausgeglichenheit zurück.

Der Status quo sieht so aus, daß die drei Inseln derzeit in chilenischer Hand sind und von beiden Parteien angerufene Schiedsgerichte, darunter auch der Vatikan, den Chilenen die Rechtmäßigkeit ihres Handelns bestätigt haben. Beide Länder unterhalten in der Antarktis Stationen, die zum Teil reine Präsenzstationen sind. Diese Stationen werden durchweg vom Militär unterhalten und dienen mehr oder weniger dazu, die Präsenz des entsprechenden Staates offenkundig zu machen. Die Chilenen haben sogar Zivilisten in der Antarktis angesiedelt, und es soll bereits Kinder geben, die dort geboren wurden. Da beide Länder zudem bislang totalitäre Regime aufwiesen, schien eine Einigung in größere Ferne denn je gerückt zu sein. Erst nachdem der demokratische argentinische Präsident Alfonsin die Regierungsgeschäfte übernommen hatte, schien sich eine neue Gesprächsbereitschaft zu entwickeln, die vielleicht endlich zu einer friedlichen Lösung des Konfliktes führen könnte. Neueste Pressemeldungen besagen, daß eine endgültige Einigung getroffen worden ist, wonach die drei Inseln zwar Chile zugesprochen werden, den Argentiniern aber auch Nutzungsrechte in der Antarktis eingeräumt werden. Einzelheiten sind mir derzeit nicht bekannt. Bleibt zu hoffen, daß diese Einigung endlich zu einer Normalisierung der Situation führt. Dennoch sollte jeder ortsunkundige Segler oder Reisende beim Betreten dieser Inseln auch in Zukunft noch äußerste Vorsicht an den Tag legen, denn wie man uns sagte, sind die Inseln teilweise vermint, um ungebetene Eindringlinge abzuhalten!

Am Nachmittag überfliegt uns im Tiefflug eine Maschine der chilenischen Luftwaffe, dreht eine Schleife, überquert uns ein weiteres Mal und schaltet dabei die Landelichter ein und aus. Wir winken mit beiden Armen als Zeichen, daß alles bei uns in Ordnung ist. Der Pilot dreht daraufhin, offensichtlich zufrieden, wieder ab.

Abends finden wir auf einer kleinen Insel eine geschützte Bucht, in die wir hineinfahren und die vor uns schon von anderen Menschen genutzt worden ist; denn am Ufer liegen alte Tampen, Kisten, Maschinenteile, Tische und Bettgestelle. Wir sind uns nicht ganz klar darüber, um was für eine Art Lager es sich hier gehandelt haben mag. Entweder müssen vor langer Zeit einmal Fischer ein primitives Lager eingerichtet haben, oder aber es handelt sich tatsächlich um eine Notunterkunft von Schiffbrüchigen, die aus den Überresten ihrer Strandung einen Notbehelf zusammengezimmert haben. Auf jeden Fall macht dieses Lager den Eindruck, als wenn es schon sehr lange verlassen ist. Wir schlagen unser Zelt auf, reparieren notdürftig einen etwas baufälligen Tisch, zwei Kisten dienen uns als Stühle, und bald sitzen wir bei Kerzenschein und einer heißen Suppe beim Abendessen. Es ist fast völlig windstill heute abend und sogar angenehm mild. Nur ein Blick auf das Barometer, das bedrohlich zu fallen beginnt, läßt uns ein wenig sorgenvoll immer wieder zum Himmel schauen. Noch scheint die Welt aber in Ordnung zu sein.

Während der Nacht brechen immer wieder urplötzlich Sturmböen über unser Zelt herein. So schnell wie diese Böen kommen, so schnell sind sie auch wieder verschwunden. Vorsichtshalber gehe ich während der Nacht noch einmal aus dem Zelt heraus und sichere es mit einigen weiteren zusätzlichen Heringen ab. Am nächsten Morgen ist das Barometer auf 986 Millibar abgefallen. Trotzdem nehmen wir uns gerade heute beim Frühstück Zeit; es ist nämlich der 22. April, genau Ostersonntag. In meinem Gepäck befinden sich für jeden von uns drei Schokoladenostereier, die wir im Anschluß an das Frühstück genüßlich verspeisen. Erst dann beginnen wir, unsere Sachen zusammenzupacken und in den Booten zu verstauen. Einen Moment überlegen wir, ob wir noch ein wenig abwarten sollen, wie sich das Wetter weiterhin entwickelt. Das rapide Absinken des Luftdrucks ist in diesen Regionen ein untrügliches und drohendes Zeichen von einem nahen Unwetter. Da wir jedoch nicht vorhaben, im großen Abstand von der Küste zu fahren, entschließen wir uns zum Aufbruch, auch wenn wir heute nur ein kurzes Stück schaffen. Immer wieder blicke ich auf das Barometer, doch der Zeiger bleibt hartnäckig bei 986 Millibar stehen. Es weht ein mäßiger Wind aus westlicher Richtung. Da wir anfangs aber noch relativ dicht unter der Küste fahren können, sind wir recht gut vom Wind geschützt. Nach etwa zwei Seemeilen breiten sich große Seetangfelder vor uns aus, die so dicht sind, daß wir sie weiträumig umfahren müssen. Beide setzen wir unsere

Die Bäume legen eindrucksvoll Zeugnis über die vorherr-schende Windrichtung ab. Die heranstürmenden Westwinde pressen sie fast zu Boden.

Segel, um den Wind für uns arbeiten zu lassen. Anfangs kommen wir noch recht gut voran. Je weiter wir uns aber dem Ausgang des Beagle-Kanals nähern und in die sogenannte Paso Goree, den Meeresarm, der zwischen der Isla Lennox und Navarino verläuft, einfahren, desto mehr müssen wir unseren Kurs nach Südwesten hin ausrichten.

Damit haben unsere Boote zugleich auch die Grenze ihrer Eignung als Segelschiff erreicht. Will man hart an den Wind herangehen, dann droht einem nicht nur die Gefahr einer Kenterung, sondern man macht ganz einfach auch keine Fahrt über Grund mehr. Eine kurze Peilung zweier Landmarken beweist dies ganz eindrucksvoll. Zwar machen wir Fahrt durchs Wasser und haben auch das Gefühl, tatsächlich voranzukommen, in Wirklichkeit werden die Boote aber abgetrieben, ohne auch nur einen Meter in der gewünschten Richtung voranzukommen. Ehe wir uns versehen, sind wir schon ein ganzes Stück vom Ufer entfernt. Sofort rufe ich Rainer an und teile ihm die Erkenntnis mit. Irgendwie beschleicht mich ein ungutes Gefühl, das mich, ohne daß ich es mir erklären kann, in einen höchsten Alarmzustand versetzt. Ich blicke aufs Barometer, der Luftdruck ist unverändert. Nur der Himmel scheint sich in den letzten Minuten ein wenig zu verfärben, keine schwarzen, bedrohlichen Wolken ziehen dort auf, sondern der Himmel nimmt eine eigenartige gräuliche Färbung an. In meinem Inneren schrillt die Alarmglocke ununterbrochen. Ich greife zum Paddel, lasse das Segel flattern und fahre aus Leibeskräften zu Rainer hinüber, der ebenfalls mißtrauisch das Wetter betrachtet. Er scheint jedoch offensichtlich noch nicht so beunruhigt zu sein wie ich, schließt sich aber auf meinen Zuruf hin sofort mir an, und beide versuchen wir jetzt, mit kräftigen Paddelschlägen das Ufer zu erreichen.

Fünfzehn Minuten paddeln wir mit aller Kraft, deren wir fähig sind. Das Wetter scheint immer noch unverändert zu sein. Habe ich mich getäuscht? Hat mir meine Einbildung einen

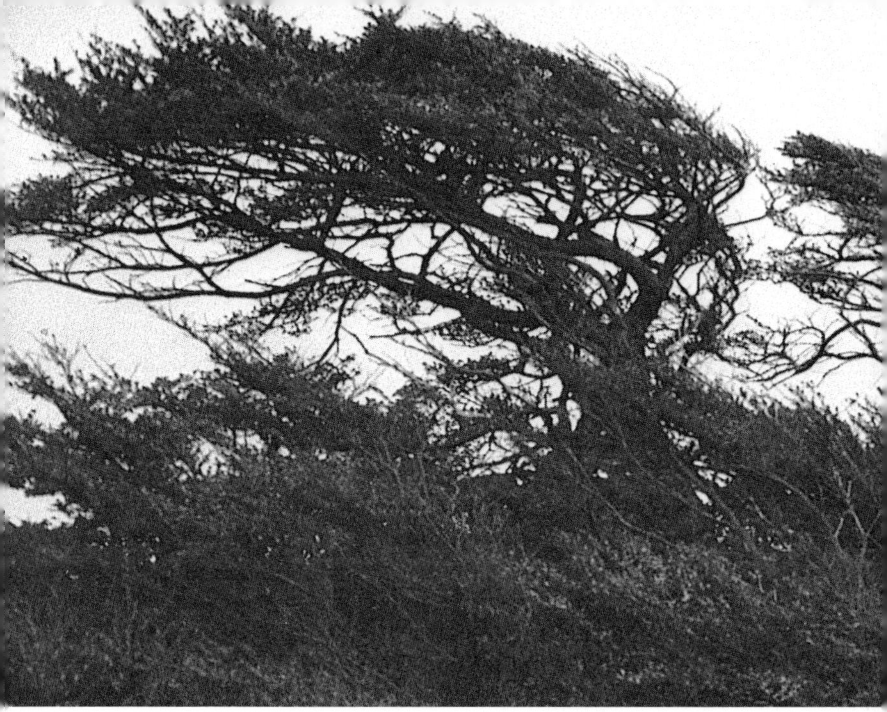

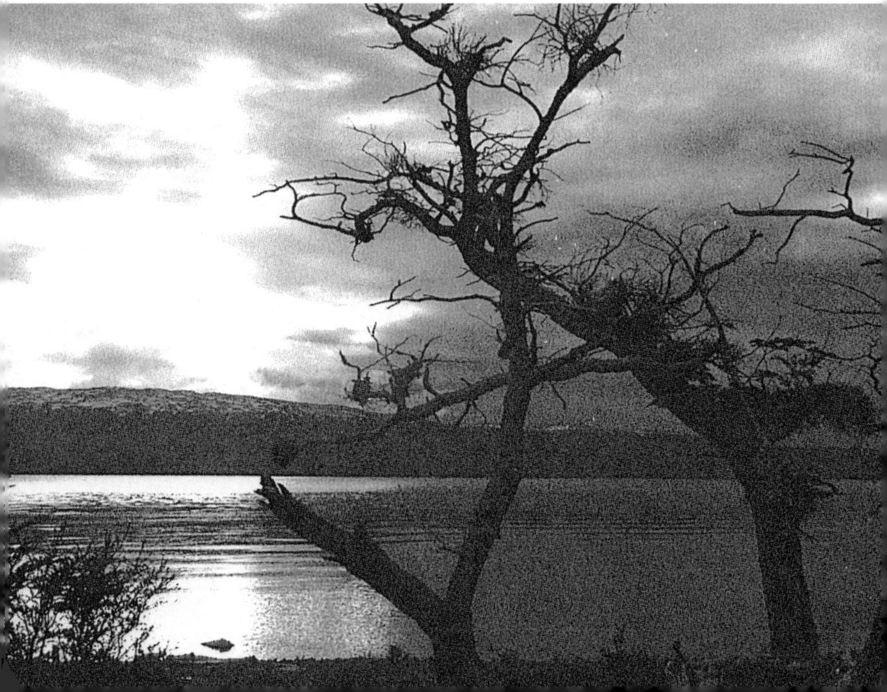

Streich gespielt? Nein! Plötzlich färbt sich der Himmel um eine weitere Nuance dunkler, die Bäume an Land nehmen eine bedrohliche Neigung an, Sand und Staub wirbelt an der Küste auf, das Wasser nimmt eine weißliche Färbung an, und in einer Wolke von Gischt und Spritzern erreicht uns plötzlich die Sturmböe von einer Sekunde zur anderen. Hatten wir soeben noch gute Fahrt gemacht, so haben wir jetzt den Eindruck, als wenn die Boote schlagartig zum Stillstand gebracht worden sind. Derart jäh und unerwartet ist die Böe über uns hereingebrochen, daß wir nicht einmal Zeit dazu haben, unsere Masten, die immer noch in ihren Halterungen stehen, zu legen. Anfangs hoffen wir noch, daß es sich hierbei um eine vereinzelte Sturmböe handelt, wie sie häufig in dieser Region auftritt.

Es ist aber nicht so. Mit derselben Urgewalt und Vehemenz, mit der diese Böe aufgetreten ist, bleibt sie auch bestehen. Die See wird rauh, und deutlich ist eine Zunahme der Windstärke zu beobachten. Es sind nur noch wenige hundert Meter bis zum Strand, aber die wollen überaus hart erkämpft werden. Der Sturm ist genau ablandig. Gegenanzufahren ist aussichtslos. So drehen wir ein wenig ab und versuchen, im 45 Grad-Winkel zum Sturm und zu den Seen das Ufer zu erreichen. Beide paddeln wir am Limit, an unserer Leistungsgrenze. Mehr ist nicht drin. Unendlich langsam kommt das Land näher. Die Segel flattern wie wild im Wind, wir wagen es aber nicht, das Paddeln zu unterbrechen, um die Segel zu bergen, da dies wiederum kostbare Zeit in Anspruch nehmen würde und wir innerhalb kürzester Zeit wieder aufs Meer hinausgetrieben werden würden. Da der superleichte Aluminiumbaum keinen Schaden anrichten kann und das Segel sich ohnehin immer in den Wind dreht, ist die Stabilität des Bootes nicht gefährdet. Dennoch wäre es leichter und angenehmer, ohne Segel zu paddeln, aber die Zeit ist einfach nicht da.

Es ist absehbar, daß wir diesen Kraftakt nicht unbegrenzt lange durchhalten können, so daß jede Sekunde und jeder Meter zählt, den wir näher ans Land herankommen. Es ist, als ob jemand urplötzlich eine riesige Windmaschine angestellt hat, die mehr und mehr auf Touren kommt und alles, was sich ihr in den Weg stellt, fortbläst. Nur flüchtig werfe ich einen Blick zurück.

Was ich sehe, ist wenig ermutigend. Die See scheint zu kochen, innerhalb kürzester Zeit haben sich große Wellen mit brechenden Kämmen gebildet. Wenn uns jetzt die Kräfte verlassen, würden wir unweigerlich dort hineingetrieben werden und von dort weiter hinaus, an der Isla Lennox vorbei in das offene Meer. Wir kämpfen mit dem Mut der Verzweiflung. Gischt und Regenwasser fegen über die See und ermöglichen es uns nur, aus zugekniffenen Augen unser Ziel anzuvisieren. Wir sind jetzt nur noch etwa 100 bis 150 Meter vom Ufer entfernt, und plötzlich merken wir, wie die Gewalt des Sturmes ein wenig nachläßt und wir in den Windschutz der Steilküste einfahren. Die Wut des Sturmes scheint an dieser Stelle gebrochen zu sein, und so paddeln wir mit der letzten Kraft Richtung Ufer, um dort durch die Brandung am Felsufer endlich wieder festen Boden zu betreten. Mir schmerzen die Schultern und Muskeln der Oberarme, so daß ich erst einmal auf und ab gehe und die Arme ausschüttle. Wir ziehen die Boote weiter hinauf, sichern sie und machen zunächst einmal ein Lagerfeuer. Während ich den Kessel mit Kaffeewasser aufsetze, baut Rainer aus den beiden Segeln einen Regenschutz, unter den wir uns setzen und kurze Zeit später beide eine dampfende Tasse Kaffee in Händen halten. Heute, soviel ist offensichtlich, werden wir jedenfalls nicht weiter können.

Der heiße Kaffee belebt uns und läßt unsere Ruhe und gute Laune wiederkehren. Obwohl es kalt, naß und ungemütlich ist, sind wir gut aufgelegt und rundherum zufrieden. Ein Blick auf die kochende See läßt uns alles Ungemach vergessen und uns dieses steinige und nasse Fleckchen Erde wie das Paradies empfinden. In solchen Situationen lernt man immer wieder Bescheidenheit.

Da der Strand zu schmal ist, müssen wir das Steilufer erklimmen, um weiter oben einen geeigneten Lagerplatz zu finden. Über Geröll und rutschige Baumstämme schleppen wir unsere Packsäcke einzeln nach oben und werden dort wieder mit voller Wucht vom immer noch herrschenden Sturm empfangen. Im Schutz der Bäume zu zelten, erscheint uns zu gefährlich, da einige der älteren Bäume durchaus den Eindruck machen, als könnten sie jeden Moment umstürzen. So schlagen wir schließlich unser Zelt in einer kleinen Mulde auf, in der sich zwar die

Charles Darwin schrieb beim Anblick der Küste: »Wäre nicht das kalte und rauhe Klima, könnte man meinen, man befände sich in den Tropen.«

Feuchtigkeit sammelt, das Zelt aber nicht der vollen Wucht des Sturmes ausgesetzt ist. Wir haben Mühe, die Heringe in dem weichen Moos zu verankern, so daß wir zur Sicherung größere Felsbrocken auf die eingeschlagenen Heringe drauflegen. Bevor wir uns endgültig in unser Zelt zurückziehen können, müssen wir jedoch noch die Boote in Sicherheit bringen.

Mühsam wuchten wir die schweren Boote, eines nach dem anderen, ein Stück den Steilhang empor, bis wir einige Meter oberhalb des Strandes einen kleinen Absatz erreicht haben, an dem wir die Boote sicher für die Nacht vertäuen können. Auf dem nassen, rutschigen Boden lassen sich die Faltboote nur schwer transportieren. Immer wieder läuft man Gefahr, hinter einer Astwurzel hängen zu bleiben, auf einem verborgenen Stamm auszurutschen oder mitsamt einer kleinen Geröllawine wieder hinunter an den Strand zu rutschen. Das allein wäre zwar nicht tragisch, aber wie leicht kann bei einem solchen Ausrutscher ein Loch in die Bootshaut gerissen werden. Wir sind froh, als es dann geschafft ist und wir zu unserem Zelt zurückkehren können, um endlich unsere klatschnassen Survival-Anzüge ausziehen und gegen trockene Kleidung eintauschen zu können. Im Zelt wird es schnell gemütlich und angenehm warm. Wir haben unseren Primuskocher brennen, worauf ein Topf mit siedender Fleischbrühe steht, in die Rainer einige große Brocken Pemmikan hineinschneidet. Diese nahrhafte Spezialnahrung löst sich sofort in der kochenden Suppe auf und verleiht dieser nicht nur einen kräftigen und guten Geschmack, sondern reichert sie zudem mit den notwendigen Nährwerten an.

Während draußen der Sturm heult, essen wir die Suppe zusammen mit einigen Keksen, schreiben anschließend unser Tagebuch und legen uns wohlig zurück. Ich versuche mich zu entspannen, konzentriere mich auf das autogene Training und spüre, wie sich langsam eine angenehme Schwere und Wärme in meinem Körper ausbreitet.

Die ganze Nacht über bleibt das Wetter unverändert. Am nächsten Morgen ist der Luftdruck zwar gestiegen, und der Sturm scheint auch ein wenig an Kraft eingebüßt zu haben; dennoch überzeugt uns ein flüchtiger Blick auf das Meer, daß an ein Weiterkommen heute nicht zu denken ist. So verbringen wir den Morgen damit, daß wir zunächst einmal unsere Boote überprüfen und unsere Survival-Anzüge umgedreht in den Wind hängen, in der stillen Hoffnung, daß sie doch ein wenig trocknen mögen. Anschließend machen wir einen ausgedehnten Spaziergang entlang der Küste. Die Landschaft wirkt fremd und unnahbar auf uns, dennoch empfinden wir sie als faszinierend und schön. Wir verlassen die Küste und gehen ein Stück ins Landesinnere. Das Gelände ist uneben und von einem dichten Gestrüpp bewachsen.

Der friedliche Eindruck ist trügerisch. Innerhalb weniger Minuten kann schwerer Sturm aufziehen.

Teilweise sackt man tief in das voll Wasser gesogene Moos ein, man strauchelt über zugewachsene Baumstämme, die trügerisch den Eindruck festen Untergrundes vermitteln. Immer wieder bleibe ich vor den von Sturm und Wind geprügelten Bäumen stehen, die allesamt nach Osten hin ausgerichtet sind. Wir schlagen einen großen Bogen und gehen langsam in Richtung Lager zurück. Als wir dort ankommen, ist der Sturm so gut wie abgeklungen. Da die See jedoch immer noch rauh ist und es zudem für einen Start heute zu spät ist, beschließen wir, eine weitere Nacht an diesem Ort zu verbringen. Um die Zeit sinnvoll zu nutzen, machen wir uns daran, am Strand einige unserer Fladenbrote zu backen. Diese Brote bestehen lediglich aus einem Gemisch von Mehl, Wasser, Salz und etwas Backpulver. Das Ganze wird zu einem Teig angerührt, der keinesfalls zu flüssig sein darf. Alsdann wird die Pfanne mit ein wenig Pemmikan ausgestrichen und der Teig hineingegeben und über Holzkohle gebacken. Nachdem die eine Seite gar ist, muß man ihn vorsichtig wenden, damit auch die andere Seite entsprechend Hitze abbekommt und man schließlich ein wohlschmeckendes und kräftiges Brot erhält. Wir backen an diesem Tag gleich mehrere dieser Fladenbrote, um uns auch für den morgigen Tag damit einzudecken.

Am nächsten Morgen hat sich der Himmel wieder zugezogen, das Barometer ist wieder gefallen. Da es aber fast windstill ist und die See sich beruhigt hat, packen wir unsere Sachen zusammen und machen unsere Boote seeklar. Wir haben heute nur eine Strecke von ca. 4,5 Seemeilen vor uns, die wir in unmittelbarer Küstennähe zurücklegen wollen, so daß wir selbst bei einem erneuten Schlechtwettereinbruch das schützende Ufer erreichen können. Gegen 10 Uhr morgens paddeln wir durch die Brandung hinaus und halten uns, so dicht es die Seetangfelder erlauben, an der Küste. Die Sicht ist schlecht, es regnet oder schneit abwechselnd, aber es bleibt windstill. Daß unsere heutige Tagesetappe nur viereinhalb Seemeilen beträgt, hat einen bestimmten Grund. Wir wollen heute das Kap Guanaco erreichen, den südlichsten Ausläufer der Insel Navarino. Von diesem Kap aus müssen wir den Versuch wagen, die Bahia Nassau zu überqueren, um zur Wollaston-Inselgruppe hinüber zu gelangen. Die Entfernung beträgt im günstigsten Falle 16 Seemeilen, für deren Bewältigung optimale Wetterverhältnisse Vorbedingung sind. Somit beobachten wir peinlich genau den Luftdruck, die Wolkenbildung und die Entwicklung der Windrichtung. Ohne Probleme erreichen wir das Kap, landen dort an und finden alsbald einen geeigneten Lagerplatz. Das letzte Stück bis zum äußersten Zipfel des Kaps gehen wir zu Fuß. Steil bricht die Küste nach Süden hin zum Meer ab. Gespannt gucken wir nach Süden in der Hoffnung, irgendwo in diesem undurchdringlichen Grau einen der Gipfel aus der Wollaston-Gruppe zu sehen. Es ist jedoch, als wenn es dort nichts weiter als Meer und Wolken gäbe. Heute erscheint uns das Kap Hoorn ferner denn je. Es ist so weit weg wie ein anderer Kontinent, unerreichbar für unsere schmalen und zerbrechlichen Boote. In Gedanken versunken, nehme ich mein Fernglas aus der Tasche und richte es nach Süden hinaus. Das Ergebnis ist das gleiche, als wenn ich es direkt gen Himmel gerichtet hätte. Außer Wolken ist nichts zu sehen. Nachdenklich gehen wir zurück zu unserem Lager. Wir wissen, daß der morgige Tag eine wichtige Entscheidung für uns bringen wird. Sollten wir den falschen Zeitpunkt für die Überquerung erwischen, dann könnte dies das Ende bedeuten. Während wir am Lagerfeuer sitzen und unser Abendbrot verzehren, beobachten wir den Himmel. Immer noch ist er völlig wolkenverhangen und scheint alles Leben ersticken zu wollen. Die Sicht ist hingegen für die Überquerung nicht maßgeblich. Zwar würde es helfen, wenn wir das gegenüberliegende Ufer sehen könnten, erforderlich ist es jedoch nicht, da wir über einen Kompaß verfügen, mit dessen Hilfe wir die entsprechende Richtung einhalten können. Es ist auch gleichgültig, ob es regnet, schneit oder hagelt, das einzig Entscheidende und Maßgebliche ist tatsächlich der Wind – und der scheint momentan völlig eingeschlafen zu sein. Der Luftdruck ist zwar sehr niedrig, hält sich nun aber schon seit einigen Tagen konstant und zeigt weder Neigung zu fallen noch zu steigen. Ein wenig gespannt und erwartungsvoll kriechen wir später in unsere Schlafsäcke und überlassen uns der Nachtruhe. Der nächste Morgen wird eine Entscheidung von uns fordern, die nicht nur maßgeblich für Erfolg oder Mißerfolg der Expedition ist, sondern darüber hinaus auch für uns schicksalhaft sein kann. Alles, was wir in den vergangenen Tagen erlebt haben, würde im

Vergleich zu dem, was uns im ungünstigsten Falle bevorstand, verblassen und geradezu lächerlich wirken. Die Auseinandersetzung zwischen dem menschlichen Intellekt, dem instinktiven Gespür für drohende Gefahr, der physischen und psychischen Stärke mit den Naturgewalten steht unmittelbar bevor.

Schlüsselstelle Bahia Nassau

Es ist noch stockfinstere Nacht, als wir uns müde und zerschlagen aus unseren Schlafsäcken schälen und als erste Amtshandlung einen Blick aufs Barometer werfen sowie unseren Kopf aus dem Zelteingang hinausstecken. Selten zuvor habe ich eine so schwarze und dunkle Nacht gesehen. Es hat die ganze Nacht über ununterbrochen geregnet, so daß das Moos nicht mehr in der Lage ist, weiteres Wasser aufzusaugen, und sich demgemäß überall kleine Pfützen zu bilden beginnen. Kein Windhauch verändert die Monotonie dieses Dauerregens, der wie auf Fäden gezogen senkrecht vom Himmel fällt.

Wir ziehen die Köpfe schnell wieder zurück ins Zelt, verschließen den Eingang, schalten die Stirnlampen an und beginnen damit, unser Frühstück zu bereiten. Wir reden wenig. Um einen Entschluß zu fällen, ist es noch ein wenig zu früh. Jeder hängt seinen eigenen Gedanken und Überlegungen nach und wartet darauf, daß es endlich Tag werden möge. Oft verändert sich das Wetter gerade in den Morgenstunden, so daß wir zunächst noch abwarten müssen, ob eine maßgebliche Wetterverschlechterung eintritt. Bleibt das Wetter hingegen so – darüber sind wir uns beide einig –, sind die Bedingungen für eine Überquerung der Bahia Nassau günstig. Windstille Tage wie heute morgen sind relativ selten, und alles, was wir fürchten, ist schließlich ein plötzlicher Schlechtwettereinbruch mit entsprechenden Sturm- und Seegangsverhältnissen. Allein der Umstand, daß sich der Luftdruck seit gestern konstant gehalten hat, scheint ein gutes Zeichen für unser Vorhaben zu sein.

Während wir den herrlichen heißen Kaffee genießen, unser mit Milchpulver und heißem Wasser angerührtes Müsli frühstücken, bricht die Dämmerung an. Wieder suchen wir unbewußt den Moment hinauszuzögern, an dem wir unsere trockene Zeltkleidung gegen die nasse Tageswäsche austauschen müssen. Es ist jedesmal ein kleiner Schock, den man durchlebt, wenn man die nasse Unterwäsche auf die bloße Haut zieht und schließlich in den ebenfalls nassen Survival-Anzug hineinsteigt. Allerdings ist die Isolation dieses Survival-Anzuges so gut, daß uns, mit Ausnahme der Füße und Hände, trotz der Feuchtigkeit bereits nach wenigen Minuten warm wird. Hat die Feuchtigkeit erst einmal die Körpertemperatur angenommen, dann verhindert der Survival-Anzug, daß diese Wärme nach draußen abgegeben wird, und somit schmort man in seinem eigenen Saft.

Schnell wird es jetzt Tag, wenngleich die Sonne hinter einer unergründlich dicken Wolkenwand verborgen bleibt. Ein Blick über das Meer bestätigt unsere Vermutung, daß die See nach dem gestrigen windstillen Tag und der ebenfalls ruhigen Nacht glatt und ruhig sein muß. Es ist kaum Bewegung im Wasser. Wir können lediglich eine ruhige und gleichmäßige Grunddünung feststellen. Die Sicht ist sehr schlecht, und schon nach kurzer Entfernung scheint das Meer mit dem Himmel zu einer einzigen grauen Masse zu verschmelzen. Da das Barometer sich weiterhin nicht von der Stelle rührt, fällen wir beide spontan und synchron den Entschluß, unsere Ausrüstung umgehend zusammenzupakken, in den Booten zu verstauen und uns reisefertig zu machen. Die Zeit, die darüber vergeht, gibt uns eine weitere Frist, in der wir das Wetter beobachten und gegebenenfalls die Unternehmung doch noch in letzter Minute abblasen können. Schnell ist das nasse Zelt abgebaut, das Kochgeschirr verstaut, die Schlafsäcke, Seekarten und Seehandbücher wasserdicht verpackt, sind die Boote hinunter zum Strand getragen. Bevor wir die anderen Ausrüstungsgegenstände in den Booten verstauen, überprüfen wir kurz noch einmal die Spanten, achten darauf, daß sich von den in den Booten befindlichen Ausrüstungsgegenständen nichts verschoben hat, und beginnen alsdann, die Boote zu beladen. Nachdem dies geschehen ist, schieben wir die Boote aufs Wasser hinaus, lassen sie dort an einer Leine gesichert treiben und beobachten genau, wie sie ausbalanciert sind. Sehr leicht kann es nämlich passieren, daß durch ungünstiges Packen Schlagseite entsteht, die man später nicht mehr ohne weiteres ausgleichen kann. Mein Boot hat eine leichte Neigung nach steuerbord, und so verlagere ich das Gewicht so lange, bis es mir völlig ausbalanciert erscheint. Danach ziehen wir die Boote vorerst wieder an Land, befestigen rund um die Boote eine sogenannte ›Life line‹, die dazu dienen soll, uns im Falle einer Kenterung das Aufrichten der Boote zu erleichtern. Die Ersatzpaddel sind griffbereit auf der Bootshaut gelascht, der Kompaß ist am vorderen Ende des Süllrandes befestigt, die Fußsteuerung wird ein letztes Mal überprüft und neu justiert, und schließlich wird noch auf der Spritzdecke eine wasserdicht verpackte Seekarte mit Gummizügen gehaltert.

Ein letzter Rundgang über den alten Lagerplatz, die übliche Kontrolle, ob wir etwas vergessen haben, ein weiterer der ungezählten Blicke zum Himmel und schließlich das Einsteigen in die Boote. Wir sind startbereit!

Mühelos kommen wir von der Brandungszone frei, umfahren einige Seetangfelder und halten auf die Südspitze des Kap Guanacos zu. Dem Kap vorgelagert liegt ein breites Seetangfeld, das wir zunächst einmal durchfahren wollen, um uns dann ein letztes und entscheidendes Mal zu bereden. Um 9.30 Uhr sind wir frei vom Seetang. Das Wetter hat sich seit dem gestrigen Tage nicht verändert. Der Regen wird höchstens durch haselnußgroße Hagelschauer abgelöst, die aber meistens nur einige Minuten anhalten, um dann entweder wieder in Regen oder Schnee überzugehen. Der Luftdruck hält sich seit gestern konstant auf 990 Millibar, was zwar niedrig ist, aber aufgrund der momentanen Wetterstruktur keinen Sturm erwarten läßt. Und dennoch – jeder von uns beiden weiß ganz genau, daß diese Überlegungen bei einer derart weiten Seestrecke, wie sie vor uns liegt, jeder substantiellen Bedeutung enthoben werden können, da sich gerade in diesen Zonen die Wetterlage innerhalb kürzester Zeit grundlegend verändern kann.

Es gibt für uns nicht den kleinsten Anflug einer Garantie, daß das Wetter nach etwa fünf Stunden immer noch genauso ist wie heute morgen. Sieben bis acht Stunden haben wir als Minimum an Zeit veranschlagt, um die Wollaston-Gruppe zu erreichen – immer vorausgesetzt, daß alles nach Plan läuft. Die Bahia Nassau ist bei Fischern und bei der chilenischen Marine wegen ihrer sich schnell aufbauenden, steilen und hohen Wellen berühmt und berüchtigt. Selbst große Marineschiffe, die Militärstationen in der Wollaston-Gruppe versorgen sollen, kehren lieber in den schützenden Hafen Pt. Williams zurück, sofern das Wetter nicht hundertprozentig günstig erscheint. Auch die seeerfahrenen und sturmerprobten Fischer auf ihren stabilen und seetüchtigen Fischkuttern fahren nur dann über die Bahia Nassau, wenn die Wetterlage günstig ist, und das, obwohl Schiffe dieser Größenordnung und Maschinenleistung meist nur zwei Stunden für die Überquerung der Bahia Nassau benötigen. Besonders gefürchtet ist diese Zone bei Südweststürmen, da in diesem Falle Sturm und Seegang ungehindert durch die sogenannte Paso Nassau in die Bahia eindringt und dort für atemberaubende Seegangsverhältnisse sorgt.

Ein Blick auf die Seekarte läßt dies deutlich werden. Am sogenannten falschen Kap Hoorn vorbei schiebt sich die Dünung des Pazifiks in die Bahia Nassau, trifft dort mit der Strömung zusammen, die durch den Murray-Kanal in genau entgegengesetzter Richtung nach Süden verläuft, und sorgt durch die dadurch entstehenden Verwirbelungen für Kreuzseen, die schon viel größeren Schiffen als einem Fischdampfer zum Schicksal geworden sind. Nach Osten hin gibt es nur offenes Meer. Lediglich zwei kleine Inselgruppen im Osten der Bahia Nassau wären im Notfall für uns Anlaufpunkte, wobei es alles andere als einfach ist, in einem Sturm derartige inmitten der Brandung stehende Inseln mit einem Kajak anzusteuern. Die Inseln Terhalten und Sesambre bestehen darüber hinaus fast nur aus Klippen, so daß ein Anlanden dort so gut wie ausgeschlossen werden kann. Die andere Inselgruppe, die sich Evout nennt, liegt schon sehr weit draußen, und es ist fraglich, ob sie für uns zu erreichen wäre. Hinter diesen Inseln gibt es nichts als das offene Meer, und würde man auf der gleichen geographischen Breite der Bahia Nassau immer weiter nach Osten fahren, dann würde man schließlich wieder an ihrem Westeingang eintreffen, ohne auf der ganzen Strecke um den Erdball einen anderen Kontinent oder nennenswert große Inseln berührt zu haben.

Unser angepeiltes Ziel heißt Kap Ross. Ob wir jedoch diesen uns am nächsten gelegenen Punkt tatsächlich erreichen können,

Entlang des Beagle-Kanals finden sich gute Strände zum Anlanden. Frischwasser gibt es bei dem häufigen Niederschlag mehr als genug.

hängt von Wind- und Strömungsverhältnissen ab und last not least auch von der Sicht. Sollte uns die nach Osten laufende Strömung der Bahia Nassau versetzen, dann könnten aus den 16 Seemeilen leicht 20, 25, 30 oder auch mehr werden. Von Anbeginn der Planung habe ich in der Bahia Nassau immer eine Schlüsselstellte der gesamten Expedition gesehen. Es ist dies die größte, freie Seestrecke überhaupt, die wir bewältigen müssen, und wir waren durchaus darauf gefaßt, mehrere Tage am Kap Guanaco abwarten zu müssen, bis das Wetter unser Vorhaben begünstigen würde. Diese Wartezeit scheint uns jetzt erspart zu bleiben. In gleichmäßigen, möglichst kräftesparenden Bewegungen treiben wir die Boote voran, und jeder versucht seinen Rhythmus zu finden, den er stundenlang durchhalten kann, ohne allzusehr zu ermüden. Es wäre Wahnsinn, sich gleich zu Anfang der Überquerung zu verausgaben. Dies würde sich später sehr schnell rächen. So sind wir bemüht, eine Harmonie im Bewegungsablauf herzustellen, dabei nur einen gewissen Prozentsatz unseres Kräftepotentials einzusetzen, um über die Gesamtdauer ein Optimum an Effektivität zu erreichen.

Ähnlich wie bei unserer scheinbar endlosen Wanderung über das Grönländische Inlandeis, versuchen wir, uns auch hier von der eigentlich eintönigen Arbeit des Paddelns durch ausschweifende Gedankengänge abzulenken. Ich versuche, mir Erlebnisse und Situationen vorzustellen, die ich entweder bereits erlebt habe oder gerne erleben möchte. Jeden einzelnen Gedanken ziehe ich soweit wie möglich auseinander, versuche, alle Begleitumstände zu analysieren, freue oder ärgere mich über bestimmte damit verbundene Vorkommnisse und versuche so, die Zeit totzuschlagen. Auf eine Frage, die mir immer wieder kommt, versuche ich eine Antwort zu finden. Es ist dies die Frage nach dem Alarmsignal, das vor drei Tagen ganz unvermittelt in mir zu schrillen begann und das uns gerade noch rechtzeitig vor Beginn des Sturmes im Beagle-Kanal das rettende Ufer aufsuchen ließ. Ich kann bis heute das Gefühl der inneren Unruhe, das Warnsignal, das mich plötzlich wachrüttelte, rational nicht erklären. Es gab auch keine optischen Anhaltspunkte, die mich veranlaßt haben könnten, die Kursänderung vorzunehmen, um zum Strand zu gelangen, sondern es war einfach in mir drinnen, ein instinktives

Spüren von einem drohenden Verhängnis. Vielleicht hat sich im Laufe der Jahre, durch etliche Expeditionen und Krisensituationen bedingt, ein Instinkt für Gefahrenmomente entwickelt, wie man es zum Teil in der Tierwelt kennt. Gespeicherte Erfahrung, gepaart mit einer guten Portion Sensibilität, vermag also einen in die Lage zu versetzen, rein gefühlsmäßig sich im Verzug befindliche Gefahren zu erfassen. Vielleicht bin ich damit auch dem bei allen meinen Reisen angestrebten Ziel, einen dem zivilisierten Menschen leider abhanden gekommenen Einklang mit der Natur wiederzufinden, einen Schritt nähergekommen.

Die Treibsegel als Regenschutz über der Kochstelle.

**Rainer Neuber mit einem ›Bannock‹, unserem selbst-
gebackenen Fladenbrot.**

Zwei Stunden paddeln wir jetzt ohne Unterbrechung. Trotz
der Feuchtigkeit und der Kälte wird uns warm in unseren Anzügen, wir schwitzen und werden schließlich durstig. Wir legen
unsere Boote genau längsseits, halten uns gegenseitig am Süllrand fest und machen, seitdem wir aufgebrochen sind, die erste
kurze, nur aus wenigen Minuten bestehende Pause, damit jeder

von uns aus dem Wassersack einen Becher mit Wasser trinken kann. Immer noch zeigt das Barometer einen konstanten Luftdruck an. Auf der Backbordseite können wir die beiden Inseln Terhalten und Sesambre ausmachen. Dies ist immerhin eine erhebliche Navigationshilfe, denn auf diese Art und Weise können wir unseren Standort abschätzen. Wir nehmen uns nicht einmal die Zeit, eine unserer Fruchtschnitten zu essen, sondern verstauen sofort wieder die Trinkgefäße und paddeln weiter. Wir sind jetzt bereits weitab vom rettenden Ufer, auf jeden Fall aber zu weit davon entfernt, um bei aufkommendem Sturm in eine geschützte Bucht einlaufen zu können.

Gerade so, als wenn das Wetter uns für unsere Tollheit strafen will und nur so lange ruhig blieb, bis wir uns in Sicherheit wähnten und nun weit auf offener See sind, schlägt es schlagartig um. Schon von weitem können wir sehen, wie sich die spiegelglatte Oberfläche des Wassers zu kräuseln beginnt und sich uns dieses geriffelte Muster mit konstanter Geschwindigkeit nähert. Es dauert nicht lange, bis uns die Böe erreicht hat. Zunächst ist es nur ein vereinzelter Windstoß, auf den jedoch weitere folgen. Plötzlich kommt Bewegung in den wolkenverhangenen Himmel. Die graue Masse fängt an zu treiben, hier und da reißt die Decke auf, Wolkenfetzen fliegen über unsere Köpfe hinweg, und was vorher vereinzelte Windböen waren, hat sich jetzt zu einem konstanten und an Stärke zunehmenden Wind entwickelt, der genau aus der gefürchteten südwestlichen Richtung kommt.

Ich komme mir vor, als wäre ich blindlings in eine Falle getappt. Ich habe dem ruhigen Wetter vertraut und bin offensichtlich gründlich dabei reingefallen. Was waren das vorhin für Überlegungen mit der instinktiven Erfassung von Gefahrenmomenten? Wo war dieser Instinkt heute morgen um halb zehn, als wir vom Kap Guanaco aufbrachen? Wir wußten zwar sehr wohl, und hatten dies auch in unsere Überlegungen mit einbezogen, daß sich das Wetter unterwegs verändern könnte, aber trotzdem hatten wir im stillen natürlich darauf gehofft, unbehelligt über die Bahia Nassau zu kommen. Alles Grübeln und Fluchen nützt jetzt nichts. Noch keine fünf Minuten ist der Wind alt, und schon beginnt sich eine Dünung aufzubauen. Zunächst ist es nur eine kurze, niedrige See, die heranrollt und die klat-

Am Kap Guanaco treffen wir auf die Überreste eines alten Lagers, das entweder von Schiffbrüchigen oder von Fischern vor langer Zeit eingerichtet worden ist. Wir nutzen die Gelegenheit und verbringen an einem ›festlich‹ gedeckten Tisch den Ostersonntag.

schend an den Booten zerplatzt. Zu allem Überfluß kommen uns die See und der Wind schräg von vorn entgegen, während uns die Strömung zudem noch nach Osten versetzt. Flüchtig gucke ich auf das Barometer, das immer noch trügerisch den gleichen Luftdruck anzeigt. Ich nehme mir vor, es später einmal zu untersuchen und mit einem anderen Barometer zu vergleichen, um zu sehen, ob es vielleicht defekt ist.

Unsere Paddelbewegungen verlieren an Rhythmik, wir müssen jetzt kraftvoller und konzentrierter paddeln, als wir es zuvor getan haben. Das wiederum kostet Kraft, mit der wir doch so sparsam umgehen wollten. Drei Stunden sind wir jetzt auf dem Wasser und haben noch nicht einmal die Hälfte der Strecke zurückgelegt. Terhalten und Sesambre liegen jetzt genau querab. Der Seegang hat nun schon ganz andere Ausmaße angenommen, immer wieder wird das Deck überspült, und mitunter sehe ich von Rainer nur noch eine Paddelspitze, die aus einem Wellental herausragt. Einen Moment denke ich ans Umkehren, verwerfe den Gedanken aber sofort, denn es wäre fast ausgeschlossen, von unserer jetzigen Position bei den derartigen Windverhältnissen die Insel Navarino zu erreichen. Vielleicht könnte es uns gelingen, die Lennox- oder Nueva-Insel zu erreichen, aber dies ist ebenfalls ein weiter Weg, der uns zudem keinerlei Gewinn bringt. Abdrehen zur Insel Terhalten erscheint ebenfalls wenig aussichtsreich, da es dort kaum einen geeigneten Landeplatz zwischen den Klippen gibt. Somit paddeln wir weiter. Ich beiße die Zähne zusammen, halte stur den Kompaßkurs im Auge und konzentriere mich auf die Bewegungen des Faltbootes. Gelegentlich sieht man Flecken blauen Himmels durch die Wolken brechen, die Sicht klart auf, und so können wir unser Ziel, die Wollaston-Inseln, wenngleich immer noch hinter einem Dunstschleier verborgen, erkennen. Steile, schneebedeckte Gipfel weisen uns den Weg. So weit sieht es eigentlich gar nicht mehr aus.

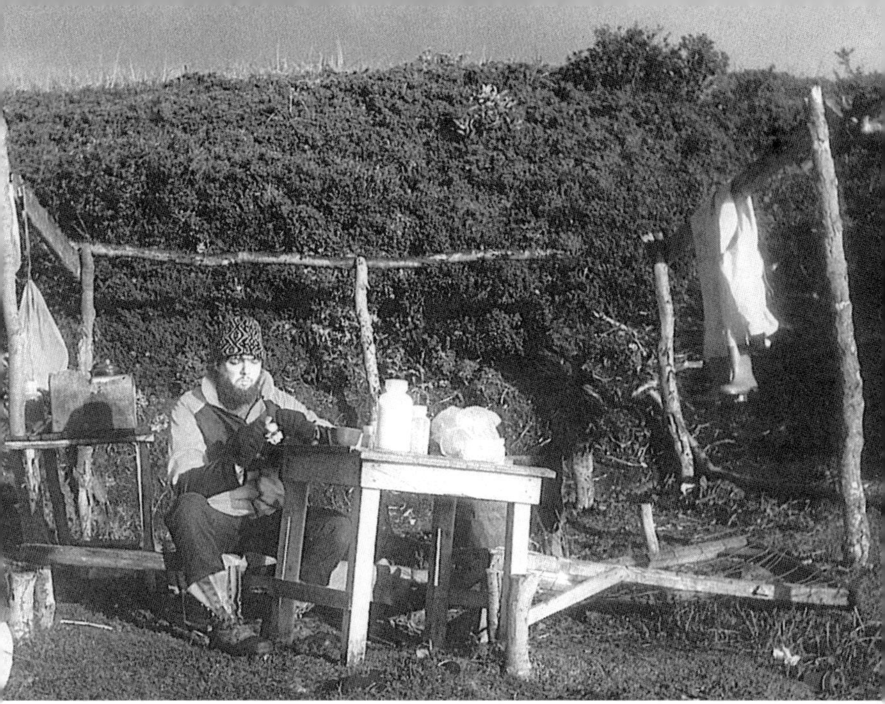

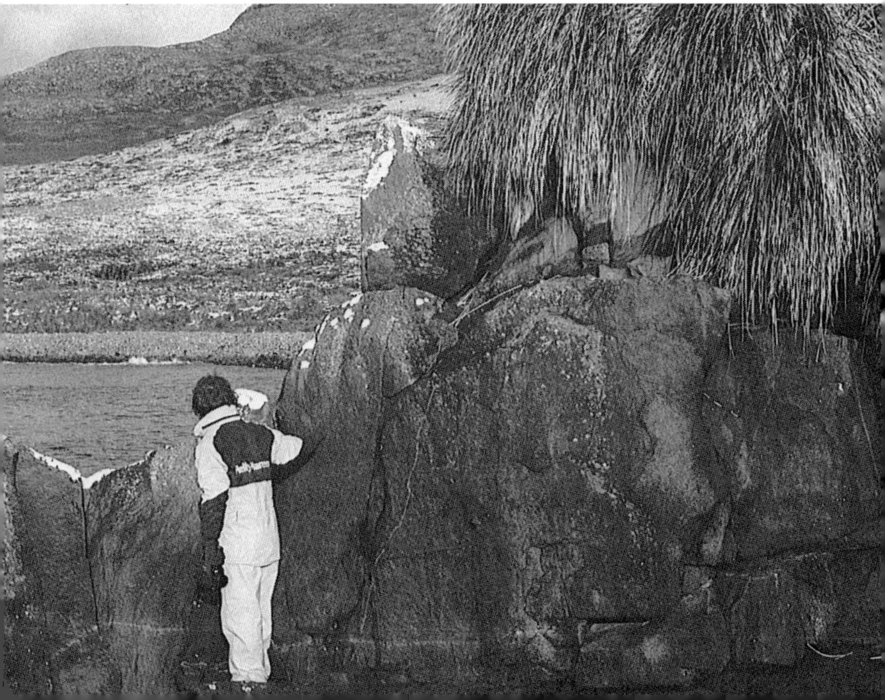

Ein Blick auf die Karte sowie zur Insel Evout, deren Höhe wir noch nicht einmal erreicht haben, belehrt mich eines Besseren. Ich schätze, daß der Wind in Böen Stärke 7 bis 8 erreicht. Aber was heißt das schon! Bevor wir die Reise antraten, hatte ich ebenfalls bei acht Windstärken trainiert. Die Seegangsverhältnisse hier entwickeln jetzt jedoch andere Dimensionen, als ich sie zu Hause vorgefunden habe. Mir schmerzen Rücken und Arme, aber dennoch paddele ich ohne jede Unterbrechung weiter. Langsam merke ich, daß ich meine innere Ruhe wiederfinde. Ich habe gewußt, daß wir in solche Situationen kommen könnten, und mich demgemäß auch seelisch darauf vorbereitet. Ich weiß um das große Risiko, das jede dieser Expeditionen mit sich bringt. Nur das Wissen darum und das sorgfältige Abwägen macht das Risiko kalkulierbar und somit vertretbar. Ich wußte also genau, daß ich in eine derartige Situation geraten konnte, und muß mich jetzt mit den Gegebenheiten arrangieren. Fast trotzig richte ich den Blick auf unser Ziel und führe das Paddel durchs Wasser. Immer wieder wird das Boot von einer Welle überspült, das Seewasser brennt in den Augen, und ich spüre, wie sich meine Gesichtshaut spannt und langsam von einer dünnen Salzkruste überzogen wird.

Automatisch fallen mir die formelhaften Vorsätze des autogenen Trainings ein, die ich mir lange vor Reiseantritt in mein Unterbewußtsein eingeprägt habe. Ich habe mich bemüht, meinen Geist und meinen Körper auf die bevorstehende Aufgabe zu programmieren. Ich brauche die Formeln nicht bewußt abzurufen, sie sind einfach da. Um einer Verkrampfung des Bewegungsablaufes vorzubeugen, höre ich plötzlich den inneren Befehl: »Du paddelst ruhig und regelmäßig!« Auch der Befehl: »Du schaffst es in jeder Situation, du gibst nicht auf!« ertönt immer wieder. Ich löse mich von den Überlegungen über Sinn und Zweck dieser Reise, konzentriere mich nur auf die Arbeit und lasse Geist und Körper zu einer aktiven Einheit verschmelzen. Zeit ist für mich keine Größenordnung mehr, mein ganzes Dasein, jeder einzelne Gedanke dreht sich nur ums Vorankommen. Ich lebe jetzt an dieser Stelle und in dieser Sekunde. Diesen Status gilt es zu halten. Nur das zählt, alles andere ist unwichtig.

Kap Guanaco – von hier aus starten wir zur Überquerung der Bahia Nassau.

Deutlich können wir vor uns die Umrisse der Wollaston-Gruppe sehen. Inzwischen ist es nicht mehr nur eine einzige graue Masse, sondern man kann vereinzelt schon Strukturen in der Küstenlinie erkennen wie Buchten, Erhebungen und Vegetationszonen. Mir wird auch langsam klar, daß wir unseren ursprünglich anvisierten Punkt, das Kap Ross, nicht erreichen werden, da uns Strömung, Wind und Seegang zu weit nach Osten versetzt haben. Wir versuchen, unseren Kurs zu korrigieren, ein wenig mehr den Strömungsverhältnissen entgegenzuwirken. Je weiter wir nach Osten gelangen, desto weiter müssen wir auch paddeln. Das Kap Ross ist eine Landzunge, die sich in die Bahia Nassau hineinschiebt und dann ziemlich steil nach Süden hin abfällt. Je weiter es uns gelingt, nach Westen zu kommen, desto kürzer die Strecke, die noch verbleibt.

Zuerst meine ich, daß mir meine Sinne einen Streich spielen, aber dann wird es plötzlich deutlich spürbar: der Wind flaut ab! Ungläubig starre ich nach Südwesten, genau in die Richtung, aus der der Wind die letzten Stunden zu kommen pflegte. Zunächst erscheint es mir unheimlich, fast erwarte ich eine neue Tücke des Wetters, vielleicht in Form einer gewaltigen Sturmböe oder ähnlichen Widrigkeiten. Doch so schnell, wie der Wind aufgekommen ist, verschwindet er jetzt auch wieder. Innerhalb weniger Minuten ist es völlig windstill. Ich bemühe mich, mein Boot in die Nähe von Rainers zu manövrieren, der ebenfalls ungläubig den Himmel ansieht. Wir genehmigen uns die erste kurze Pause, seitdem der Sturm eingesetzt hat. Trotzdem müssen wir weiterhin auf der Hut sein, denn wenngleich sich die Luft auch beruhigt hat, so gilt dies doch in keinster Weise für das Wasser. Wieder sehe ich auf das Barometer, der Luftdruck ist immer noch unverändert. Wir trinken ein wenig aus unserem Wassersack, essen jeder eine Fruchtschnitte und greifen dann sofort wieder zu den Paddeln – wer weiß, was das Wetter noch alles für uns parat hält!

Als wenn wir es geahnt hätten, brist es etwa zehn Minuten später erneut auf. Dieses Mal aber erstaunlicherweise genau aus Norden. Es stimmt also, was sich die Leute über die Unberechenbarkeit des Wetters in der Kap-Hoorn-Region erzählen. Wir sind jetzt zirka fünf Stunden unterwegs und erleben bereits zum drit-

Ushuaia bei Sonnenaufgang. Im Hintergrund der Beagle-Kanal und die chilenische Küste.

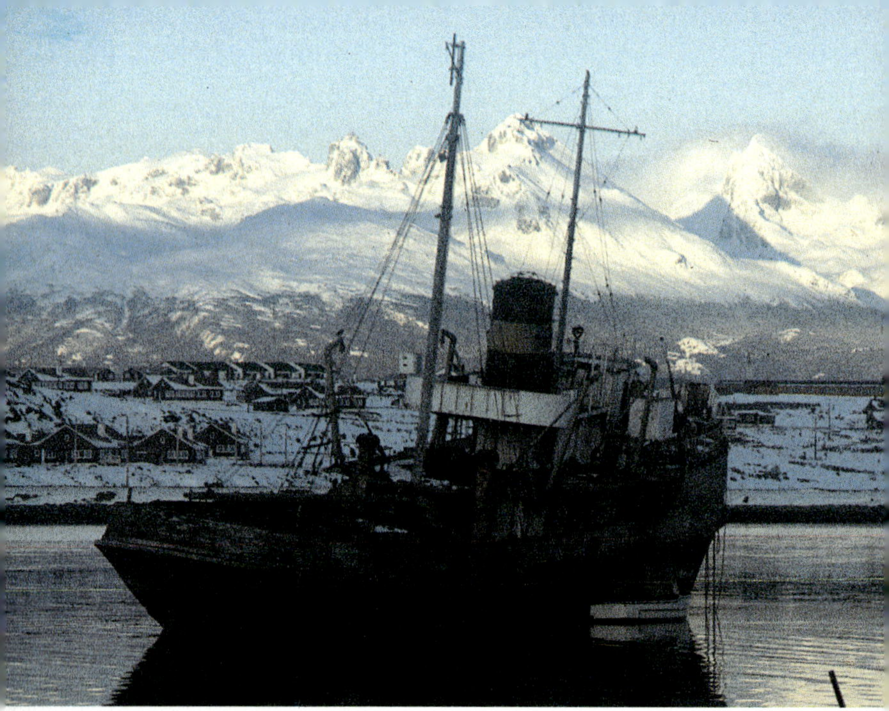

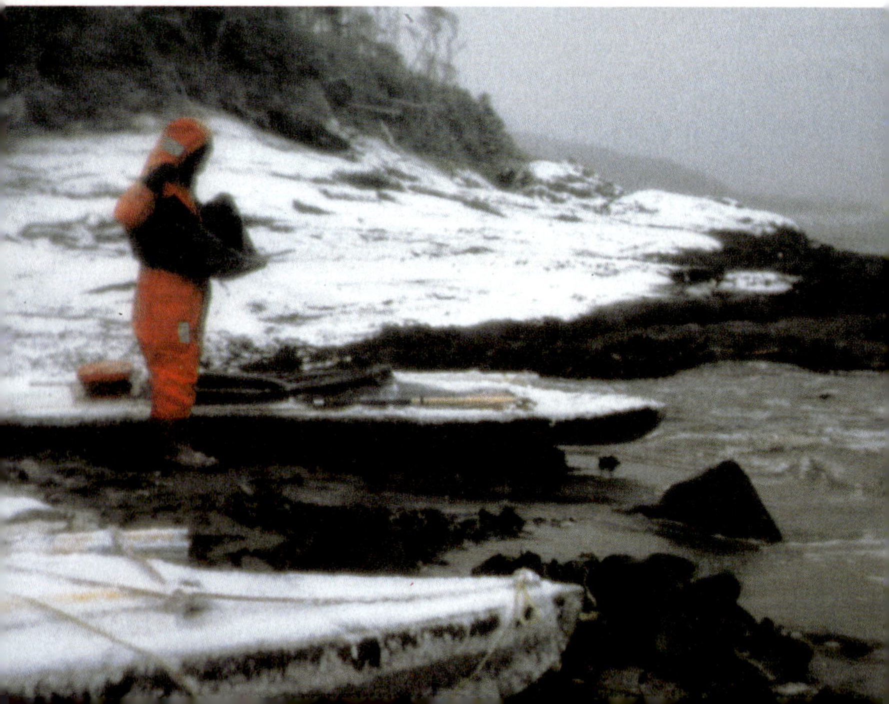

Links oben: **Ein Wrack im Hafen von Ushuaia.**

Darunter: **Völlig vereiste Boote nach einer stürmischen Über-fahrt.**

Oben: **Rainer Neuber im Schneesturm vor den Wollaston-Inseln.**

Oben und rechts oben: **Steilküsten oder Felsen prägen das Küstenbild. Wir müssen vorsichtig sein, daß wir die Faltboote an den muschelbesetzten Klippen nicht beschädigen. Bei zunehmendem Seegang erfordern Start und Landung viel Fingerspitzengefühl.**

Rechts: **Die Tage sind naß, frostig und kurz.**

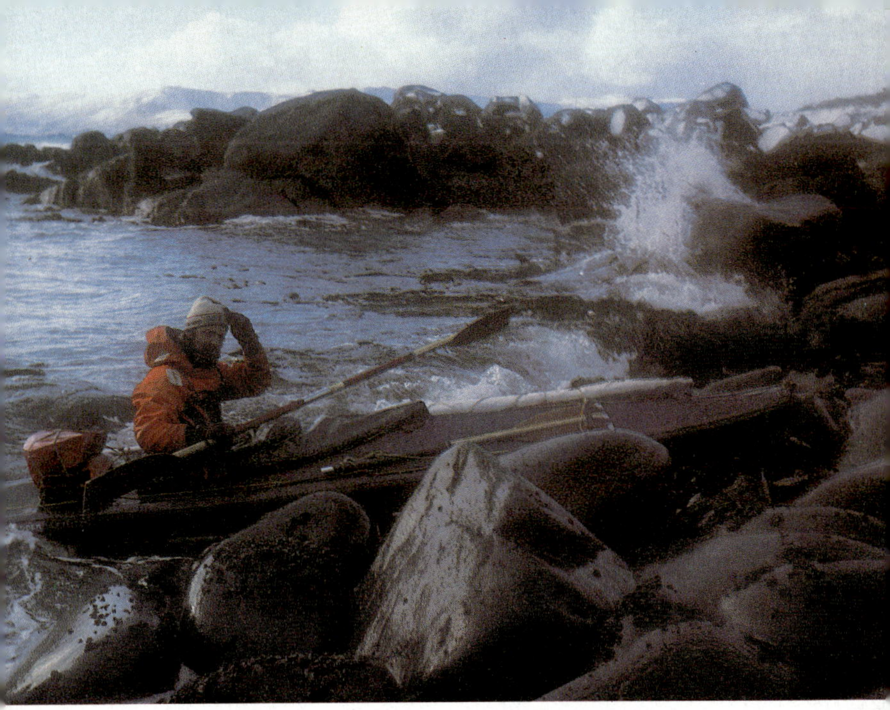

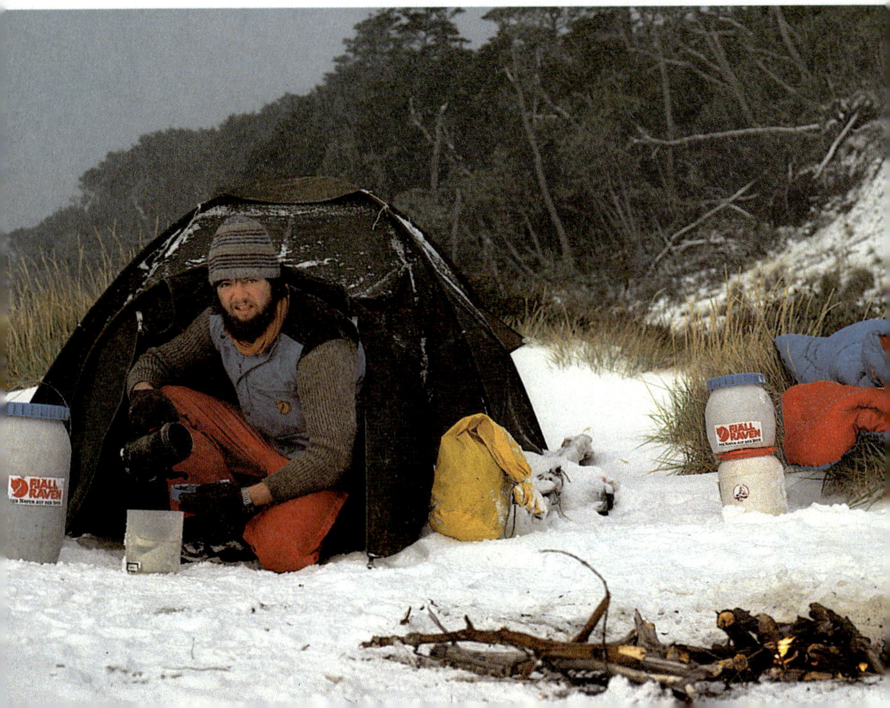
FJALL RAVEN
FJALL RAVEN

Kap Hoorn auf dem Landweg. Die Vermutung liegt nahe, daß wohl mehr Menschen auf dem Mt. Everest gestanden
haben als auf diesem nur 408 m hohen
Berg.

Wir sind froh, wenn wir abends endlich am wärmenden Lagerfeuer sitzen und uns bei heißem Kaffee und einem deftigen
Abendbrot von den Anstrengungen des Tages erholen können.

Das berüchtigte Kap Hoorn vom Faltboot aus. Nie zuvor haben wir derartige Ehrfurcht vor den Naturgewalten gehabt wie auf dieser Reise.

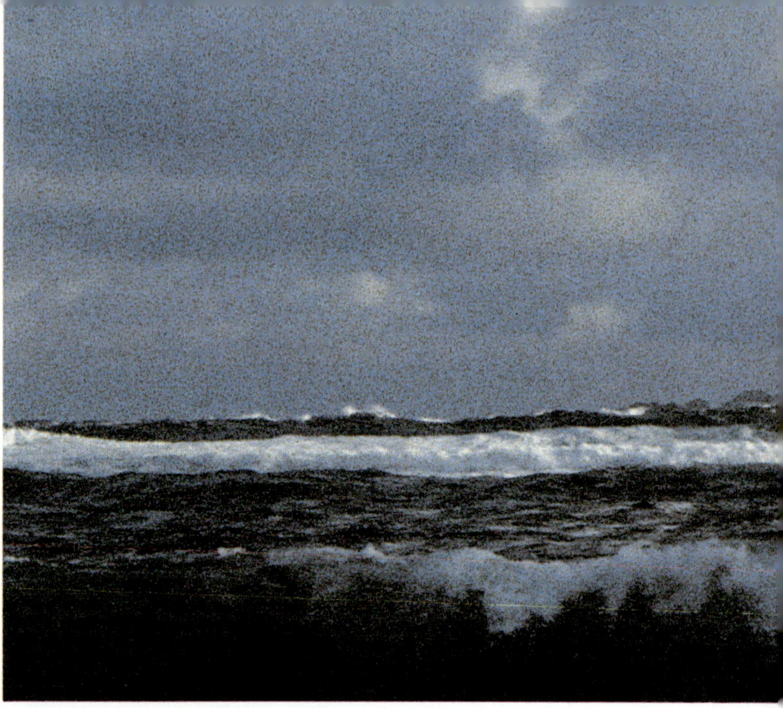
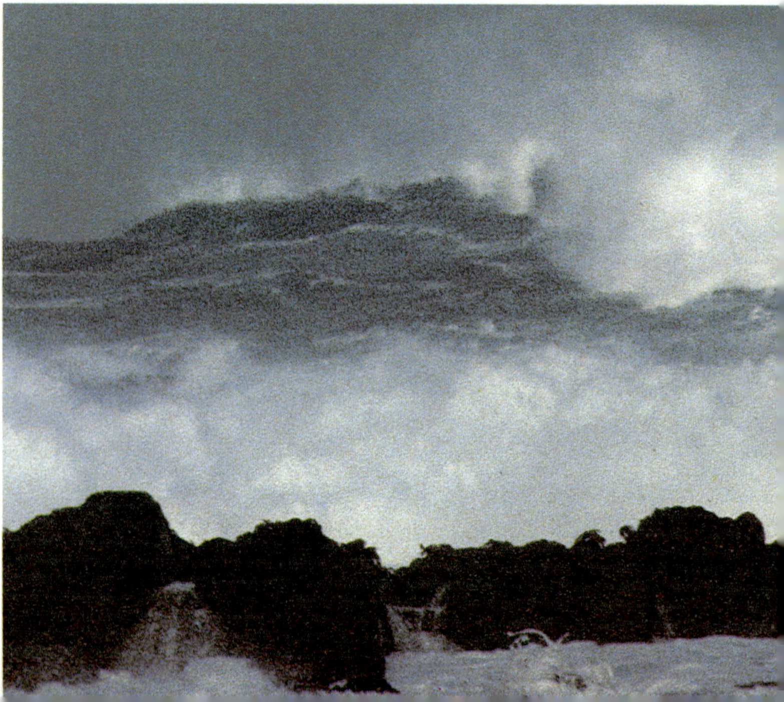

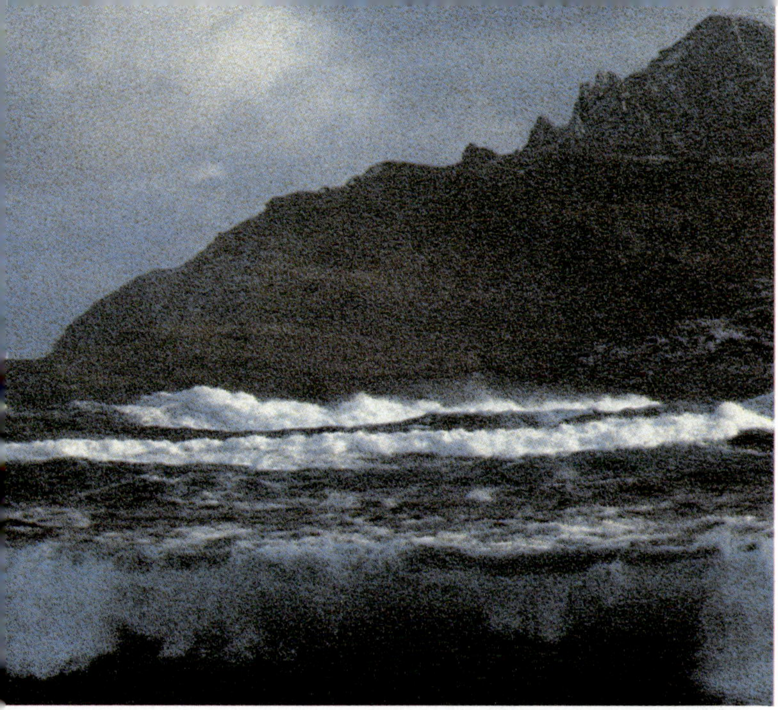

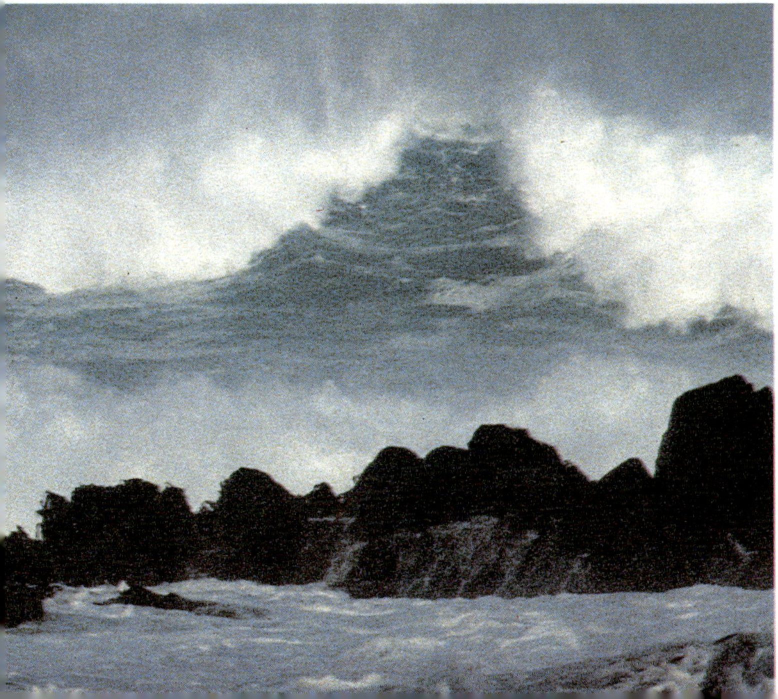

Das Inferno Kap Hoorn. Mit ungebändigter Gewalt rennen die Brecher an die Klippen, um dort unter Getöse zu zerplatzen. Wie benommen beobachten wir dieses gigantische Naturschauspiel und fühlen uns dabei klein und zerbrechlich.

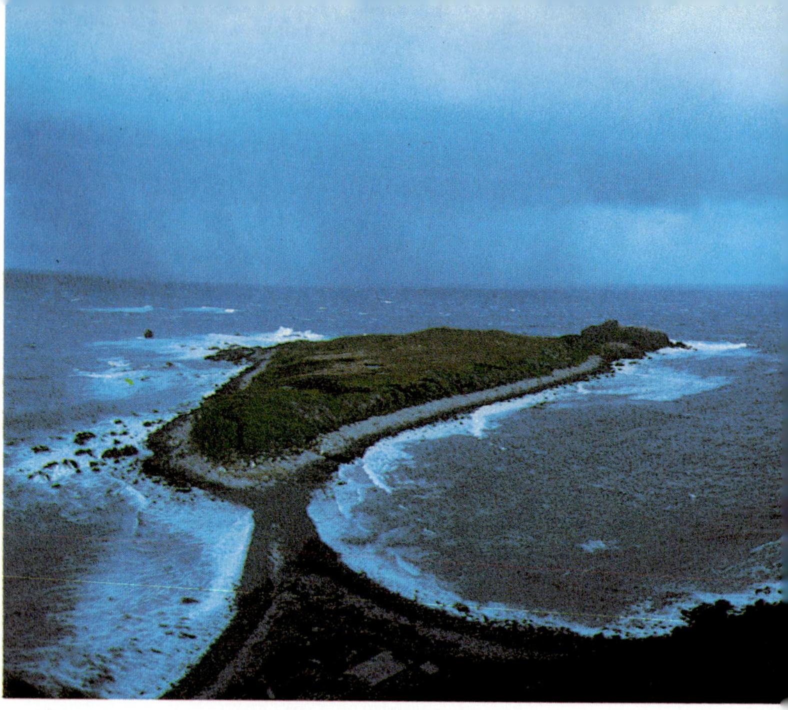

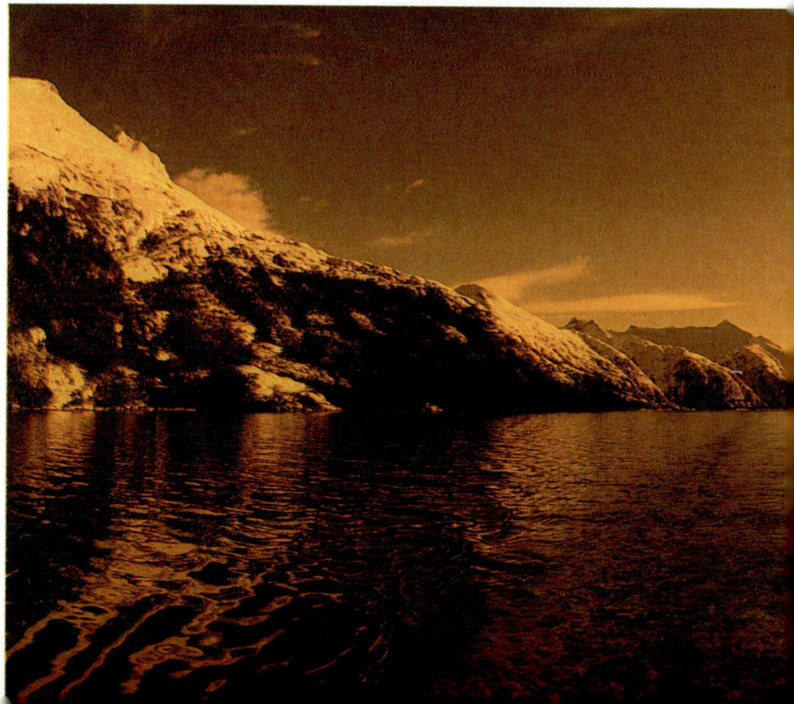

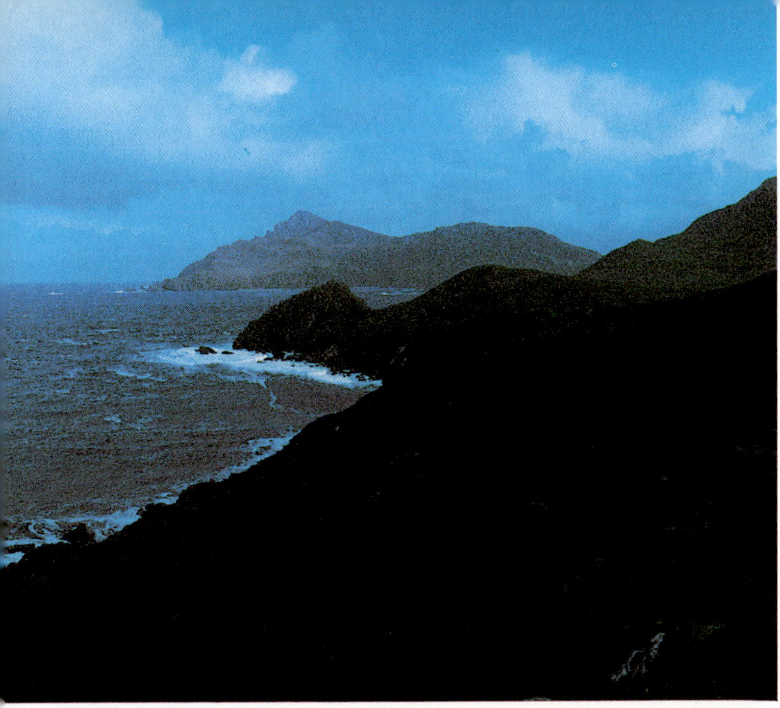

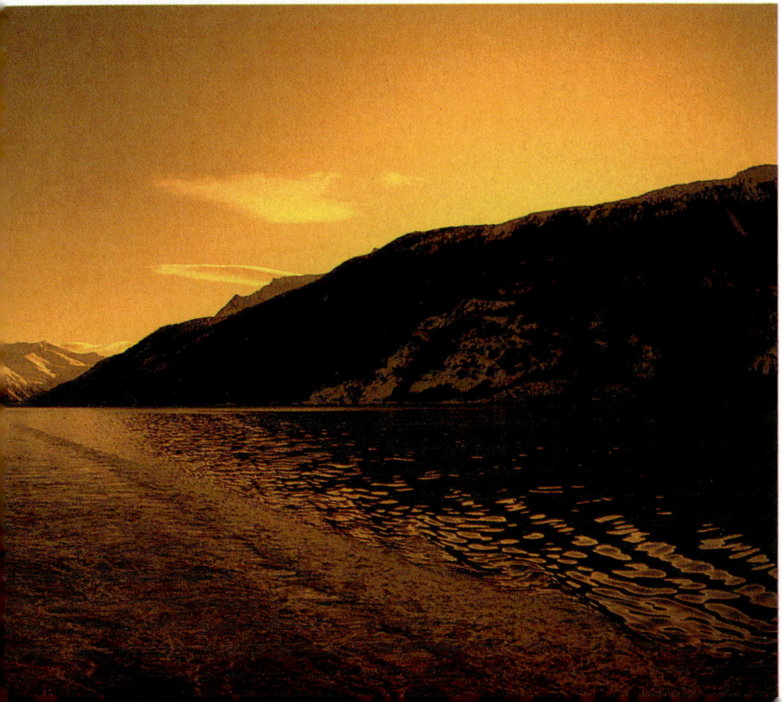

ten Mal, daß sich die Wetterlage grundlegend ändert. Einen leichten Nordwind hätten wir uns wohl am Anfang gewünscht, da er uns vor sich her geschoben hätte und uns damit das Paddeln leichter gemacht hätte. Jetzt tritt hingegen genau der Effekt ein, den ich gefürchtet habe. Durch den auffrischenden Nordwind entsteht aus nördlicher Richtung eine neue, kleinere Dünung, die auf der aus Südwesten kommenden Hauptdünung nach Süden wandert. Überall dort, wo diese junge, unruhige Dünung mit der Hauptdünung zusammentrifft, entstehen kleine, spitze Fontänen, die Wellen werden steiler, bekommen auf ihrer Kuppe Schaumkronen und beginnen, sich zum Teil ganz plötzlich und unberechenbar zu brechen. Die so überkreuz laufenden Seen sind gefährlich für die Boote, da sie schwer einzuschätzen sind und jeglicher Regelmäßigkeit entbehren. Wir haben schon jetzt gut zu tun, die Boote auf Kurs zu halten und darauf zu achten, daß sie nicht quer zu der einen oder anderen See treiben.

Später sollen wir uns an einer anderen Stelle mit Kreuzseen einer ganz anderen Dimension herumschlagen müssen, die diese hier geradezu harmlos wirken lassen.

Die Küste scheint jetzt zum Greifen nahe. Wir glauben, schon alle Einzelheiten erkennen zu können, und sind voll der stillen Hoffnung, in den nächsten fünf Minuten den Fuß an Land setzen zu können. Aber es dauert. Je näher man kommt und je sicherer man sich seines Erfolges fühlt, um so ungeduldiger wird man. Ich habe das Gefühl, auf der Stelle zu stehen und trotz aller Kraftanstrengung keinen Fortschritt zu machen. Nur unendlich langsam tauchen weitere Einzelheiten an Land auf. Wir rätseln, wo wir sind, denn eines ist sicher, am Kap Ross kommen wir nicht, wie geplant, an. Wir können das Kap auf unserer Steuerbordseite sehen, wir sind somit nach Südosten abgetrieben worden. Wir können die ersten Kormorane in den Klippen erkennen, die steilen und schroffen Berge sind in allen Einzelheiten erkennbar, wenngleich die Gifpel immer wieder in dichte Wolken eingehüllt werden und gelegentlich Schnee- und Regenschauer die Sicht verschlechtern. Wir fahren auf eine Landzunge zu, die sich schließlich bei näherer Betrachtung als eine Insel erweist. Steile Klippen rundherum – es gibt keine Möglichkeit, dort zu landen. Wir fahren auf die Südseite der Insel zu, und dort stelle ich anhand der Seekarte fest, daß es sich hierbei um die Isla Middle handeln muß. Wir fahren um die Insel herum und finden schließlich eine kleine Landzunge auf der Wollaston-Insel, die fast mit der Isla Middle in Verbindung steht und auf der wir ohne Probleme anlanden können. Fast siebeneinhalb Stunden nachdem wir Kap Guanaco verlassen haben, stolpern wir steif und ungelenkig aus unseren Faltbooten, werden von einer Welle erfaßt, umgeworfen und nehmen somit doch noch ein unfreiwilliges Bad. Mit schmerzenden Rücken und Armen ziehen wir die Boote höher an Land, binden sie an einem Stück Treibholz fest, strecken und recken uns und reichen uns schließlich triumphierend die Hände. Wir haben es geschafft! Die Bahia Nassau liegt hinter uns. 22 Seemeilen haben wir zurückgelegt, das entspricht etwa 41 Kilometer. Eine Strecke also, die schon unter optimalen klimatischen Bedingungen und selbst auf einem flachen Binnensee den Paddler strapazieren würde.

Beide sind wir nach dieser stürmischen Überfahrt erschöpft und fühlen uns zerschlagen. Dennoch sind die Freude und das Glück über diese erfolgreiche Überquerung größer als alle Müdigkeit. Wir bauen unser Zelt auf und ziehen endlich, schon bei Einsetzen der Dunkelheit, unsere klatschnassen Survival-Anzüge aus, um unsere aufgeweichte und schrumpelige Haut mit einem Handtuch abzutrocknen. Wir ziehen unsere warme, trockene Lagerkleidung an, holen die Boote endgültig aufs sichere Land und ziehen uns dann in unser Zelt zurück. Bei Kerzenschein trinken wir große Mengen Kaffee und essen, um den ersten großen Hunger zu stillen, das Pemmikan, so wie es ist – aus der Tüte. Erst später setzen wir Wasser auf und kochen uns ein Menü, das wir in Ruhe bei einer weiteren Flasche Wein verzehren. Wir sind ausgelassen und überschwenglich; wen interessiert es schon, daß es draußen wieder zu stürmen angefangen hat. Wir sitzen vorerst trocken und sicher im Zelt und freuen uns wie Kinder über einen gelungenen Streich. Wir sind angekommen!

Ein wilder Ritt – Paddeln ad extremum

Am nächsten Morgen ist das Wetter um keinen Deut besser. Fast freuen wir uns darüber, denn sowohl Rainer als auch mir schmerzen die Arme und Schultern vom gestrigen Kraftakt, und so nehmen wir dankbar die Offerte des Wetters an und beschließen, einen Ruhetag einzulegen, um uns zu regenerieren. Beide haben wir zudem auch schlecht geschlafen, ich selbst bin immer wieder wach geworden, ständig von dem Gefühl verfolgt, etwas tun zu müssen, das Wetter zu beobachten oder Ausrüstungsgegenstände vor dem Fortwehen zu bewahren. Auch das autogene Training wollte mir nicht weiterhelfen. Kaum hatte ich mich zurückgelegt, um mich zu sammeln und zu entspannen, als sich in mir eine Unruhe und ein Kribbeln ausbreitete, das mich bis an den Rand des Zerplatzens brachte. Geist und Körper waren einfach zu sehr aktiviert und vom vorangegangenen Tag gezeichnet, als daß sie jetzt entspannen und abschalten konnten. Trotz aller Erschöpfung und Müdigkeit war es eine nahezu schlaflose Nacht gewesen.

Der Wind hat über Nacht um 180 Grad auf Süd gedreht. Die Sturmböen setzen derart schlagartig und hart ein, daß man mitunter das Gefühl hat, als würde sich jemand von draußen mit aller Macht gegen das Zelt werfen. Sekundenlang verformt sich das Aluminiumgestänge zu einer grotesken Form, um dann plötzlich wieder in die ursprüngliche, ihm zugedachte Stellung zurückzuspringen. Dabei können wir noch von Glück reden, daß unser Lagerplatz nach Süden hin durch Wälder und Berge trefflich geschützt ist. Ein Blick aufs offene Wasser läßt deutlich die wahre Gewalt des Sturmes erkennen. Zu der vom Sturm zerfetzten weißen See bilden die gräulich-schwarzen und mit Höchstgeschwindigkeit dahinziehenden Wolken einen unheil-

Es schneit, regnet, hagelt oder graupelt in ständigem Wechsel. Kleidung, Zelt und Schlafsäcke sind klamm und ungemütlich geworden. Nur das Lagerfeuer spendet Wärme.

vollen Kontrast. Mit Schaudern stellen wir uns vor, bei diesem Wetter mitten auf der Bahia Nassau zu paddeln. Der Sturm ist heute noch um einiges stärker als am gestrigen Tage und erreicht in Böen Windstärke 9 bis 10. Allerdings hat es Gott sei Dank aufgehört zu regnen, so daß wir an einer windgeschützten Stelle eine Wäscheleine spannen können und dort unsere nunmehr seit Tagen durchnäßte Kleidung zum Trocknen aufhängen. Der Survival-Anzug ist derart naß, daß sich beim Wenden ein Schwall

Wasser aus den Gummistiefeln ergießt, das sich über Nacht dort angesammelt hat.

Wieder im Zelt, holt Rainer feierlich ein kleines Päckchen hervor, das er mir mit einem herzlichen Glückwunsch überreicht. Heute ist nämlich der 26. April und somit mein Geburtstag. Während ich sein Päckchen auspacke, in dem eine kleine Flasche Johnny Walker sowie eine Geburtstagskarte liegen, stellen wir Vergleiche mit meinem Geburtstag im vergangenen Jahr an. Damals standen wir kurz vor der Durchquerung des Grönländischen Inlandeises und waren auf einer Versorgungsfahrt von einem Schlechtwettereinbruch überrascht worden und mußten daher auf einem zugefrorenen Fjord biwakieren. Seinerzeit befanden wir uns auf 71° nördlicher Breite, heute auf ca. 55° südlicher Breite. Sehr viel weiter können die beiden Punkte wohl kaum auseinanderliegen. Nie im Leben hätten wir damit gerechnet, ein Jahr später zusammen an diesem entlegenen Winkel der Erde zu sitzen.

Wir genießen den Tag. Ich lese Hermann Hesses ›Knulp‹, schlafe oder lausche einfach dem Sturm. Am Nachmittag machen wir eine längere Wanderung, von der wir gerade noch rechtzeitig zurückkommen, um unsere fast trockene Wäsche vor einem erneuten Regenguß in Sicherheit zu bringen. Zur Feier des Tages gibt es abends ein üppiges Geburtstagsmahl, das wir bei Kerzenlicht im Zelt verspeisen. Es herrscht eine schöne und angenehme Stimmung. Ich fühle mich ruhig und ausgeglichen und freue mich darauf, daß es morgen weitergehen soll.

Am nächsten Morgen ist das Wetter eher noch schlechter geworden. Der Wind hat auf Südwest gedreht und weht, wenngleich nicht mehr ganz so stark wie gestern, doch immerhin noch mit Stärke 6 bis 7. Während es gestern weitgehend klar und trocken war, schneit, hagelt oder regnet es heute fast unablässig. Die See ist rauh und stürmisch und macht alles andere als einen einladenden Eindruck. Dennoch entschließen wir uns weiterzufahren, da wir uns heute im Windschatten der Küste halten können und nicht gezwungen sind, weitere Strecken übers offene Wasser zurückzulegen. Das bedeutet natürlich, daß wir sämtliche Buchten ausfahren müssen und den Weg nicht dadurch verkürzen können, indem wir quer hinüberfahren. Die Fischer und die Marine hatten uns vor der Bahia Hately gewarnt, diese sei, so sagte man uns in Pt. Williams, eine große Bucht, die sowohl bei Nordwinden als auch bei Süd- oder Westwinden gefährlich ist. Letztere fegen mit ungeheurer Gewalt in Form von Fallböen die steilen und hohen Küstenberge hinunter und bauen selbst so dicht unter Land eine steile und gefährliche See auf.

Noch während wir die Boote zu Wasser lassen, dreht der Wind auf West und ist damit, so meinen wir zunächst, zumindest nicht ungünstig für unsere heutige Etappe. Die erste Bucht, die wir ausfahren, ist die Caletta Alsina, an deren Ende wir einen herrlichen, weißen Sandstrand entdecken. Obwohl wir erst eine kurze Zeit in den Booten sitzen, erscheint uns der Strand so verlockend, daß wir durch die Brandung anlanden, um uns dort ein wenig umzuschauen. Wir ärgern uns, daß uns dieser herrliche Strand nicht bei unserer Landung auf der Wollaston-Gruppe aufgefallen ist. Hier gibt es eine Fülle von geeigneten Lagerplätzen, die zudem noch besser geschützt sind als der, an dem wir unser Lager aufgeschlagen hatten. Der Strand ist weiß und breit und wird nur an einer Stelle von einem schnell fließenden Wildbach durchbrochen, der sich ins Meer ergießt und der die Frischwasserversorgung für einen Lagerplatz gewährleistet. Der Strand endet direkt an einem kleinen Absatz, der etwa ein bis zwei Meter höher gelegen ist und auf dem sofort üppige Vegetation gedeiht. Überall liegen große Baumstämme herum. Treibholz, das als Brennmaterial geeignet ist, läßt sich überall leicht finden.

Diese Bucht steht in einem eigenartigen Kontrast zu der überwiegenden Landschaftsstruktur. Fast überall sind die Buchten und Küsten hier felsig und steil, Sandstrände dieser Art sind äußerst selten. Wäre nicht das rauhe Klima, man könnte fast meinen, in der Südsee zu sein. Und gäbe es zudem nicht diesen eigenartigen Geruch, dann könnten wir uns durchaus vorstellen, noch ein wenig länger hier zu verweilen. Was mag das bloß für ein Geruch sein? Wir entschließen uns, dem nachzugehen, und finden nach etwa 150 Metern die Ursache für diesen penetranten Gestank. Mitten am Strand stoßen wir auf einen großen Walkadaver, von dem im wesentlichen nur noch das Skelett übrig ist, allerdings hängen auch noch überall Fleisch- und Hautfetzen herum, die einen bestialischen Gestank verbreiten. Soweit wir erkennen können, handelt es sich hierbei um einen Bartenwal, der, aus welchen Gründen auch immer, hier gestrandet und in Verwesung übergegangen ist. Es ist schon in gewisser Weise eine beruhigende Tatsache, daß es auch noch Wale gibt, die eines natürlichen Todes sterben – dies ist heute weiß Gott ja keine Selbstverständlichkeit. Für die Yahgan-Indianer waren einst derartige Strandungen immer ein Grund für ausgelassene Festlichkeiten. Schnell sprach es sich herum, wenn irgendwo ein Wal gestrandet war. Die Familien setzten sich in ihre Boote und zogen, so schnell es irgend ging, an den bewußten Ort, um dort den in Verwesung übergehenden Wal in einer einzigen Freßorgie zu verzehren. Die Indianer mußten über unglaublich widerstandsfähige Mägen verfügt haben, daß sie dieses faulige Fleisch verzehren konnten, ohne krank zu werden oder gar an Lebensmittelvergiftung zu sterben. Sie verließen die Stelle meistens erst dann, wenn von dem Wal überhaupt nichts mehr übrig war, was ihnen irgendwie noch genießbar erschien. Ein gestrandeter Wal geht sehr schnell in Verwesung über und entwickelt dabei einen so unglaublich penetranten Gestank, daß mir mit Sicherheit jeglicher Appetit vergehen würde. Den Indianern hingegen schien all dies nichts ausgemacht zu haben, im Gegenteil!

Eine Sache hingegen stimmt uns nachdenklich: Wir sind ganz offensichtlich nicht die ersten, die diesen Walkadaver entdeckt haben. In unmittelbarer Nähe des Skeletts treffen wir auf frische Fußspuren im Sand, die erst wenige Stunden alt sein können, da sie sonst durch auflaufendes Wasser und Regenschauer verwischt worden wären. Wir sehen uns um und rufen auch, können aber nichts entdecken oder hören. Zwar wissen wir, daß es am Kap Ross eine kleine Militärstation geben soll, aber uns ist ebenfalls bekannt, daß all diese Stationen über keinerlei Boote verfügen, nicht einmal über Schlauchboote. Somit kommt es nicht in Betracht, daß vielleicht eine Abteilung dieser Station hier an Land gegangen ist, sondern es muß sich um andere Personen gehandelt haben. Erst später sollen wir erfahren, daß nur wenige Stunden vor unserem Eintreffen eine australische Yacht hier vor Anker gegangen ist und die Besatzung, offensichtlich ebenso begeistert von dem schönen Sandstrand, wie wir es sind, einen kurzen Landgang gemacht hat. An Bord dieser Yacht hatte man auch unseren Lagerplatz gesehen, konnte jedoch keinen Kontakt mit uns aufnehmen, da das Gewässer für ein Segelschiff zu flach war.

Bereits bei der Landung in der Caletta Alsina war uns aufgefallen, daß trotz des heute herrschenden ablandigen Windes relativ große Wellen an den Strand geworfen wurden. Bei dem Start durch die Brandung haben wir leichte Schwierigkeiten, die Boote durch die Brandung hinauszubringen, ohne dabei von einer Welle hoch und trocken auf den Strand gesetzt zu werden oder aber voll Wasser zu schlagen. Meistens muß der Start so schnell erfolgen, daß nicht genug Zeit bleibt, die Spritzdecke richtig zu verschließen, so daß die Boote leicht vollschlagen. Trotz dieser Schwierigkeit macht die Bucht einen einladenden

Je weiter wir nach Süden gelangen, desto rauher und stürmischer wird die See.

und friedlichen Eindruck. Wie sehr dieses Gefühl täuschen kann, sollen wir später auf der Rückfahrt noch in eindrucksvollster Form erleben.

Je weiter wir uns dem Ausgang der Calette Alsina nähern, um das Kap, das uns von der Bahia Hately trennt, zu erreichen, desto rauher und stürmischer wird die See. Wir bekommen jetzt die volle Wucht der Fallböen zu spüren und haben manches Mal Mühe, unsere Paddel festzuhalten. Dort, wo die von den Fallböen aus der Bucht herausgetriebenen Wellen mit der vorherrschenden Hauptdünung zusammentreffen, entstehen spitze Kreuzseen, die, vom Wind zerrissen, davonstieben. Wir haben Mühe, unsere Boote auszubalancieren, um nicht von einer dieser spitzen und unberechenbaren Kreuzseen umgeworfen zu werden. Darüber hinaus müssen wir breite Seetangfelder überqueren, deren lange Stiele sich wie die Fangarme einer Riesenkrake um unsere Ruderanlagen wickeln, die Paddelblätter festhalten oder gar den ganzen Bug des Bootes unter Wasser drücken. Als wir das Kap umrundet haben und in die weite Bahia Hately einfahren, können wir im unmittelbaren Windschatten der Klippen einen Blick auf die Landschaft riskieren. Auf der gegenüberliegenden Seite der Bucht sehen wir brechende Seen und fliegende Gischt. Die Schnee- und Hagelschauer sind mitunter derart dicht, daß wir nicht einmal das Ende der Bucht erkennen können. Die Hagelkörner sind hart wie Kieselsteine und schmerzen, wo immer sie die Hände oder das Gesicht treffen. Das Wetter erscheint uns wirklich unglaublich. Hätten wir vor drei Tagen nicht den Sprung über die Bahia Nassau gewagt, wir würden heute noch am Kap Guanaco sitzen und auf besseres Wetter warten. Ein Satz, den wir in Pt. Williams immer wieder gehört haben, klingt mir fortwährend in den Ohren: »In der Wollaston-Gruppe kann alles passieren!«

Nirgendwoanders auf der Welt habe ich bisher Wolken in einer derartigen Geschwindigkeit dahinziehen sehen wie hier. Zerfetzt und zerrissen vom Sturm, werden sie immer wieder zu neuen Gebilden geformt, um sogleich wieder zerstört zu werden. In der gesamten Bahia Hately gibt es nicht eine einzige vernünftige Stelle, an der man im Notfall ein Lager aufschlagen könnte. Die wenigen Landeplätze, die es überhaupt gibt, sind nur äußerst schmal und von großen, rutschigen Felsbrocken verblockt. Obwohl wir hungrig sind und gern eine Pause einlegen würden, ziehen wir es vor, im Windschatten zu liegen und in den Booten sitzen zu bleiben. Die von Algen bewachsenen und von der See überspülten Klippen machen keinen einladenden Eindruck, um dort ein Picknick abzuhalten.

Während wir an der Küste entlangfahren, entdecken wir plötzlich eine Höhle, aus der derart furchterregende und gequälte Schreie klingen, daß es uns beiden eiskalt über den Rücken läuft. Wir fahren an den Höhleneingang heran. In die Höhle

Vom Verwesungsgeruch angelockt, finden wir am Ufer den Kadaver eines gestrandeten Wales. Die Yahgan aßen mit Vorliebe solche verendeten Tiere und ließen nicht eher davon ab, als bis alles verzehrt war.

selbst können wir ja doch nicht hineinfahren, da dort die Dünung in schäumender Gischt an den Felsen zerplatzt. Immer wieder dringt dieses furchtbare Schreien zu uns. Es ist kein Hilfeschrei, auch kein Hallo oder ähnliches, es klingt einfach, als wenn dort jemand unter unsäglichen Qualen zugrunde ginge. Wir überlegen, was es sein könne, bringen die Fußspuren, die wir in der Caletta Alsina gesehen haben, damit in Verbindung, rufen unsererseits ständig ›Hallo!‹ und bekommen außer diesem schmerzerfüllten Stöhnen aber keine Antwort. Wir sind wie benommen. Die düstere, wolkenverhangene Kulisse, der peitschende Schneeregen, die gurgelnde Öffnung zu dieser Höhle geben einen Hintergrund ab, wie ihn sich jeder Gruselfilm-Regisseur nicht besser wünschen könnte.

Der Eingang der Höhle liegt am unteren Ende einer steilen Klippe und ist nur vom Wasser her zugänglich. Allerdings müßte es schon ein Selbstmörder sein, der versuchen würde, durch den Höhleneingang ins Innere zu gelangen, denn jeder Versuch würde unweigerlich damit enden, daß er im dunklen Schlund der Höhle vom Wasser zerschmettert würde. Uns scheinen lediglich zwei Möglichkeiten plausibel, die dieses Geräusch verursachen könnten. Entweder liegt im Inneren dieser Höhle eine Robbe, die dort verletzt oder verklemmt liegt und nicht mehr den Weg nach draußen findet, oder aber die Luft wird vom eindringenden Wasser immer wieder komprimiert, entweicht an irgendeiner Höhlenöffnung und läßt dadurch das schaurige Geräusch entstehen. Uns fällt zudem auch eine gewisse Gleichmäßigkeit des Geräusches auf, so daß wir letztere Möglichkeit für die wahrscheinlichere halten, obgleich unsere Boote ständig von den sogenannten ›Seewölfen‹, einer Robbenart, umspielt werden. Unsere Hallo-Rufe bleiben zumindest unbeantwortet, und so fahren wir, wenngleich davon überzeugt, die richtige Ursache dieses Phänomens erkannt zu haben, doch ein wenig betroffen weiter. Dies sei keine Gegend für Menschen, hat man uns immer und immer wieder erzählt. Es sei vielmehr totes und unglückseliges Land. In der Tat fällt es schwer sich vorzustellen, daß die Yahgan-Indianer dieses Land ihre Heimat nannten. Die Landschaft und das Wetter ziehen uns in ihren Bann. Die düstere Stimmung läßt uns wie einen Fremdkörper erscheinen, und würde plötzlich

Rainer Neuber beim Anlanden durch die Brandung.

der Fliegende Holländer vor uns auftauchen, ich glaube, keiner von uns wäre übermäßig überrascht.

Vom Sturmwind erfaßt, queren wir vom inneren Ende der Bahia Hately diagonal in östlicher Richtung die Bucht und geraten abermals in einen Hexenkessel, in dem die See zu kochen scheint. Wir müssen aufpassen, daß wir nicht zu dicht unter der

Küste fahren, denn dort ist die See am unregelmäßigsten, und allzuleicht könnte man in einen Sog geraten und auf die Klippen geschmettert werden. Zu weit nach draußen dürfen wir uns hingegen auch nicht wagen, denn dort besteht die Gefahr, hinausgetrieben zu werden und somit den Kontakt zum Land zu verlieren. Wir sind froh, als wir endlich in die Bahia Scourfield einbiegen können, um uns dort im Windschatten ein wenig auszuruhen. Hätte mir vorher jemand erzählt, daß ich bei solchem Wetter paddeln sollte, ich hätte ihn wohl für geistesgestört gehalten. Um 4 Uhr nachmittags ist es bereits so dunkel, daß wir beschließen, umgehend einen Lagerplatz zu suchen. Wir wissen, daß auf der anderen Seite der Bahia Scourfield irgendwo ein kleiner Militärposten sein muß, bei dem wir uns verabredungsgemäß melden müssen. Das Problem ist, daß wir bei den herrschenden Sichtverhältnissen trotz Fernglas kaum etwas auf der gegenüberliegenden Seite der Bucht ausmachen können. Da es aber auf der Nordseite der Bahia Scourfield ebenfalls keinen Lagerplatz gibt, fahren wir die Bucht aus und landen schließlich auf der anderen Seite. Während Rainer auf die Boote achtet, steige ich einen Abhang hinauf, um die Station ausfindig zu machen. Zwar kann ich die ersten Anzeichen menschlicher Präsenz in Form von Fußspuren und Stacheldrahtresten erkennen, von der Station selbst ist hingegen nichts zu sehen.

Somit steigen wir, bereits im Dunkeln, wieder in die Boote, fahren um den Südzipfel der Bahia herum und entdecken schließlich einen kleinen Lichtschein, der aus einem fast verdunkelten Fenster dringt. In stockfinsterer Nacht kriechen wir aus unseren Booten und ziehen sie stolpernd durch Morast und über rutschige Steine auf einen erhöhten Vorsprung, wo sie uns zunächst sicher erscheinen. Da man uns mit dem Hinweis, daß die Soldaten auf den Stationen gut bewaffnet seien, empfohlen hatte, unsere Ankunft durch lautes Rufen rechtzeitig kundzutun, beginnen wir nun abwechselnd laut ›Hallo!‹ zu rufen in der Hoffnung, daß man uns nicht abermals für argentinische Spione halten möge. Die einzigen Wesen, die von unserer Ankunft hingegen Notiz nehmen, sind zwei verdreckte, zottige Hunde, die kläffend auf uns zulaufen und uns sogleich mit einem ohrenbetäubenden Kläffen und Heulen umringen. Durch diesen Krach müßte eigentlich jedermann im Umkreis von einem Kilometer aus dem tiefsten Schlaf hochschrecken, nicht so hingegen die wachsamen Soldaten! Erst ein energisches Klopfen an der Tür bewirkt, daß diese ruckartig aufgerissen wird, und wir starren abermals in ein völlig entgeistertes Gesicht, aus dem sich deutlich ablesen läßt, daß Besucher etwas durchaus Ungewöhnliches sind.

Blick aus der Vogelperspektive.

Mit kalten und ungelenken Gliedern ist es morgens schwierig, einen sicheren Start durch die Brandung zu schaffen.

Allerdings legt sich in diesem Fall die Überraschung sehr rasch, denn zwischenzeitlich sind alle Stationen von der Kommandantur in Pt. Williams über unser Vorhaben informiert worden. Man hat also mit unserem Eintreffen gerechnet, allerdings noch nicht heute bei den herrschenden Witterungsverhältnissen. Die Station besteht aus einer kleinen Hütte, ähnlich wie die im Murray-Kanal, in der drei Soldaten stationiert sind. Der Funker setzt sich sofort an sein Funkgerät und unterrichtet Pt. Williams über unser Eintreffen. Da man schon seit einiger Zeit nichts von uns gehört oder gesehen hat, scheint man dort bereits ein wenig unruhig zu sein und ist froh, daß wir diesen Punkt sicher erreicht haben. Auf einer Seekarte zeigen wir den drei Soldaten unsere bisherige Route und stellen bei der Gelegenheit fest, daß wir heute immerhin 15 Seemeilen zurückgelegt haben. Leider ist die Verständigung wiederum sehr schwierig, da auch unsere hiesigen Gastgeber kein Wort Englisch sprechen und wir bislang wenig Gelegenheit gehabt haben, unsere Sprachkenntnisse zu verbessern. Rainer hat wenigstens schon einmal bei der Volkshochschule einen Spanischkurs belegt und beherrscht somit einige Grundlagen. Nur zu gern überlasse ich ihm daher die schwierige Konversation, was zugegebenermaßen nicht ganz fair ist, Rainer aber ein wenig zähneknirschend duldet. Die drei Soldaten sind von einem schier unerschöpflichen Wissensdurst, so daß wir ununterbrochen mit Fragen bombardiert werden, die wir im Rahmen unserer Möglichkeiten zu beantworten versuchen. Nachdem wir wohl jeder einen halben Liter heißen Kaffee in uns hineingeschüttet haben, gehen wir allesamt gemeinsam mit Taschenlampen bewaffnet hinunter zu den Booten, um sie noch ein wenig höher an Land zu ziehen und um unsere Schlafsäcke in die Hütte zu bringen. Zwar hat man den Soldaten erzählt, mit was für einer Art von Booten wir unterwegs sind; als sie nun aber unmittelbar mit den so zerbrechlich scheinenden Kajaks konfrontiert werden, werden sie spürbar nachdenklicher. Immer wieder blicken sie abwechselnd auf die stürmische See und dann wieder auf die Boote. Es scheint ihnen nicht so recht einzuleuchten, daß man solch stürmische Gewässer mit derartigen Gefährten befahren kann.

Neun Tage ist es her, seit wir Pt. Williams verlassen haben. Die warme, einfach eingerichtete Hütte erscheint uns geradezu paradiesisch. Wir steigen aus unseren nassen Survival-Anzügen und machen dankbar von der Wäscheleine Gebrauch, die die Leute extra für uns aufgespannt haben. Meine Hände und Füße sind schrumpelig und weiß, etwa so, als wenn jemand für minde-

Lagerplatz auf den Wollaston-Inseln.

stens fünf Stunden in der Badewanne gelegen hätte. Wieder gibt es Kaffee, selbstgebackene Brötchen mit Butter und Honig. Dabei erfahren wir, daß die Soldaten jeweils für zwei Monate auf den Stationen stationiert werden – mitunter dauert es auch ein wenig länger –, wohingegen der Funker mindestens drei Monate in dieser Station ausharren muß. Arbeit gibt es, wie man uns freimütig erzählt, kaum. Demgemäß nimmt das Essen einen breiten Raum ein, wenngleich auch hier eine gewisse Einseitigkeit in der Ernährung festzustellen ist. Die Fleischreserven werden meistens zu Beginn der Stationierung gegessen, so daß zum Ende der Zeit meistens nur noch Mehl, Reis, Nudeln und Suppen in ausreichender Menge zur Verfügung stehen. Einzige Unterhaltung, die man den Soldaten zubilligt, ist ein Radio- und Kassettenrecorder, der zur Ausrüstung einer jeden Station zählt. Einen Fernseher gibt es genausowenig wie eine Bibliothek, und die wenigen Zeitschriften, die wir im Regal entdecken können, sind zum Teil zehn Jahre alt. Trotzdem scheinen unsere drei Gastgeber keinesfalls unzufrieden zu sein, sondern machen einen ausgelassenen und vergnügten Eindruck.

Erst spät kommen wir an diesem Abend ins Bett, und eine Weile lausche ich noch dem Sturm, der von draußen an der Hütte zerrt. Wann wird sich das Wetter endlich bessern? Werden wir überhaupt in der Lage sein, bei diesen Witterungsverhältnissen zu unserem Ziel vorzustoßen? Während ich noch darüber nachdenke, fallen mir endlich die Augen zu, und ich versinke in einen tiefen und schweren Schlaf.

Der infernalische Süden

Bewundernd und vielleicht auch ein wenig neidisch beobachte ich den Albatros, wie er mit Anmut und Eleganz über unseren Köpfen segelt. Die gewaltige Spannweite dieses Vogels wird durch die Feingliedrigkeit und schmale Struktur der Schwingen verstärkt. Fast könnte man meinen, daß dem Vogel die Schwingen starr am Körper angewachsen sind, denn trotz der unterschiedlichsten Flugmanöver schlägt der Albatros nicht ein einziges Mal mit den Flügeln. Segelflug in höchster Perfektion – so erscheint es mir in diesem Moment. Ich erinnere mich, irgendwo einmal gelesen zu haben, daß die Spannweite der Wanderalbatrosse bis zu dreieinhalb Metern betragen kann. Damit weist er die größte Flügelspannweite aller lebenden Vögel auf. Die Tollpatschigkeit, mit der diese großen Vögel starten und landen, läßt leicht erkennen, daß die Tiere primär für den Flug und weniger für das Landleben gemacht sind. Der Aufbau seiner Flügel eignet sich hervorragend zum Segelflug, und dies ist denn auch der Grund, weshalb sich die Albatrosse vorzugsweise in den windigsten und stürmischsten Regionen unseres Erdballs aufhalten, nämlich in den brüllenden 40ern und 50ern. Mit spielerischer Leichtigkeit gleiten sie auf die Wasseroberfläche zu, manövrieren geschickt jede Unebenheit oder Welle auf dem Wasser aus, wobei ihre Flügelspitzen mitunter nur wenige Zentimeter Abstand von den Wellenkämmen haben. Um diese Flugkunststücke fertigzubringen, benötigen sie Wind, den sie gerade in der Kap-Hoorn-Region zur Genüge vorfinden. An völlig windstillen Tagen, die hier unten schließlich selten genug sind, sieht man auch kaum Albatrosse in der Luft. Sie halten sich dann vorwiegend an Land auf und warten auf günstigeres ›Flugwetter‹.

Das Wetter macht heute morgen einen erheblich freundlicheren Eindruck als am gestrigen Tage. Es ist zwar immer noch windig, aber die Wolken sind aufgerissen, und gelegentlich sind blauer Himmel und Sonnenschein zu sehen. Wir wollen daher heute morgen so früh wie möglich die Station verlassen, um die günstige Wetterlage auszunutzen, kommen dann aber schließlich doch erst um 10 Uhr los, da man uns immer wieder in gutgemeinter und herzlicher Gastfreundschaft mit frischen Brötchen, Honig und heißem Kaffee vollstopft.

Zu unserer Linken liegt die Isla Freycinet, die durch den Canal Bravo von der Wollaston-Insel getrennt ist. Indem wir den Canal Bravo verlassen und in den sogenannten Canal Franklin einfahren, verlassen wir auch gleichzeitig die Wollaston-Gruppe und steuern die Isla Herschel an, die zu den Hermite-Inseln gehört. Der Canal Franklin ist nach Westen in den Pazifik geöffnet, und dementsprechend rauh können Wind und Seegangsverhältnisse sein. Und wie nicht anders zu erwarten, brist es genau in dem Moment auf, als wir ein gutes Stück in den Kanal hineingefahren sind und abermals mit einem unangenehmen Seegang kämpfen müssen. Wie sehr sehnen wir uns nach einem ruhigen und windstillen Tag. An die anstrengende, kräftezehrende Paddelei in rauher See kann man sich gewöhnen. Es ist also weniger der körperliche Einsatz, wenngleich auch der anstrengend ist und einem zu schaffen macht, sondern vielmehr die ständige Konzentration, mit der wir diese Arbeit verrichten müssen. Man muß eine unglaubliche Sensibilität für jede Bewegung des Bootes entwickeln, darüber hinaus mit höchster Aufmerksamkeit die herannahenden Böen oder die Wellen beobachten und einschätzen. Die Technik des Paddelns darf oder sollte zumindest für ein derartiges Vorhaben kein Problem sein! Dies ist das Handwerkszeug, das man dafür mitbringen muß, das einen schließlich überhaupt erst in die Lage versetzt, eine solche schwierige Unternehmung durchzuführen. Es ist folglich vielmehr die Nervenbelastung, die den Paddler in diesen Breiten immer wieder auf die Probe stellt. Nachlassende Konzentration, eine Unachtsamkeit oder mangelnde Nervenstärke kann ihn sehr schnell das Leben kosten. Es ist also die psychische Belastung, die man in den Griff bekommen muß und die schließlich nicht nur auf dem Wasser präsent

Trotz Schutzanzug gibt es keine trockene Faser mehr an unserem Körper. Die ständige Feuchtigkeit und die Kälte läßt uns ganz erbärmlich frieren. Zudem zeigt sich das Wetter von seiner unerfreulichsten Seite.

ist, sondern oft genug auch an Land. Wenn nämlich Schlafsack und Zelt durchfeuchtet sind, Sturm und Dauerregen jeden Gedanken an Schlaf ad absurdum führen, wenn anhaltende Schlechtwetterperioden einen zwingen, in engen und nassen Zelten zu verbringen, dann stellt dies eine weitere psychische Belastung dar. Andererseits darf man niemals in dieser gestreßten Situation seine klare und ungetrübte Urteilskraft verlieren. Die Situation, in die man sich hineinbegibt, muß zumindest bis zu einem gewissen Grade kalkulierbar sein, ansonsten wird man unsicher und kann im wahrsten Sinne des Wortes ins Schwimmen geraten.

Während wir die Boote in einer geschützten Bucht der Herschel-Insel nebeneinanderlegen, um in Ruhe etwas zu essen und zu trinken, beobachten wir Robben, die spielerisch unsere Boote umschwimmen, unter ihnen durchtauchen oder steil aus dem Wasser herausspringen. So dicht kommen sie heran, daß sie manchmal die Boote berühren. Dies alles geschieht aber in durchaus friedlicher und verspielter Absicht, so daß wir keine Sorge um unsere Boote haben müssen. Ich hatte zwar von einem bekannten amerikanischen Paddler namens John Dowd gehört, der in der Magellanstraße in seinem Faltboot von einer verwundeten Robbe angegriffen wurde und dessen Boot anschließend 17 Löcher aufwies, die das kranke und verzweifelte Tier in die Bootshaut gebissen hatte. Sieht man sich einmal das Gebiß einer solchen Robbe näher an, dann kann man sich sehr leicht vorstellen, daß die Tiere durchaus in der Lage sind, ein Boot maßgeblich zu beschädigen. Doch derartige Vorfälle sind äußerst selten, normalerweise hat ein Paddler wohl nichts zu befürchten. Immer wieder erleben wir es, daß uns diese offensichtlich stets gutgelaunten Meeressäuger über weite Strecken begleiten und sich dabei völlig furchtlos geben. Sind gerade keine Robben in der Nähe, dann begleiten uns meistens Delphine, die ebenfalls furchtlos erscheinen.

Am Nachmittag weht es schließlich mit 5 bis 6 Windstärken, die üblichen Schnee- und Regenschauer prasseln auf uns herunter, und die See wird zunehmend rauher. So entschließen wir uns, heute zeitig einen Lagerplatz auf der Herschel-Insel zu suchen, um nicht wieder irgendwo im Dunkeln im Sumpf und Mo-

Gelegentlich reißt die Wolkendecke auf und gibt den Blick auf benachbarte Inseln frei.

rast herumstapfen zu müssen. Wir wissen zwar, daß am Südost-zipfel der Isla Herschel eine weitere Marinestation steht, doch wollen wir einfach nicht schon wieder in einer Hütte schlafen. Eigenartigerweise erscheint es nämlich Rainer wie auch mir, als wenn wir durch diesen jähen Einbruch in die Zivilisation den Kontakt mit unserem Umfeld verlieren. Durch die Annehmlichkeit der warmen Hütte und durch die Geborgenheit werden wir von der Natur und unserer eigentlichen Aufgabe abgeschottet und somit entfremdet. So angenehm es uns momentan auch erscheinen mag, in einer geheizten Hütte zu sitzen, so sehr belastet es uns andererseits. Wir müssen danach immer mühsam die fallengelassene Richtschnur wieder aufnehmen, um unseren vorgezeichneten Weg in geplanter Form fortsetzen zu können. Das Vertauschen von Zelt und Faltboot mit einem Haus und den damit verbundenen Annehmlichkeiten ist für uns momentan wie eine Reise in eine andere Welt.

Diese jähe Veränderung irritiert und belastet uns, so daß wir die Aufenthalte in den Hütten auf ein Minimum beschränken wollen. Morgen früh würden wir bei der Station verabredungsgemäß vorsprechen und bei weiterhin anhaltendem Sturm eben auf besseres Wetter warten. Ob wir wollten oder nicht, es würde schlechthin als Beleidigung angesehen werden, wenn wir die Einladung, dort zu übernachten, abschlagen würden. So bauen wir also heute unser Zelt in nur wenigen Meilen Abstand von der Station auf und verbringen dort, wenngleich einen stürmischen und nassen, so doch ausgeglichenen und harmonischen Abend. Ein Blick auf die Seekarte zeigt uns deutlich, daß uns in Kürze eine weitere Schlüsselstelle bevorsteht, bevor wir das eigentliche Problem, die Umrundung der Isla Hornos mit deren berüchtigtem Südkap, angehen können. Von jetzt an sind wir mehr denn je auf günstige Witterungsbedingungen angewiesen. In dem Moment, wo wir aus der Paso al Mar del Sur, die von der Isla Herschel und von der Isla Deceit gebildet wird, hinausfahren, werden wir endgültig der vollen Gewalt der Südweststürme ausgesetzt sein. Die Seegangsverhältnisse, so sagt man zumindest, können dort ganz andere Ausmaße annehmen, als man sie von irgendeinem anderen Teil der Erde kennt. Seemannsgarn oder Tatsache – was immer es auch sein mag, unverrückbar fest steht jedenfalls, daß die Wellenberge hier atemberaubende Größen annehmen können.

Es wäre vermessen und selbstmörderisch, den Versuch zu unternehmen, sich mit Faltbooten freiwillig einem solchen Sturm entgegenzustellen. Wir müssen also auf das Gedankengut, das unserer Unternehmung zugrunde liegt, zurückgehen und das Prinzip des Abwartens und Zuschlagens praktizieren. Geduld und Ausdauer ist unser Bonus. Nur dadurch können wir unser Ziel erreichen. Erzwingen läßt sich hier gar nichts! Von der Paso al Mar del Sur gelangt man in die sogenannte Bahia San Francisco, die sowohl nach Westen als auch nach Osten hin offen ist und die, wenngleich sie an ihrer schmalsten Stelle auch nur zwei Meilen breit ist, dennoch eine nicht zu bewältigende Hürde darstellen kann. Diese Bahia San Francisco ist also die zweite Schlüsselstelle nach der Bahia Nassau. Wenngleich sie auch nur einen Bruchteil der Entfernung der Bahia Nassau aufweist, so kann sie letztlich doch maßgeblich zum Erfolg oder Mißerfolg der Unternehmung beitragen.

Am nächsten Morgen hat der Sturm an Intensität wieder zugenommen. Die Temperatur ist deutlich um einige Grade gestiegen, es ist geradezu unnatürlich warm im Vergleich zu den vorangegangenen kalten Tagen. Seit gestern beobachten wir am Barometer einen fallenden Luftdruck. Irgend etwas scheint sich hier zusammenzubrauen.

Wir haben es heute morgen nicht eilig, da wir bei den herrschenden Wetterverhältnissen ohnehin nur bis zur Bahia San Francisco fahren können, nicht jedoch darüber hinaus. Während wir unser Lager abbrechen, dreht der Wind plötzlich auf Nord und zerrt mit 30 Knoten Geschwindigkeit an unserem Zelt, das wir gerade einzupacken versuchen. Der Lagerplatz ist durch die plötzliche Richtungsänderung des Windes völlig exponiert, und somit beeilen wir uns, in die Boote zu kommen. Während wir die letzten Meilen bis zu der Station am Südostzipfel der Isla Herschel fahren, wird der Himmel immer schwärzer, das Barometer fällt auf 980 Millibar und später auf 970, um schließlich bei 966 Millibar vorerst stehenzubleiben. Dies ist bislang der Tiefststand, den wir auf dieser Reise gemessen haben.

Offensichtlich erwartet man uns bei der Station bereits, denn kaum sind wir in Sichtweite, als auch schon drei Leute hinunter zum Strand laufen, um uns beim Anlanden zu helfen. Wie üblich werden zunächst einmal die Boote geborgen und auf ein höher gelegenes Niveau gebracht, wo sie vor dem Sturm und der See sicher sind. Danach setzt die übliche Zeremonie ein, Hände schütteln, Kaffee trinken, Brötchen essen usw. Fragen über Fragen stürzen auf uns herein, und wir geben uns die größte Mühe, sie mit unseren dürftigen Sprachkenntnissen zu beantworten. Rainer und mich hält es nicht lange in der Hütte. Es ist noch hell draußen, und wir wollen zumindest zu Fuß bis an den Südrand der Insel Herschel gehen, um von dort aus einen Blick auf unser eigentliches Ziel, die Isla Hornos, zu werfen.

Wir laufen einige steile Hügel empor, vorbei an Schützengräben und Stacheldrahtverhauen, ärgern uns dabei über die Sinnlosigkeit der Kriegsführung im allgemeinen und in diesem abgelegenen Fleckchen Erde im besonderen und sind schließlich froh und außer Atem, als wir an einer steilen Klippe stehen und ungehindert nach Süden blicken können. Unseren Augen bietet sich ein fast gespenstisch zu nennendes Schauspiel. Von tief hängenden Wolken und Regenschauern zeitweilig verdeckt, können wir in dem diffusen Licht die Konturen der Isla Hornos ausmachen. Wie der sturmumtoste Gipfel eines Berges kommt mir die Isla Hornos in diesem Moment vor. Hinter einem Schleier aus Wasser und Wolken verborgen, strahlt die Insel etwas Geheimnisvolles und Unnahbares aus. Ich spüre plötzlich, daß alles, was wir in den letzten Tagen erlebt und durchgemacht haben, lediglich Vorbereitung für den eigentlichen Gipfelsturm war. Wir haben quasi nur ein vorgeschobenes Lager erreicht, von dem aus wir nach Möglichkeit in einem Zuge zum Gipfel vorstoßen werden. Ich kann auf einmal die alten Seefahrer vergangener Zeiten verstehen, die zur Legendenbildung dieses Südzipfels beigetragen haben. Die Berichte über Fabelwesen, wie zum Beispiel Seeungeheuer, sind erst dann verständlich, wenn man selbst diese triste, unheilschwangere Gegend gesehen hat. In einer Zeit, in der jede längere Seereise ohnehin ein Abenteuer war, von der man nie genau wußte, ob man in die Heimat zurückkehren würde, da war es einfach nur ein verständliches Stilmittel der erzählenden Seeleute, mit dem sie die Gefahren und die bedrückende Stimmung dieser Breiten vor anderen Gefahren der Seefahrt eindrucksvoll und leicht nachvollziehbar für jedermann herauszuheben versuchten. Wie eine Festung durch einen scheinbar unüberwindlichen Wassergraben vom Rest der Welt getrennt, liegt die düstere, langgezogene Silhouette der Isla Hornos in der brandenden See, die mit gierigen weißen Brechern danach zu trachten scheint, die Festung Isla Hornos zu versenken. Es scheint schwer vorstellbar, daß es hier auch anderes Wetter als ausschließlich Sturm geben kann. Beim besten Willen vermag ich nicht, mir die Insel in einem milden Sonnenschein, in sanfter Dünung liegend, vorzustellen. Es ist, als ob diese Insel tatsächlich die Geburtsstätte aller Stürme ist.

Ein wenig benommen von dem, was wir gesehen haben, gehen wir zurück zur Hütte. Der stürmische Nordwind scheint sich ein wenig nach Westen zu verlagern und gibt damit meiner Befürchtung recht, daß der Nordwind nur als Vorbote eines großen und ausgeprägten Sturmtiefs zu werten ist. Bei Einsetzen der Dunkelheit kehren wir zurück zur Hütte, um 17 Uhr herrscht dunkle Nacht. Beharrlich bleibt das Barometer auf 966 Millibar stehen. Der Wind hat endgültig auf West gedreht und scheint alles einebnen zu wollen. Am nächsten Morgen messen wir eine Windgeschwindigkeit von 40 bis 45 Knoten. Die Böen liegen streckenweise noch beträchtlich darüber. Wieder stehen wir an unserem Ausguck am Südkliff der Herschel-Insel und betrachten die stürmische See. Nach Osten hin sehen wir die Ausläufer der Isla Deceit, die in spitzen, vom Sturm zertrümmerten und zerrissenen Felsen – den Rocas-Deceit – ausläuft. Mit unglaublicher Gewalt rennen die Wogen gegen die Steilküste, lecken gierig bis zum Rand der Klippe empor, fallen in ein Meer von Schaum und Gischt zurück und werden von den neu heranrollenden Seen verschlungen. Was für ein Grauen muß Seeleute erfaßt haben, die plötzlich im Dunst diese weißumschäumten Reißzähne auftauchen sahen und sogleich wußten, daß es kein Entkommen für ihr Schiff mehr gab. Kein Mensch hat die Schiffe gezählt, die hier im Laufe der Zeit zerschellt sind, denn oft genug verschwanden die Schiffe spurlos und mit ihnen eine entsetzte Besatzung, so daß keiner später Zeugnis über dieses Drama ablegen konnte.

Am Nachmittag scheint sich das Wetter zumindest vorüber-

gehend ein wenig zu beruhigen. Zwar steht immer noch eine fürchterliche See in der Bahia San Francsico, aber durch den abflauenden Wind sind vorübergehend die brechenden Kämme verschwunden, und somit packen wir spontan unsere Sachen zusammen, beladen die Faltboote und legen ab. Kaum haben wir die geschützte Bucht der Isla Herschel verlassen, als wir auch schon von der Dünung der Bahia San Francisco erfaßt werden. Wie die Korken tanzen unsere kleinen Boote auf den Wellen, Rainer ist teilweise für Momente gänzlich aus meinem Blickfeld verschwunden, um dann plötzlich wieder auf einem Wellenkamm aufzutauchen. Zu unserer Rechten hören wir das Donnern der sich an den Klippen brechenden Seen und müssen uns zwingen, den Blick von diesem Inferno loszureißen. Die Soldaten, die unseren Aufbruch von einer Klippe aus beobachten, winken uns mit den Armen zu, daß wir umkehren sollen. Sie können von ihrem hohen Standort offensichtlich schon etwas spüren, was uns erst wenige Minuten später trifft.

Es kommt wieder Wind auf! Eine erste Sturmböe kommt heran, zerreißt die Kuppe einer heranrollenden See und bläst uns die Gischt ins Gesicht. Obwohl wir uns nicht verständigen können, handeln Rainer und ich wie ein Mann. Beide kehren wir sofort um und müssen jetzt mit der See und dem Wind im Rükken die noch gefahrvollere Rückreise in die Bucht antreten. Wenn man versucht, vor den Seen abzulaufen, dann kann es passieren, daß das Boot von einer heranrollenden Welle aufgenommen wird, vor dem Kamm hergeschoben wird, um schließlich ins Surfen zu geraten und dann mit dem Bug am Fuße des Wellentals unterzuschneiden. Wenn man schon vor einem solchen Sturm davonlaufen muß, dann sollte man versuchen, in 45-Grad-Richtung zu den Wellen abzulaufen und nicht etwa genau der gleichen Richtung der Seen zu folgen. Doch bleibt uns hier bei der engen Einfahrt zur Paso al Mar del Sur kaum eine andere Möglichkeit, als direkt mit den Wellen hindurchzufahren, denn überall links und rechts von uns sind Untiefen, so daß wir vorsichtig jede Unregelmäßigkeit des Bootes korrigieren müssen, um es vor einer Kenterung zu bewahren.

Die Soldaten sind offensichtlich erleichtert und froh, daß wir unseren Versuch abgebrochen haben. Sie hatten den aufkommenden Wind in der Tat vor uns schon gemerkt und wollten uns durch ihr Winken darauf aufmerksam machen. Obwohl wir alles in allem nur etwa eine Stunde in den Booten gesessen haben, fühlen wir uns zerschlagen und müde. Es ist offensichtlich die Urgewalt, das Spüren einer anderen Dimension, das ureigene Gefühl der Schwäche, das uns an diesem Abend trübsinnig und frustriert erscheinen läßt. Am Abend messen wir wieder Wind mit 35 Knoten Geschwindigkeit aus westlicher Richtung, die Sicht beträgt zwei Kilometer. Nachts fallen schwerste Sturmböen über die Hütte her, um 18 Uhr zeigt das Barometer 960 Millibar an.

Am nächsten Morgen – wir haben heute den 1. Mai – scheint sich das Wetter ein wenig zu beruhigen. Ich bin gestern früh ins Bett gegangen und fühle mich nach dem vielen Schlaf wieder fit. Um 8 Uhr morgens zeigt das Barometer einen Luftdruck von 970 Millibar, die Sicht erscheint gut und von der Station Hoorn werden 15 bis 25 Knoten Wind gemeldet. In der Paso al Mar del Sur herrschen unangenehme Kreuzseen, in der Bahia San Francisco hingegen läuft eine lange, hohe Dünung, die nur vereinzelt weiße Schaumkronen zeigt. Mit dem Fernglas sehen wir uns die Küste der Isla Hornos an, die heute zum ersten Mal ungetrübt zu erkennen ist. Die uns gegenüberliegende Küste scheint, soviel wir erkennen können, zwar rauh zu sein, aber vermutlich nicht sehr viel schlimmer als das, was sich hier an der exponierten Seite der Isla Herschel abspielt. Nur wenn wir das Glas weiter nach Südosten richten, am Ostkap der Isla Hornos vorbei, dann sinkt uns das Herz in die bewußte Paddlerhose. Durch den nunmehr tagelang herrschenden Sturm hat sich eine Dünung aufgebaut, die selbst über mehrere Seemeilen Entfernung hin derart gewaltig aussieht, daß man wirklich allen Mut verlieren könnte. An eine Umrundung des Kaps ist somit heute nicht zu denken. Wir sind schon froh, wenn es uns gelingen sollte, endlich die Isla Hornos zu erreichen, um dort auf eine günstige Gelegenheit zu warten. Kurz darauf verabschieden wir uns ein weiteres Mal von den Soldaten, steigen in die Boote und versuchen unser Glück ein zweites Mal. Wir fahren zunächst ein Stück an der Südküste der Isla Herschel in westliche Richtung, um die Überquerung der Bahia San Francisco an dem Punkte zu beginnen, wo die Entfernung zur Isla Hornos am geringsten ist. An den Klippen tost und brandet das Meer wieder in gewaltigen Kaskaden, wir selbst kommen uns vor wie in einem ständig auf und ab fahrenden Expressfahrstuhl.

Auch dieser zweite Versuch fällt den Böen zum Opfer. Wir schaffen es nicht einmal, gegen Wind und Dünung bis zu dem Punkte zu kommen, von dem aus wir die Überquerung beginnen wollen. So müssen wir wohl oder übel zurückfahren und den Versuch später erneut wagen.

Nach dem Mittagessen gehen wir erneut auf die Klippe und beobachten die See. Rainer scheint ein wenig unruhig zu sein. Er ist das Warten leid und möchte endlich weiter und drängt mich, doch einen neuen Versuch zu unternehmen. Obwohl auch ich weiter will und des Wartens überdrüssig bin, messe ich einem erneuten Startversuch nur wenig Aussicht auf Erfolg zu, da die See sich in der Zwischenzeit um nichts beruhigt hat und der Wind nur geringfügig nachläßt. Trotzdem einigen wir uns darauf, erneut zu starten, ohne aber dabei die Bereitschaft mitzubringen, ein erhöhtes Risiko einzugehen, sondern bei ähnlichen Verhältnissen wie heute morgen den Versuch abzubrechen. Um 15.45 Uhr stechen wir erneut in See und schaffen es tatsächlich, bis zu dem der Isla Hornos am nächsten gelegenen Landzipfel zu kommen. Danach läuft aber gar nichts mehr! Wir kommen nur unendlich langsam voran, das Paddeln erfordert vollen Krafteinsatz. Die Dünung scheint sogar noch höher zu gehen als heute morgen. Das Schlimme ist aber, daß der Wind ein wenig auf Nordwest gedreht hat, wohingegen die Dünung aus Südwesten kommt und sich somit auf der Hauptdünung eine eigene, neue Dünung bildet, die zu einer konfusen Gesamtheit verschmilzt. Die Rückfahrt ist wiederum sehr kritisch, da wir jetzt die Seen von achtern haben und wiederum leicht ins Surfen geraten. Vom Berg aus haben die Soldaten unseren erneuten Anlauf beobachtet und scheinen aufrichtig froh zu sein, daß wir auch diesen Versuch abbrechen. Inzwischen hat der Wind auch wieder ein wenig zugenommen, Regenschauer ziehen hinüber und hüllen die ganze Landschaft erneut in ein gespenstisches Grau. Wir fühlen uns ausgebrannt und leer, sind aber dennoch froh, daß wir es heute immerhin zweimal versucht haben. Insofern brauchen wir uns wenigstens nicht den Vorwurf zu machen, irgendeine Chance ausgelassen zu haben.

Jeden Abend gehen wir mit der Hoffnung schlafen, daß am nächsten Morgen besseres Wetter herrschen möge, nur um dann früh am nächsten Tag von heftigen Sturmböen geweckt zu werden. 45 bis 50 Knoten Wind messen wir am Morgen, dazu gibt es Regenschauer, schlechte Sicht und schwere See. Allerdings ist das Barometer ein wenig gestiegen, morgens messen wir 974 Millibar, mittags um 12 Uhr 976 und abends schließlich 980 Millibar. Wir verbringen den Tag damit, daß wir ausgedehnte Wanderungen auf der Herschel-Insel unternehmen und uns immer wieder dabei erwischen, daß wir verstohlen auf die tobende See gucken. Heute hat es nicht einmal Zweck, sich Gedanken über einen möglichen Start zu machen. Jeder Versuch wäre von vornherein zum Scheitern verurteilt!

Die Hermite-Gruppe, zu der auch die Herschel-Insel gehört, ist im Gegensatz zu den Wollaston-Inseln oder gar zu Navarino sehr vegetationsarm. Bäume gibt es nur an sehr geschützten Stellen, und es ist schon fast ein wenig vermessen, in diesem Fall von Bäumen zu sprechen, denn es handelt sich hierbei vielmehr um Sträucher oder um Büsche. Der Boden ist uneben, mit einer dichten Moos- und Grasschicht bewachsen, so daß man Mühe hat, ein ebenes Fleckchen Erde zu finden. Aus mir unerklärlichen Gründen ist das Gelände mit kleinen Löchern und Kuhlen durchsetzt, in die man mit schöner Regelmäßigkeit immer wieder hineintritt und nahe davorsteht, sich einen Knöchel zu verstauchen.

Die Soldaten haben an derartigen Ausflügen offensichtlich kein Interesse. Sie ziehen es vor, in der geheizten Hütte zu sitzen, und verbringen den überwiegenden Teil des Tages damit, daß sie entweder schlafen, essen oder sich auf die nächste Mahlzeit freuen. Nur wenn wir in der Hütte sind, setzen sich einige von ihnen an den Tisch, um sich mit uns zu unterhalten. Da diese sechs Soldaten nahezu am Ende ihrer zweimonatigen Amtsperiode auf der Herschel-Insel angelangt sind, sieht es demgemäß mit ihrem Proviant dürftig aus. Außer Mehl, Nudeln, Reis, einigen Tütensuppen, ein wenig Marmelade und Nescafé gibt es nichts mehr. Dennoch sind wir erstaunt, wieviel unterschiedliche Gerichte sie insbesondere aus Mehl und Backwaren fertigen können. Um ihren Proviantbeutel nicht zusätzlich zu strapazieren, haben Rainer und ich gleich zu Anfang Pemmikan, Fruchtschnitten, Haselnußkonzentrat und andere Dinge aus dem Boot geholt und sie zum allgemeinen Verzehr freigegeben. Zunächst betrachten sie ein wenig mißtrauisch das wie Leberwurst aussehende Pemmikan, finden aber, nachdem sie es probiert haben, Geschmack daran, und fortan hält so eine Kilopackung gerade anderthalb Tage. Auch die Kilodose Haselnußmus ist mit bewundernswerter Schnelligkeit geleert, so daß wir schon bald Nachschub aus den Booten holen müssen. Zum Glück sind wir mit alledem gut eingedeckt.

Es ist zum Verzweifeln! Auch der nächste Tag bringt keine maßgebliche Wetterbesserung. Der Wind hat lediglich ein bißchen auf Süd gedreht und weht jetzt mit 25 bis 30 Knoten. Ein wenig benommen stehen wir wieder auf unserer Klippe und schauen auf die See hinaus. Die Isla Hornos ist heute kaum auszumachen. Schwere Schnee- und Hagelschauer ziehen heran und verdunkeln den morgendlichen Himmel zum Teil so sehr, daß man glauben könnte, in Kürze müsse die Nacht hereinbrechen. Wir haben fast ein persönliches Verhältnis zur See bekommen; beinahe glauben wir, daß der Sturm nur deshalb so lange bläst, damit wir unser Ziel nicht erreichen können. Das Heulen des Windes klingt wie Hohngelächter in unseren Ohren, und es fällt immer schwerer, uns in Geduld zu üben. Das Bedrückendste ist die Vorstellung, so kurz vor dem Ziel zu scheitern.

»Es kann schließlich nicht ewig stürmen«, beruhigen wir uns gegenseitig. Und tatsächlich scheint uns der Luftdruck recht zu geben. Seit gestern klettert das Barometer langsam, aber beharrlich nach oben, zeigte heute morgen einen Luftdruck von 989 Millibar, um 12 Uhr 990 und endlich am nächsten Morgen 1000 Millibar. Tatsächlich herrscht heute, am 16. Tag, nachdem wir Pt. Williams verlassen haben, nach langer Zeit wieder eine andere Wetterlage. Über Nacht hat es etwa zehn Zentimeter Neuschnee gegeben, es weht ein leichter Nordwestwind mit 5 bis 6 Knoten, die See ist – abgesehen von der vom Sturm verursachten Dünung – ruhig, die Luft erscheint klar und kalt, und am Himmel zeichnen sich Kumuluswolken ab. Jetzt oder nie! lautet un-

Tagelang werden wir vom Sturm festgehalten. Um nicht zuviel Zeit zu verlieren, paddeln wir auch bei stürmischer See und geraten dabei immer wieder in schwierigste Situationen.

sere Devise. Kaum nehmen wir uns die Zeit zu frühstücken, wir sind unruhig und aufgeregt wie Kinder. Innerhalb kürzester Zeit sind die Boote beladen und zum Strand gebracht, wir verabschieden uns ein viertes, hoffentlich letztes Mal von den Soldaten und lassen uns schließlich mit einem kräftigen Schwung durch die Brandung hinausschieben.

Während wir auf die Bahia San Francisco zufahren, laufen sie an der Küste entlang auf die Klippe, um von dort aus unser Vorankommen zu beobachten. Wir kommen heute besser und schneller vorwärts als bei den vorangegangenen Startversuchen; dennoch jagt einem die hohe Dünung Ehrfurcht ein und läßt einen spüren, wie klein und zerbrechlich man im Grunde genommen ist. Wir erreichen den Südzipfel der Isla Herschel, fragen uns gegenseitig, ob alles okay ist, und beginnen dann aus Leibeskräften, nach Süden zu paddeln. Wir spüren deutlich, daß die Strömung uns nach Osten versetzt, und so müssen wir ein wenig gegenhalten, um diese Abdrift ausgleichen zu können. Während wir einerseits das Gefühl haben, uns schnell von der Küste der Herschel-Insel zu lösen, so scheint paradoxerweise andererseits die Küste der Isla Hornos nicht näher zu kommen. Noch nie habe ich die Urgewalt und die Kraft, die in der See steckt, stärker gespürt als gerade hier in diesen Zonen. Irgendwie habe ich das Gefühl, als wenn das Wetter ein Einsehen mit uns hat und uns gnädig passieren läßt. Eine kleine Laune, eine plötzliche Veränderung des Wetters, und schon wären wir in höchster Not. Da es sich um eine relativ kurze Entfernung handelt, paddeln wir mit aller Kraft, um diese Distanz so schnell wie möglich hinter uns zu bringen. Kraft zu sparen wäre hier eine falsche Taktik, denn sie würde bedeuten, daß man sich länger der Gefahr aussetzt. Langsam nimmt die Küste vor uns Konturen an, wir können Einzelheiten erkennen und sogar eine Bucht ausmachen, in der wir zunächst anlanden wollen. Gerade rechtzeitig, wie mir scheint, denn der Wind hat wieder auf Süd gedreht, und wie ein böses Omen beginnt der Barometer plötzlich wieder zu fallen.

Um 9.30 Uhr waren wir heute morgen aufgebrochen. Um 11.40 Uhr fahren wir in eine kleine Bucht an der Nordküste der Isla Hornos ein, arbeiten uns durch ein Gewirr von Seetang hindurch, bis wir schließlich an einem steinigen, steilen Strand die

Boote durch die Brandung bringen und endlich mit beiden Bei-
nen auf der Hoorn-Insel stehen. Wir sind ausgelassen, schütteln
uns die Hände und trinken jeder einen kleinen Schluck chilenischen Schnaps, den wir extra für diesen Anlaß mitgeführt haben.
Rasmus, wie das Meer unter Seeleuten genannt wird, bekommt
traditionsgemäß auch einen Schluck. Wir straucheln durch
schneebedecktes Gestrüpp, klettern auf einen Hügel, um von
dort aus besseren Ausblick zu haben. Selten zuvor haben wir uns
so frei und ausgelassen gefühlt wie in diesem Moment. Eine
Zentnerlast ist von uns gefallen. Wir haben den ersten Teil unserer Aufgabenstellung erfolgreich beendet, indem wir die Isla
Hornos erreicht haben. Jetzt würde es sich zeigen, ob wir auch
das andere Ziel, das die Krönung der gesamten Expedition bedeuten würde, erreichen können. Gemeint ist die vollständige
Umrundung der Isla Hornos, die es in dieser Form noch nicht
gegeben hat.

Wir steigen wieder in die Boote und fahren dicht unter der
Küste in südöstlicher Richtung. In der Nähe des Ostkaps sehen
wir einige kleine Hütten stehen, die wiederum zur chilenischen
Marine gehören. Wir fahren jedoch an der Bucht vorbei, von der
aus ein steiler Pfad zu den Hütten hochführt, um zumindest das
Ost-Kap zu umrunden und zu sehen, was uns dort erwartet.
Während wir noch immer ein wenig unter Landschutz um die
Ecke sehen können, bemerke ich plötzlich, daß mit meiner Ru-
deranlage etwas nicht stimmt. Irgend etwas scheint sich an den
Fußpedalen gelöst zu haben, so daß ich treten kann, wie ich will
– das Ruder gehorcht mir nicht mehr. Schnell ziehe ich das Blatt
mit Hilfe der dafür vorgesehenen Schnur aus dem Wasser, damit
es mich zumindest nicht behindert. Faltboote sind viel träger in
ihrer Reaktion als beispielsweise ein Kajak. Somit habe ich bei
dem rauhen Wasser meine liebe Mühe, das Boot in die jeweils
gewünschte Richtung zu bringen. Ohnehin ist das, was wir dort
sehen können, derart furchterregend, daß wir zunächst, ohne
lange zu überlegen, abdrehen und den Versuch für heute vergessen.

Dem Kap sind etliche Klippen und Untiefen vorgelagert, die
kaum sichtbar aus dem Wasser herausragen. Aus Südwesten
kommt eine monströse Dünung, die sich dann plötzlich und un-

vermittelt über diesen Klippen bricht. Es sieht aus, als wenn ein Berg zusammenstürzt. Die Wellenberge werden steiler und immer kehliger, schließlich beugen sie sich nach vorne über und brechen unter unglaublichem Getöse zusammen. Man kann sich einfach nicht in ein solches Inferno hineinbegeben, ohne einen kolossalen Schrecken davonzutragen. Überall scheinen sich die Seen zu brechen, links und rechts von uns schäumt und sprudelt es überall. Somit sind wir froh, als wir endlich in die geschützte Bucht einfahren und dort unsere Boote an Land ziehen. Wir gehen den steilen Pfad zu den Hütten hoch. Auch hier bemerkt man unser Kommen erst, als wir mitten im Wohnraum der einen Hütte stehen. Über Funk hatte man erfahren, daß wir heute die Überquerung der Bahia San Francisco versuchen wollten, und ist somit auf unser Eintreffen vorbereitet.

Noch am gleichen Tag machen wir einen Rundgang, wobei man uns allerdings ausdrücklich ermahnt, auf gar keinen Fall die ausgetretenen Pfade zu verlassen, da wir ansonsten Gefahr laufen, in einen Minengürtel hineinzutappen. Ungläubig schauen wir uns an, schütteln mit den Köpfen und gehen nach draußen. Von einem kleinen Vorsprung aus können wir endlich die Untiefen erkennen, die dem Ostkap vorgelagert sind und die uns vorhin so maßlos erschreckt haben. Selbst von hier oben sieht es furchterregend aus, noch nie habe ich ein derartiges Chaos auf der See gesehen. Nach Westen hin erstreckt sich zunächst eine weite Bucht, die schließlich in einer Landzunge endet, die sich weit nach Süden hin in das Meer hineinschiebt. Diese Landzunge läuft in einem steilen Grad nach oben, um in einer Höhe von 400 Metern in einem Plateau zu enden. Die Seiten und Schultern dieses Grades sind zerklüftet und von bizarren Felsnadeln gespickt, so daß man den Eindruck haben könnte, es handele sich um ein Hochgebirge. Auf einer kleinen Felsnase im unteren Teil des Grades sehen wir einen Leuchtturm aufblinken – vor uns liegt Kap Hoorn!

Unternehmen Kap Hoorn

Die nächsten zwei Tage stürmt es heftig und beharrlich. Der Luftdruck fällt mit einer bemerkenswerten Geschwindigkeit und erreicht am 6. Mai den tiefsten Stand seit Beginn der gesamten Expedition. Bei 961 Millibar bleibt die Nadel des Barometers endlich stehen, der Sturm rast mit über 100 Stundenkilometern aus Westen heran und reißt alles mit sich fort, was nicht fest im Boden verankert ist. Vereinzelte Böen prallen mit derartiger Wucht gegen die Hütte, daß sie in ihren gesamten Verbänden zittert und scheinbar nur unwillig diese Behandlung erduldet. Was sich draußen auf See abspielt, vermögen Worte allein nicht zu schildern. Ich habe als Kind manche Sturmflut auf der Insel Sylt erlebt, bin während meiner Seefahrtszeit mehrfach in Stürme geraten und kenne das Bild eines vom Sturm aufgewühlten Meeres recht gut. Was sich hier draußen vor der Insel Hoorn und an deren Klippen jetzt abspielt, übersteigt allerdings meine Vorstellungskraft. Durch den nunmehr tagelang anhaltenden Sturm aus westlicher Richtung hat sich das Meer zu einem einzigen Inferno entwickelt.

Südlich der Isla Hornos fällt der Meeresboden steil auf über 2000 Meter Tiefe ab. Es handelt sich also um eine echte Tiefsee, wo sich ganz andere Seegangsdimensionen entwickeln können, als dies in einem relativ flachen Gewässer wie etwa der Nordsee möglich ist. Zwar mag die Nordsee stürmisch und gefürchtet sein, niemals aber wird sich dort eine vergleichbar hohe Dünung entwickeln, wie dies in der Kap-Hoorn-Region der Fall ist. Ein alter Kap Hoornier, der selbst mehrfach auf der Priwall um die Hoorn gesegelt ist, sagte mir einmal, daß es nahezu unmöglich sei, die Größenverhältnisse der aufgewühlten Hoorn-See fotografisch zu dokumentieren oder sie gar einem Laien in Worten darzustellen. Jemand, der es nicht erlebt hat, könne sich einfach nicht vorstellen, wie es ist, wenn eine Welle von der Größe eines fünfstöckigen Hauses auf einen zurollt, um alles Lebende unter sich zu begraben. Dabei muß man immer bedenken, daß ein Liter Wasser ein Kilogramm schwer ist, und was ist schon ein Liter bei derart gewaltigen Wellenbergen!

Während ich auf die kochende See hinausblicke, erinnere ich mich daran, während der Vorbereitungsphase in einem Buch zweier deutscher Yachtsegler einen Bericht über eine 14 Meter lange Segelyacht gelesen zu haben, die bei dem Versuch, die Hoorn zu umrunden, von einer gewaltigen See erfaßt wurde, durchkenterte und dabei entmastet wurde. Der Skipper und seine Frau galten als erfahrene Segler, und die Tsu-Hang war eine stabile und seetüchtige Segelyacht. Was für ein Gefühl muß es gewesen sein, als die Frau alleine auf Wache am Ruder stand und plötzlich von achtern eine Welle heranrollen sah, die viel höher als alle anderen und so hoch und steil aufgebaut war, daß sie die Yacht nicht etwa in die Höhe hob, sondern sie überrollte und unter ihren Wassermassen begrub. Wie durch ein Wunder gelang es der Mannschaft, das Boot notdürftig zu reparieren und die von der Wucht des Anpralls aus dem Cockpit geschleuderte Frau wieder an Bord zu ziehen. Mit seemännischem Geschick, Improvisationsgabe und sicherlich auch mit ein wenig Glück gelang es der Crew, das angeschlagene Boot in einen Hafen zu bringen, in dem es repariert werden konnte.

Ein Jahr später, nach erfolgter Reparatur, unternahm die Crew den erneuten Versuch, das Kap zu umrunden, der damit endete, daß die Tsu-Hang ein weiteres Mal überrollt und entmastet wurde. Da man verständlicherweise nach diesen Erfahrungen die Nase gestrichen voll hatte und zudem wohl auch die Faustregel, daß aller guten Dinge drei sind, fürchtete, wurde die Yacht auf einen Frachter verladen und trat auf diese Art und Weise ihre Heimreise an. Andere Schiffe, auch viel größere als die Tsu-Hang, die von einem solchen Kaventsmann überrollt wurden, entgingen nicht so glimpflich ihrem Schicksal und versanken mit Mann und Maus in den eisigen Fluten. Wie alptraumhaft muß das Gefühl sein, wenn man eine solche mehrstöckige Wand aus Wasser auf sich zukommen sieht und macht-

Schwerer Sturm auf der Isla Hornos. Wieder müssen wir abwarten.

los erkennen muß, daß es kein Entrinnen vor ihr gibt. Während heutzutage bei jedem Schiffsuntergang zumindest noch die Hoffnung besteht, daß man durch Flugzeuge oder andere Schiffe entdeckt und gerettet werden kann, so war im Zeitalter der Rahsegler ein Untergang in diesen Gewässern auch gleichbedeutend mit dem Tod, denn die Schiffe jener Zeit verfügten nicht einmal über Funkgeräte, mit deren Hilfe eine Havarie hätte bekanntgegeben werden können. Die Schiffe verschwanden spurlos und endgültig, und meistens kannte man nicht einmal den ungefähren Ort des Dramas.

Während der Sturm tobt, repariere ich im Schutz der Hütte die Fußsteuerung meines Bootes. Eine Niete ist aus der Halterung herausgebrochen und wird von mir durch eine neue ersetzt. Eine kleine Sache mit großer Wirkung, über die ich insofern froh bin, als daß sie vor und nicht während der Hoorn-Umrundung eintrat. Ansonsten scheinen die Boote in bestem Zustand zu sein.

Während ich noch an der Steuerung arbeite, hält Rainer ein großes, in Leder gebundenes Buch auf den Knien, in dem er immer wieder kopfschüttelnd herumblättert. Dieses Buch hatte man uns ziemlich gleich nach unserer Ankunft vorgelegt, und bei näherer Betrachtung entpuppte es sich als – man höre und staune – Gästebuch! Ein Gästebuch auf der Isla Hornos – das ist nun wirklich das Letzte, womit wir gerechnet haben. Seitenweise füllen die Kommentare amerikanischer, japanischer, britischer und natürlich auch bundesdeutscher Touristen das Buch. Mit dem Wort ›Überraschung‹ wäre unser Zustand nur unvollständig beschrieben. ›Betroffenheit‹ wäre wohl der richtigere Begriff. Es sind zu viele Namen und Kommentare in diesem Buch, als daß man jeden einzelnen lesen und zurückverfolgen kann. Nur ganz vereinzelt können wir Eintragungen entdecken, die von Seglern stammen, die hier kurz Station machten, bevor sie ihre Hoorn-Umrundung fortsetzten. Wenn überhaupt, dann hatten wir nur derartige Eintragungen erwartet. Während die Notizen der Segler, meistens mit knappen Worten, Ankunft, Name des Schiffes, Heimathafen und Ziel angaben und höchstens noch einige Bemerkungen zum Wetter einfließen ließen, so waren die Eintragungen anderer Hoorn-Besucher, überwiegend amerikanischer Nationalität, in nahezu hysterischer und selbstgefälliger Art und Weise abgefaßt. Sie alle waren an Bord der World Discoverer sowie der Lindblad Explorer hierher gelangt, zwei für touristische Belange konstruierte und sehr seetüchtige Schiffe.

40 Knoten Wind, entsprechend 74 km/h, als konstante Windge- schwindigkeit. Die Böen liegen oftmals weit darüber.

Die Passage auf einem dieser Schiffe ist unter 7000 Mark nicht zu erhalten und gilt unter Insidern als die ausgefallenste und interessanteste Art, seinen gehobenen Urlaubsansprüchen gerecht zu werden. Die durchweg älteren Passagiere werden bei gutem

Rainer Neuber hat große Schwierigkeiten, sich dagegen anzustemmen.

Wetter ausgebootet, an Land gebracht und zum Gästebuch in die Marinestation geführt. So einfach ist das! Kap Hoorn ist zum Touristentreff geworden, wie der Canal Grande in Venedig oder die Freiheitsstatue von New York. Sicherlich gilt dies nur für eine relativ kleine und potente Käuferschicht touristischer Angebote, und warum um alles in der Welt sollen Müllers oder Meiers nicht an Bord eines Luxusschiffes hierher fahren dürfen. Der schriftlich fixierte Ausruf eines Amerikaners, der seiner Euphorie mit dem Satz Ausdruck verleiht: »Now I have done them both, Cape of Good Hope and Cape Horn!« – zu Deutsch: »Jetzt habe ich sie beide geschafft, das Kap der Guten Hoffnung und Kap Hoorn« – läßt deutlich erkennen, daß man sich nur allzugern auf die Stufe eines Magellan, eines Segelschiffkapitäns oder eines Sir Francis Chichester stellen mag. Viele der Touristen scheinen sich als wahre Seehelden und echte Kap Horniers zu fühlen, so sollte man zumindest beim Lesen dieser Zeilen meinen. Daß es einen maßgeblichen Unterschied zwischen einem Segelschiff und einem hochmodernen Touristenkreuzer gibt, wird dabei geflissentlich übersehen. Ich habe im Prinzip gar nichts dagegen einzuwenden, daß andere Leute, auf welche Art auch immer, hierherkommen und diesen Moment entsprechend zelebrieren.

Mit welchem Recht auch dürfte ich mich dagegen verwahren? Ich selbst bin ja schließlich auch hier und freue mich entsprechend darüber. Gleiches Recht für alle, sollte man meinen, und durch Minenfelder und Geschützstellungen wird die Insel sicherlich mehr in Mitleidenschaft gezogen als durch das vereinzelte Eintreffen von Passagierdampfern. Trotzdem fühle ich mich irgendwie elend, und Rainer geht es genauso. Es ist purer Egoismus, der uns zu schaffen macht. Wir wären nun einmal am liebsten allein hier! Wenn jemand die Mühsal und Gefahr eines Mount-Everest-Aufstieges auf sich nimmt und schließlich erschöpft und müde am Gipfel eintrifft, nur um dort eine mit Sauerstoffflaschen und mit dick gepolsterten Daunenjacken ausstaffierte Kaffeerunde anzutreffen, die mittels Hubschrauber dorthin gelangt ist, dann wird er vermutlich genauso überrascht und enttäuscht zugleich sein, wie wir es sind. Zu unterschiedlich ist der persönliche Background, ist die Fortbewegung. Es paßt einfach nicht in unser Konzept, und das irritiert uns.

Um der Eintönigkeit und Langeweile der Station zu entrinnen, gehen Rainer und ich trotz Sturm und Regen immer wieder nach draußen, um auf Wanderungen die Insel zu erkunden. Das Gelände ist uneben und mit einer teilweise mannshohen Art von Schilfgras bewachsen. Bäume sind hingegen gar nicht vertreten, das einzig Artverwandte ist ein zähes und nahezu undurchdringliches Gestrüpp, das einen auf Schritt und Tritt am Vorankommen hindert. Lange sitzen wir auf dem Ostkap und sehen fasziniert zu, wie sich die Seen an den Klippen brechen. Wir überlegen lange, in welcher Richtung wir die Isla Hornos umrunden wollen, entweder in Ostwest- oder Westost-Richtung. Die Westost-Richtung hätte den Vorteil, daß wir Wind und Strömung mit uns hätten und somit schneller aus dem gefährlichen Revier herauskämen. Der Nachteil wäre, daß wir zunächst vom Ostkap, wo wir uns derzeit aufhalten, eine ganze Strecke nach Nordwesten paddeln müßten, um das Westkap der Isla Hornos runden zu können und dann entsprechend unseren Weg nach Osten um das Kap herum einzuschlagen.

Vom Ostkap bis zum Westkap würden wir vermutlich zwei Stunden benötigen. Das würde jedoch für uns bedeuten, daß wir bei einer etwaigen Wetterverbesserung rund zwei Stunden in der Leeseite der Insel verschenken würden, bevor wir den eigentlich schwierigen und gefährlichen Teil angehen würden. Zwei Stunden gutes Wetter ist für die derzeit herrschende Großwetterlage schon eine bemerkenswert lange Zeit, so daß wir es uns einfach nicht leisten können, eine derartige Zeitspanne für eine relativ geschützte Strecke zu verwenden. Es könnte uns nämlich ohne weiteres passieren, daß wir zwar nach zwei Stunden das Westkap erreichen, dann aber feststellen müssen, daß sich das Wetter wiederum erheblich verschlechtert hat und wir unsere Umrundung nicht, wie geplant, fortsetzen können. Da uns langsam die Zeit wegzulaufen droht und wir zudem des ständigen Wartens überdrüssig sind, wollen wir nicht Gefahr laufen, wiederum für einige Tage durch anhaltend schlechtes Wetter festgehalten zu werden. Somit beschließen wir, die Umrundung des Kap Hoorn in Ostwest-Richtung durchzuführen, was zwar den Nachteil hat, daß uns Strom und Wind genau entgegenkommen, wir aber quasi direkt vom Start weg in den schwierigen Teil der Passage eintreten und das gemäßigte Wetter von der ersten Minute an für uns nutzen können. Alles, was uns jetzt noch fehlt, ist die Wetterbesserung!

In der Station herrscht helle Aufregung und Geschäftigkeit. Über Funk hat man den Soldaten mitgeteilt, daß ein Versorgungsschiff von Pt. Williams unterwegs sei, um ihnen die langersehnte Ablösung zu bringen. Eigentlich sollte das Schiff schon vor einigen Tagen eingetroffen sein; durch das anhaltend schlechte Wetter wurde es allerdings gezwungen, in einer geschützten Bucht vor Anker zu gehen. Da die Meteorologen offensichtlich eine zumindest kurzfristige Wetterbesserung vorhersagen, will man nach Möglichkeit morgen früh die Isla Hornos anlaufen. Die Aussicht auf die angekündigte Wetterbesserung läßt uns neuen Mut schöpfen und mit der Zuversicht ins Bett gehen, daß wir morgen die Hoorn-Umrundung durchführen können.

Früh am nächsten Tag werden wir durch eifriges Hin- und Hergelaufe der Soldaten geweckt und schließen daraus zu Recht, daß sich das Versorgungsschiff nun endgültig auf den Weg zur Isla Hornos gemacht hat. Unsere Vermutung ist richtig! Ein Blick aus dem Fenster läßt deutlich erkennen, daß der Wind ein wenig nachgelassen hat und zumindest auch eine gewisse Beruhigung der See eingetreten ist. Dafür hat sich allerdings Nebel breitgemacht, und gelegentlich schneit es. Von einer Anhöhe aus können wir das nahende Versorgungsschiff der chilenischen Marine erkennen, das furchtbar in der aufgewühlten See rollt und stampft. »Nichts für schwache Mägen«, grinst Rainer, »dort ist sicherlich heute die Kombüse kalt geblieben.« Wenig später fallen beide Buganker in der geschützten Bucht an der Nordseite der Isla Hornos, und mit großen Schlauchbooten beginnt sodann das Ausbooten der neuen Crew sowie der Verpflegung – eine überaus nasse Angelegenheit, bei der das Schlauchboot beim Anlanden mehrfach umschlägt und allesamt naß bis auf die Haut werden. Zu unserem großen Erstaunen ist sogar der Kommandant von Pt. Williams an Bord des Versorgungsschiffes sowie ein Marinepfarrer, die sich nun beide mittels Hubschrauber von Bord des Schiffes zur Station übersetzen lassen.

Nicht jeder Startversuch geht erfolgreich aus, manchmal endet

er auch in einem ›erfrischenden Bad‹.

Im Schutz der Hütte setzen wir uns gemeinsam um einen Tisch und lauschen mit Spannung dem Wetterbericht, den uns der Kommandant mitgebracht hat. Demnach handelt es sich bei der Wetterbesserung lediglich um ein Zwischenhoch, das vermutlich den ganzen heutigen Tag anhalten wird, um bereits morgen, wenn nicht gar schon in der Nacht, durch ein weiteres ausgedehntes Sturmtief abgelöst zu werden. Wenn wir nicht noch eine Woche länger hier warten wollten, so der Kommandant, dann sollten wir ernsthaft überlegen, ob wir nicht heute nachmittag die Unternehmung durchführen könnten. Momentan scheint die See nach Süden hin durch den vorangegangenen Sturm noch zu aufgewühlt, als daß wir uns dort mit den Booten hineinwagen könnten. Selbst mit dem großen Versorgungsschiff würde er zur Zeit nicht um das Kap herumfahren, fügt der Kommandant hinzu. In drei, vier Stunden könne sich das Meer aber zumindest soweit beruhigt haben, daß eine reelle Chance bestünde – mehr aber auch nicht! Der Kapitän des Schiffes läßt über UKW immer wieder nachfragen, ob das Entladen nicht beschleunigt werden könne, da er so schnell wie möglich den Ort wieder verlassen wolle.

Dem Pfarrer zeigen wir auf unserer Seekarte die einzelnen Etappen und geben ihm dazu entsprechende Informationen, da er einen Bericht für die Presse abfassen will. Er hat viele Jahre in Paris studiert und spricht demgemäß perfekt französisch. Die Wärme und Herzlichkeit, die aus den Worten dieses Mannes klingt, geht uns nah. Obwohl weder Rainer und ich einer Religionsgemeinschaft angehören, nehmen wir die Einladung des Pfarrers an, einer Messe in der kleinen Kapelle beizuwohnen. Es herrscht eine eigentümliche Stimmung, als wir beide schließlich in die hölzerne, kleine Kapelle gerufen werden, in der zuvor vom Pfarrer ein provisorischer Altar aufgebaut wurde, auf dem die für das Heilige Abendmahl benötigten sakralen Gegenstände aufgebaut sind. Außer uns beiden ist nur der Kommandant von Pt. Williams anwesend.

Erst jetzt wird uns klar, daß der Pfarrer diese Messe offensichtlich extra unseretwegen abhält. Da wir des Spanischen nicht kundig sind, hält er seine Predigt zweisprachig, wobei er jeweils die Sätze erst auf spanisch sagt und sie anschließend auf französisch wiederholt. Wir nehmen am Abendmahl teil und erhalten anschließend den Segen. Die Zeremonie in dieser südlichsten Kapelle der Neuen Welt dauert nur etwa eine halbe Stunde, aber niemals werde ich diese feierlichen Minuten in dieser einfachen, ungeheizten und mit einem undichten Dach versehenen Kapelle vergessen. Die Worte des Geistlichen haben uns angesprochen, da aus ihnen deutlich wird, daß er uns nicht als Hasardeure oder Draufgänger betrachtet, sondern offensichtlich unser Anliegen, uns mit der Natur zu arrangieren und aus ihr zu lernen, erkannt hat und für gut heißt. Diese besinnlichen Minuten haben uns gutgetan und uns innerlich gestärkt. Beim Hinausgehen fällt unser Blick auf ein schweres Maschinengewehr samt Munitionskisten, die, wohl vor dem Sturm und Regen geschützt, in der Kapelle untergestellt sind. Welch ein Zynismus! Ein Maschinengewehr in einer Kapelle – was muß bei diesem Anblick im Kopfe des Pfarrers vorgehen?

Während wir in der Kapelle waren, ist das Auswechseln der Mannschaft sowie die Übernahme des Proviantes abgeschlossen, und der Hubschrauber wartet bereits auf den Kommandanten und den Pfarrer. Wir geleiten die beiden zum Hubschrauber, verabschieden uns per Handschlag von ihnen und ziehen uns dann schnell zurück, um nicht von den wirbelnden Rotorblättern fortgeblasen zu werden. Sobald der Hubschrauber an Bord gelandet ist, werden die Anker gelichtet, das Schiff sucht eilig den Weg zurück nach Pt. Williams.

Die Sicht ist zwar nach wie vor schlecht, aber soweit wir erkennen können, hat sich das Meer weiterhin ein wenig beruhigt, so daß wir uns endgültig entschließen, es heute zu wagen. Schnell sind die Boote verladen, wir wasserdicht in unsere Survival-Anzüge eingepackt, und schließlich – um 13.30 Uhr – helfen uns einige Soldaten, uns mit den Booten durch die Brandung zu schieben. Es ist heute der 7. Mai 1984.

Vier Stunden später, um 17.30 Uhr, stolpern bei völliger Dunkelheit zwei am Rande ihrer Erschöpfung stehende Gestalten aus ihren Booten, versuchen verzweifelt, festen Boden unter den Füßen zu bekommen, werden aber von heranrollenden Brechern mitgerissen, verschwinden sekundenlang im Wasser und schaffen es mit der letzten ihnen zur Verfügung stehenden Kraft, die vollgeschlagenen Boote die rutschige Felsböschung hochzuziehen und sie dort an einem Felsen festzubinden. Da beide bereits den Reißverschluß ihres Survival-Anzuges geöffnet hatten, steht ihnen jetzt das eisige Seewasser bis zum Hals im Anzug. Sie stolpern und rutschen einen verschneiten Schneehang hoch, finden ein einigermaßen ebenes Fleckchen Gras, wo sie ihr Zelt aufstellen können, fallen sich in die Arme und gratulieren sich gegenseitig. Es ist weniger die Freude über den Sieg, als vielmehr das Glück, noch am Leben zu sein, das sie in wachsender Lebensfreude fast in eine Euphorie geraten läßt. Sie haben einen Drahtseilakt hinter sich ohne Netz und doppelten Boden, haben dabei ständig mit einem Bein über dem Abgrund gestanden und haben ein erweitertes Verhältnis zu dem Begriff Leben gefunden. Sie sind erschöpft und zerschlagen, reich an neuen Eindrücken und Erfahrungen, sind glücklich über jede Minute, die sie leben dürfen und sind doch dabei vielleicht gealtert. Sie haben ihr Ziel, als erste Menschen Kap Hoorn im Winter mit Faltbooten zu umrunden, bei zudem sehr ungünstigen Witterungsverhältnissen, erreicht. Beide sind sich aber einig, daß ein winziger Moment Unkonzentriertheit, ein bißchen fehlende Konzentration, leicht einen anderen Ausgang herbeigeführt haben könnte. Es gehört auch Glück dazu, und beide sind sich einig, daß sie nie wieder die Nerven haben werden, das gleiche noch einmal in unveränderter Form zu durchstehen. Sie sind spürbar an ihre Grenzen gelangt und wissen, daß sie mehr nicht können.

Lohn der Angst

7. Mai, 13.30 Uhr

Dank der Unterstützung der Soldaten ist es uns gelungen, ohne nennenswerten Wassereinbruch den Start durch die Brandung zu bewältigen. Mit verschlossener Spritzdecke saßen wir im Boot, warteten eine günstige Welle ab und wurden dann von mehreren Soldaten gleichzeitig hinauskatapultiert, bevor die nächste Welle über dem Boot brechen konnte.

Jetzt liegen wir noch im Schutze der Bucht vor einem Seegrasgürtel und überprüfen ein letztes Mal unsere Boote. Die Steueranlage funktioniert, die Reservepaddel sind griffbereit gelascht, die Spritzdecke ist fest verschlossen, die Boote liegen gut ausbalanciert ohne Schlagseite im Wasser, die Survival-Anzüge sind fest verschlossen, Sicherungsleinen an den Booten angebracht, und die Unterwasserkamera hängt mir um den Hals, ohne daß sie mich beim Paddeln behindert. Wir verlassen die Bucht und paddeln zügig bis zu dem Punkt, an dem das Ostkap steil ins Meer abfällt, um schließlich in einer Reihe von Klippen und Untiefen auszulaufen. Obwohl wir noch voll im Schatten der Insel sind, macht sich schon jetzt ein gewaltiger Schwell bemerkbar. Wir fahren ein Stückchen weiter hinaus, um von der Küste frei zu kommen und wagen einen Blick um das Kap herum. Was ich dort sehe, läßt mir fast den Atem stocken. Eine riesige Dünung rollt aus südwestlicher Richtung heran, wird in der Nähe der Klippen immer steiler und beginnt, sich schließlich, wie wir es bei unserer Ankunft auf der Isla Hornos an der gleichen Stelle gesehen haben, in gewaltigen Kaskaden zu brechen. Wir manövrieren die Boote längsseits, besprechen uns kurz und legen einen Weg fest. Dann lösen wir uns endgültig von der Küste und fahren in ein Inferno hinein, wie ich es in vergleichbarer Form noch

Wir kommen uns vor wie in einer Achterbahn und fühlen uns wie Fremdkörper, die das Meer auszuspeien versucht.

nie zuvor erlebt habe. Wir müssen eine Passage durch die Untiefen und Klippen suchen, wobei wir uns manches Mal den schäumenden Ungetümen bedrohlich nähern.

Einen Moment versuche ich, die Wellenhöhe zu schätzen. Sind es zehn, fünfzehn, zwanzig Meter – ganz gleich wie hoch, noch nie, glaube ich, jemals zuvor derartige Urgewalt und Wellenhöhen gesehen zu haben. Die tatsächliche Höhe dieser Wellen scheint in diesem Augenblick auch unerheblich zu sein. Die

Empfindung, die von Furcht und Staunen geprägt wird, läßt die
Dimensionen verschwimmen und unkorrekt werden. Es sind natürlich keine fünfzehn oder zwanzig Meter hohe Wellen, wie wir
später erfahren werden, aber immerhin haben sie doch eine
durchschnittliche Höhe von acht Metern, die in Einzelfällen
deutlich darüber liegt. Bei solchen Seegangsverhältnissen in
einem Faltboot zu sitzen ist geradeso, als wenn man schwimmt.
Ich fühle mich als Fremdkörper, den das Meer mit aller Kraft

auszuspeien versucht. Wenn mein Herz in den vorangegangenen Wochen mehrfach in der Hose saß, so sitzt es jetzt mindestens in den Gummistiefeln. Wir fahren weiter hinaus. Eine Sekunde lang denke ich ans Umkehren. Ich bin verunsichert, ob wir es tatsächlich wagen sollen oder nicht.

Wie von einem inneren Zwang geleitet, fahre ich aber doch weiter. Rainer scheint ebenfalls entschlossen zu sein, er fährt voraus und ist bemüht, möglichst viel Freiraum zwischen den

Kap Hoorn zeigt sich uns von der unangenehmsten Seite.

brechenden Seen und sich zu bekommen. Sein Boot tanzt wie ein Korken auf dem Wasser, verschwindet für geraume Zeit in einem Wellental, um irgendwo wieder plötzlich aufzutauchen. Die See wird immer gefährlicher und steiler. Dort, wo der nach Osten ziehende Strom der Bahia San Francisco mit der aus südwestlicher Richtung kommenden Dünung zusammentrifft, entstehen Kreuzseen, die steil und zerklüftet aussehen und die die Kämme der Seen zum Brechen bringen. Hinzu kommt noch ein dritter Faktor, der uns zu schaffen macht, und zwar sind dies die zurückbrandenden Seen der an den Klippen zerborstenen Wellen. Die Energie einer solchen brechenden Welle ist nicht damit verpufft, daß sie an die Klippen geschmettert wird, sondern sie wird von den starren, unbeweglichen Felsen reflektiert, läuft aufs Meer unter der Oberfläche zurück und tritt dort irgendwo wieder nach oben, um mit unkontrollierbarer und unberechenbarer Form die Struktur des Wassers zu verändern. Eine Achterbahn – schießt es mir durch den Kopf –, es ist fast wie Achterbahnfahren.

In der Tat erinnern die Bewegungen, die die Boote vollführen, an eine Fahrt in einer Achterbahn. In einem Wellental angelangt, wird man plötzlich und jäh von der nächsten See in die Höhe gerissen, über den Kamm hinweggekippt, um schließlich die Fahrt in das nächste Tal anzutreten. Die Kreuzseen versetzen die Boote, lassen sie querschlagen und nur mit knapper Not dem Kentern entgehen. Jeder von uns kämpft für sich alleine. Eine Kommunikation ist nicht mehr möglich, ich finde nicht einmal mehr Zeit, Rainer mit den Augen zu suchen. Zu sehr bin ich mit mir selbst beschäftigt. Ich konzentriere mich ausschließlich auf die Bewegung des Bootes. Ein Blick zu den heranrollenden Seen wirkt derart schockierend, daß man für einen Moment in seiner Konzentration nachläßt und damit Gefahr läuft zu kentern. Uns darf alles passieren, nur keine Kenterung! Auf dem offenen Meer zu kentern, wäre schon unangenehm und schlimm genug. Hier aber würde eine Kenterung mit großer Wahrscheinlichkeit das Ende bedeuten, da wir unweigerlich von den Seen und der Strömung zur Küste hingetragen werden würden, um dort zusammen mit einer der Wellen in den Klippen zerschmettert zu werden. Kein Gedanke daran, daß der andere einem vielleicht

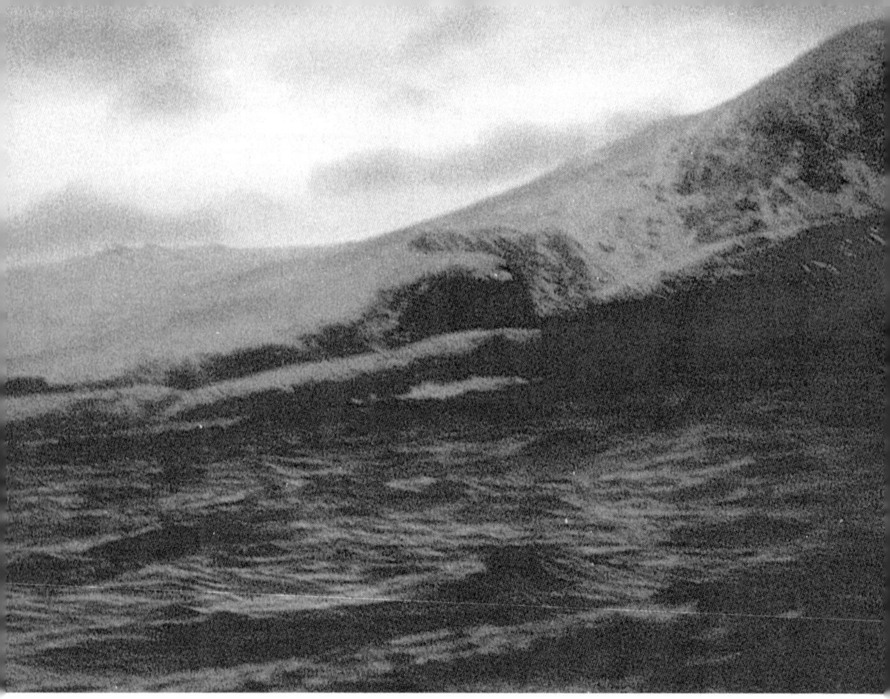

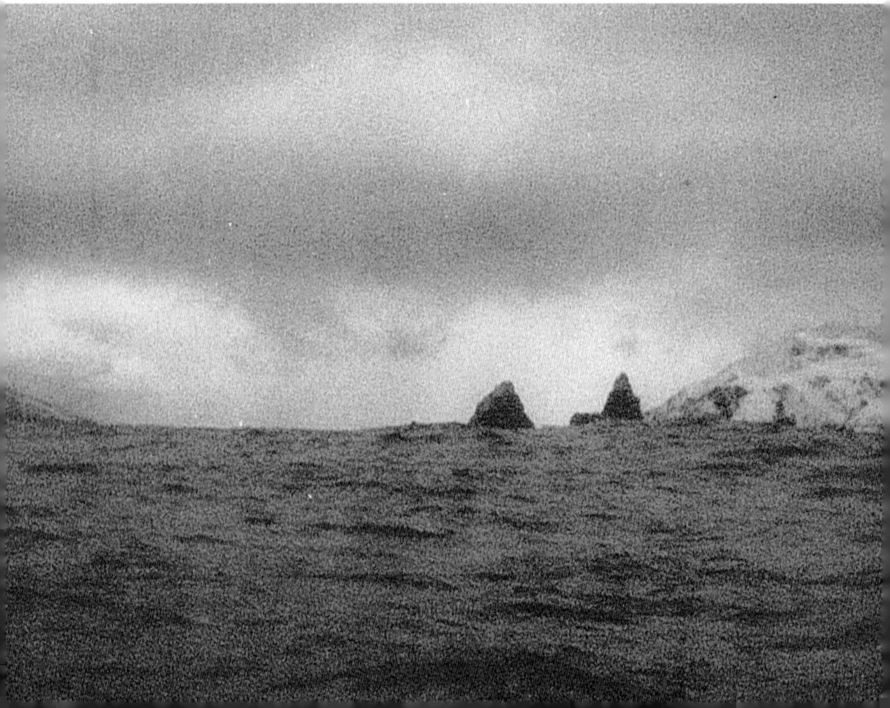

Nur gelegentlich
kann ich auf den
Auslöser der Ka-
mera drücken,
und selbst diese
wenigen Sekun-
den sind schon
fast zuviel. Im
Falle einer Kente-
rung ist keine
Hilfe vom Partner
zu erwarten, da
dieser selbst ums
Überleben
kämpft.

Genau um 15.15 Uhr liegt das legendäre Kap Hoorn querab.

helfen könnte. Hier ist jeder Einzelkämpfer, jeder muß mit sich selbst fertig werden. Der Partner würde vielleicht eine Kenterung nicht einmal mitbekommen, zu sehr ist er mit sich selbst beschäftigt, und selbst wenn er es sehen würde, könnte er dem anderen nicht helfen, ohne das gleiche Schicksal zu teilen.

Das Tosen und Donnern der brechenden Seen ist schon von
der Küste aus eindrucksvoll genug. Aus unserer Perspektive erscheint es grauenhaft. Sehen zu müssen, wie sich diese riesigen
Wellen aufbauen, langsam steiler und schließlich kehliger werden, wie sich in Streifen die Gischt auf den Kamm legt und sie

dann schließlich in einer endgültigen und sehr bestimmten Art und Weise zusammenbrechen, nimmt einem jeglichen Mut. Ich zwinge mich, den Blick von diesem Chaos loszureißen. Weder bei der Seefahrt noch bei der Atlantiküberquerung auf einem 13 Meter langen Segelboot vor einigen Jahren habe ich vergleichbare Situationen erlebt. Auch damals hatten wir Sturm mit Windstärke 10 bis 11 sowie eine schwere und hochgehende See.

Dennoch gibt es auf dem offenen Meer meistens eine gewisse Gleichmäßigkeit. Die Wellen kommen aus einer Richtung, und entsprechend kann sich der Seemann darauf einrichten. Hier, in unmittelbarer Nähe der Küste, scheinen sie aus allen Richtungen gleichzeitig zu kommen. Ich verliere jedes Gefühl für Zeit und staune, als ich plötzlich um das Ostkap herum bin und zu meiner Rechten die breite Bucht sehe, die zwischen dem Ostkap und dem eigentlichen Kap Hoorn liegt. Obwohl die Dünung unverändert hochgeht, gibt es hier momentan keine Kreuzseen, da wir aus dem Einzugsbereich der Bahia San Francisco sowie der Klippen weit genug entfernt sind. Wir können ein wenig Atem schöpfen, suchen gegenseitig Blickkontakt und nähern die mittlerweile weit auseinandergetriebenen Boote einander an, so daß wir uns unterhalten können. Im Vergleich zu dem, was wir eben erlebt haben, scheint hier das Wasser geradezu ruhig zu sein. Schräg hinter uns liegt auf einem langgestreckten Rücken die Marinestation, deren kleine Hütten nur als vereinzelte Punkte auszumachen sind. Vor uns zeichnet sich drohend hinter einem Dunstschleier das Kap Hoorn ab. Von Südwesten treibt eine schwärzlich-graue, unheilverkündende Wolkenwand auf uns zu, die, wie wir wissen, Schnee, Hagel und Wind in sich birgt. Ich mache einige Fotos mit der Unterwasserkamera, indem ich sie einfach vor dem Bauch geschnallt lasse und den Auslöser betätige. Ich wage es nicht, sie zum Auge zu führen, um einen genauen Bildausschnitt festzuhalten, sondern vertraue auf die Automatik, löse aus und hoffe, daß zumindest einige Fotos etwas werden mögen. Ich sehe Rainer in seinem Boot sitzen und mit seiner Filmkamera hantieren. Mir ist es völlig schleierhaft, wie er es schafft, in dieser rauhen See die Kamera zu führen und verschiedene kurze Einstellungen zu drehen. Immer wieder wird sein Boot überspült, die Kamera trieft und ist anschließend voll

Wasser gelaufen, so daß mit dem Ende der Filmrolle auch das Lebensende der Kamera erreicht ist.

Die Wolkenwand ist nähergekommen und versperrt uns vollständig die Sicht auf die Insel. Dichtes Schneetreiben setzt ein, es kommt Wind auf, und im Nu beginnt der Kampf ums Überleben auf ein neues. Die Sicht beträgt maximal 20 bis 30 Meter, so daß wir uns nicht nur auf den Seegang konzentrieren müssen, sondern darüber hinaus einen Kurs zu halten haben, der uns nicht direkt zu den Klippen führt. Ein gelegentlicher kurzer Blick zu den schäumenden Seen läßt einen spontan glauben, daß es das Letzte ist, was man auf dieser Welt zu sehen bekommt. Das Paddeln ist eine ununterbrochene extreme Kraftanstrengung. Ich merke, wie ich in meinem rechten Bein einen Krampf bekomme und versuche, den Schmerz zu ignorieren. Ich darf mein Bein weder strecken noch anders legen, denn ich muß mit beiden Füßen steuern, und das zu jeder Sekunde. Die Gelenke, die Muskeln, das Bein, alles schmerzt. An der steiler und konfuser werdenden See erkenne ich, daß wir uns offensichtlich wieder Klippen nähern. Kurze Zeit später kann ich es hören. Durch den Schnee und Nebel dringt deutlich das Donnern von Brechern zu mir herüber. Es ist wie Blindflug. Endlich reißt der Schleier ein wenig auf und läßt die wuchtigen Klippen des Kap Hoorn hervortreten. Was hatte ich mir vorgenommen zu fotografieren — jetzt habe ich kaum einmal Gelegenheit, auf den Auslöser zu drücken, und wenn ich es dennoch tue, dann bringt mich dieser kurze Moment in eine kaum vertretbare zusätzliche Gefahr. Die Foto- und Filmausbeute wird dürftig sein, aber das ist mir jetzt völlig egal.

Immer wieder waschen Brecher über das Deck, prallen mit einer enormen Wucht gegen meinen Oberkörper und nehmen mir fast den Atem. Es gibt Grundseen, die wie ein Pilz an die Wasseroberfläche treten, das Boot emporheben, nur um dann in sich zusammenzufallen und das Boot seinem Schicksal zu überlassen, das mit einem harten Schlag auf die Wasseroberfläche zurückfällt. Der Moment des Aufpralls ist der kritischste, weil dann sofort die See wieder dominiert und man einfach nicht immer voraussagen kann, welcher Natur die nächste Bewegung sein wird. Die einzelnen Wellen sind bedrohlich steil, und wenn man schließlich den schäumenden Kamm nach einer rasanten Steigung erreicht hat, dann wandert dieser Kamm in Sekundenschnelle unter dem Boot durch, das dann auf der anderen Seite für einen Moment in der Luft zu schweben scheint, bevor es klatschend aufs Wasser aufsetzt und die Talfahrt beginnt. Mehrfach drohe ich dabei zu kentern und kann mich nur dadurch retten, daß ich mich mit dem flachen Paddelblatt auf der Wasseroberfläche abstütze.

Um 15.15 Uhr habe ich Kap Hoorn genau querab. Lange habe ich auf diesen Moment gewartet und mir vorgenommen, ihn nicht nur fotografisch festzuhalten, sondern ihn auch zu verinnerlichen, ihn aufzusaugen. Jetzt hingegen gelingt es mir nur flüchtig, einen Blick hinüberzuwerfen, um mich dann sofort wieder den Bewegungen des Bootes zu widmen. Ich muß weiter – ich will fort hier. Nur gelegentlich erhasche ich einen Blick von Rainer, der mindestens 400 Meter von mir entfernt paddelt. Hinter dem Kap breitet sich eine weitere Bucht aus, in der es, durch eine Landzunge geschützt, eine Möglichkeit geben soll, mit Booten anzulanden. Obwohl uns dies bei den derzeitigen Seegangsverhältnissen sehr unwahrscheinlich erscheint, so haben wir die Landung in dieser Bucht doch immerhin als eine Notlösung angesehen. Einen Moment überlege ich, ob wir uns dorthin zurückziehen sollten. Allerdings habe ich nicht die leiseste Ahnung, wie es dort momentan aussieht und was eine Landung unter diesen Gegebenheiten tatsächlich bedeutet. Hinzu kommt, daß ich mich mit Rainer überhaupt nicht verständigen kann, und somit setze ich den Weg verbissen fort. Ein weiterer Punkt spricht gegen eine Landung in dieser Bucht: Nie wieder würden wir den Mut aufbringen können, uns ein zweites Mal in diese stürmische See zu begeben. Einmal und nie wieder!

Deutlich spüre ich den Tag schwinden. Es ist nicht etwa eine neue Wolkenwand, die jetzt den Himmel verdunkelt, sondern es ist ganz einfach die Dunkelheit, die langsam Einzug hält. Es ist nicht nur eine Fahrt gegen die See, sondern auch ein Rennen gegen die Zeit. Wir haben nämlich noch ein weiteres Kap vor uns, dem mehrere Klippen und Untiefen vorgelagert sind und das wir wohl kaum bei Dunkelheit heil passieren können. Ich paddele mit der Kraft der Verzweiflung und habe doch das Gefühl, auf der Stelle stehen zu bleiben. Wir fahren jetzt mehr in nordwestlicher Richtung, und demgemäß rollt die See schräg von achtern heran. Mehrfach gerate ich beinahe ins Surfen, kann das drohende Verhängnis nur im letzten Moment abwehren. Es wir deutlich dunkler! Vor mir sehe ich die Schaumkronen von Brechern aufblitzen, die sich immer wieder an der gleichen Stelle zu brechen scheinen. Es müssen die Untiefen des Westkaps sein, die Ras Cathedral genannt werden und wegen ihrer Kreuzseen gefürchtet sind.

Mit dem letzten Tageslicht fahre ich auf das Kap zu, höre nur noch im Unterbewußtsein das Brüllen der Brandung und sehe vereinzelt die weiße Gischt wie die Reißzähne eines Raubtieres in der beginnenden Nacht aufblitzen. Es ist mir jetzt jedoch egal, macht mir kaum noch Angst. Ich bin zu erschöpft und leergebrannt, um zu denken oder um Angst zu haben. Mein Geist belastet sich nicht mit störenden Einflüssen, sondern konzentriert sich gänzlich auf die Bewegungen des Bootes, den Seegang und die Koordination meiner Bewegungen. Der Körper arbeitet mechanisch und stur. Ich spüre nicht mehr die Schläge der Seen, ich fliege durch eine wilde, schäumende Landschaft und staune höchstens, daß ich noch immer im Boot sitze. Es gibt kein Gestern und kein Morgen, es gibt nicht die Frage nach dem Warum, das einzige was zählt ist, daß ich paddele, daß ich mich vorwärtsbewege. Wie lange sitze ich im Boot: eine Stunde, zwei, einen Tag oder schon gar eine ganze Woche? Die Zeit, die hinter uns liegt, ist belanglos; schon die Sekunde, die eben verstrichen ist, verliert an Bedeutung, da nur der momentan gelebte Zeitraum zählt. Die Nacht legt sich schwer und dunkel wie ein Leichentuch über Land und Meer. Kein Mond, kein einziger Stern ist sichtbar. Ich bin um das Kap herum und fahre nunmehr von Westen in die Bahia San Francisco ein.

Schlagartig läßt der Seegang nach. Ich traue meinen Sinnen nicht, vermute fast eine Hinterlist in Form einer besonders großen See, die mich endgültig überrollt. Doch dieses Mal bleibt es ruhig. Rainer, der als erster das Kap passiert hat, läßt sich treiben und wartet, bis ich herangekommen bin. Wir reden nicht viel, haben es offensichtlich noch gar nicht kapiert, daß wir wieder in Sicherheit sind. Wir steuern die nächstbeste Bucht an, um irgendwo eine Möglichkeit zum Anlanden zu finden. Plötzlich fällt eine bleierne Müdigkeit über mich herein. Jeder einzelne Paddelschlag scheint mir zuviel, meine Muskeln, mein ganzer Körper und auch mein Geist scheinen gegen den Vorgang des Paddelns revoltieren zu wollen. Wir glauben, im Dunkeln einen geeigneten Landeplatz ausfindig gemacht zu haben und fahren darauf zu. Wenig später stehen wir völlig durchnäßt und mit vollgeschlagenen Booten noch ein wenig steif und unsicher auf den rutschigen Felsen der Isla Hornos. Wir stehen wieder auf der Nordseite, von der aus wir vier Stunden zuvor zu dieser Fahrt gestartet sind. Vier Stunden – nie zuvor habe ich die Relativität des Begriffes Zeit so sehr erfahren wie auf dieser Kap-Hoorn-Umrundung. Diese vier Stunden sind für uns beide mehr als lediglich der Zeitraum von 13.30 bis 17.30 Uhr. Er ist ein Teil unseres Lebens, den wir nie vergessen werden, der uns eine andere Dimension des Existierens gelehrt hat.

Einsames, entlegenes Ziel am Horizont, als ständige Herausforderung für den Seefahrer bekannt, es anzusteuern, selbst wenn er es fürchtet.

Eine Ehrung, Seefahrer, die dich einschließt, der du unter Einsatz deines Lebens eines kennenlernen wolltest: Es grüßt dich aus diesem entlegenen Winkel chilenischer Erde das majestätische Cabo de Hornos, das du zu besiegen verstandest!

Der kommandierende Befehlshaber des III. Marinebezirks und der Befehlshaber des Marinedistriktes Beagle bescheinigen, daß Herr Arved Fuchs am 8. Mai 1984 das Cabo de Hornos mit einem Kajak umrundet hat.

Übersetzung: Inge Sapel

Nach unserer Rückkehr wird uns vom Kommandanten der chilenischen Marine eine Urkunde ausgestellt, die bescheinigt, daß wir Kap Hoorn ›an Bord eines Kajaks‹ umrundet haben.

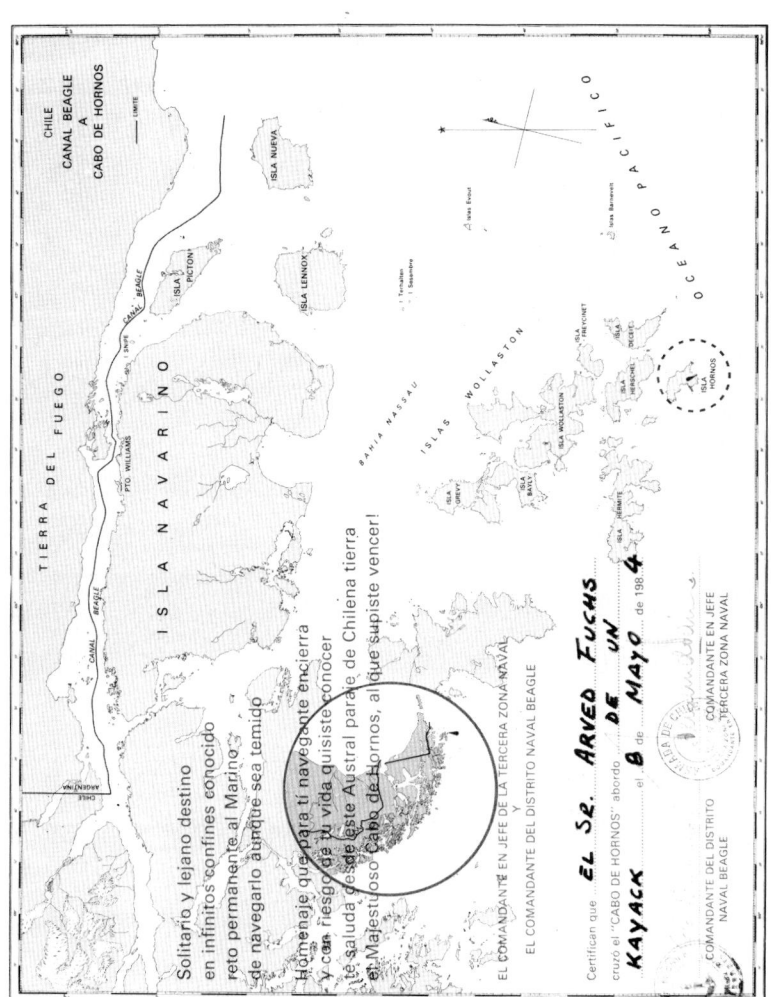

CHILE
CANAL BEAGLE
A
CABO DE HORNOS

Solitario y lejano destino
en infinitos confines conocido
reto permanente al Marino
de navegarlo aunque sea temido

Homenaje que para ti navegante encierra
y con riesgo de tu vida quisiste conocer
te saluda desde este Austral paraje de Chilena tierra
el Majestuoso Cabo de Hornos, al que supiste vencer!

EL COMANDANTE EN JEFE DE LA TERCERA ZONA NAVAL
Y
EL COMANDANTE DEL DISTRITO NAVAL BEAGLE

Certifican que _EL SR. ARVED FUCHS_
cruzó el "CABO DE HORNOS" abordo _DE UN_
KAYACK el _8_ de _MAYO_ de 198_4_

COMANDANTE DEL DISTRITO
NAVAL BEAGLE

COMANDANTE EN JEFE
TERCERA ZONA NAVAL

191

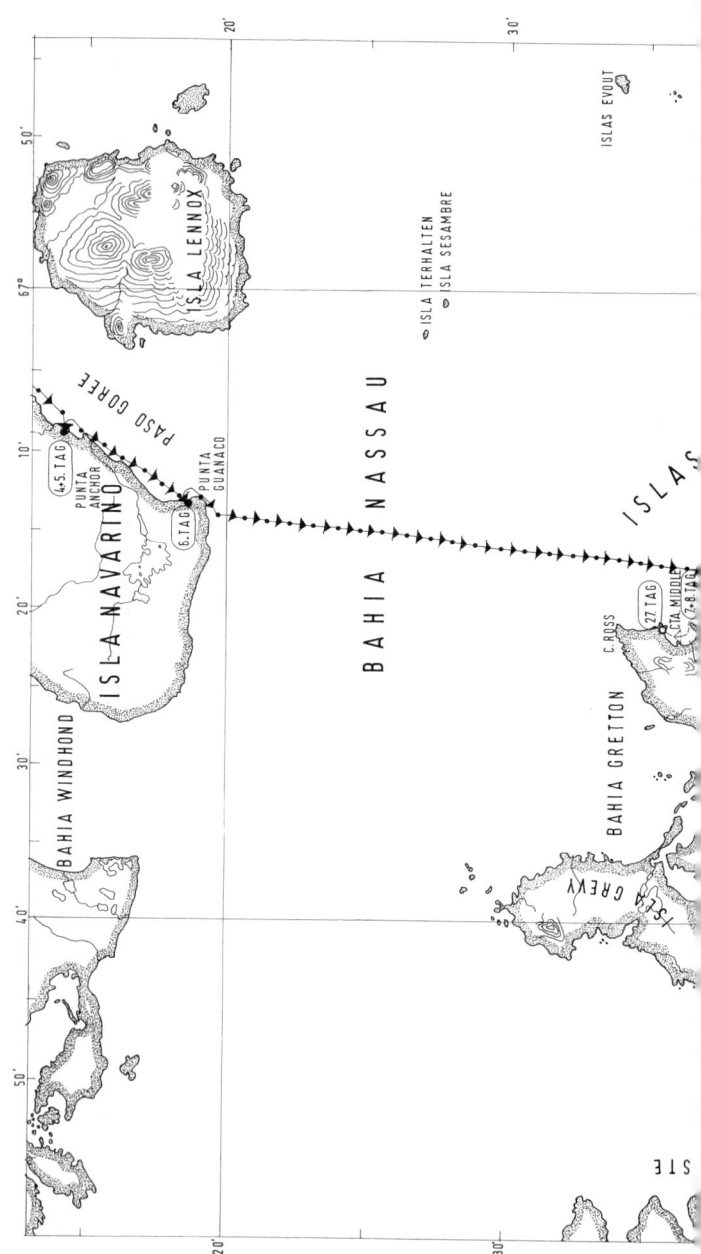

ISLA LENNOX

PASO GOREE

ISLA NAVARINO

PUNTA ANCHOR

4-5.TAG

6.TAG

PUNTA GUANACO

BAHIA WINDHOND

BAHIA NASSAU

ISLA TERHALTEN

ISLA SESAMBRE

ISLAS EVOUT

ISLAS

27.TAG

C.ROSS

CTA.MIDDLE

7-8.TAG

BAHIA GRETTON

ISLA GREVY

STE

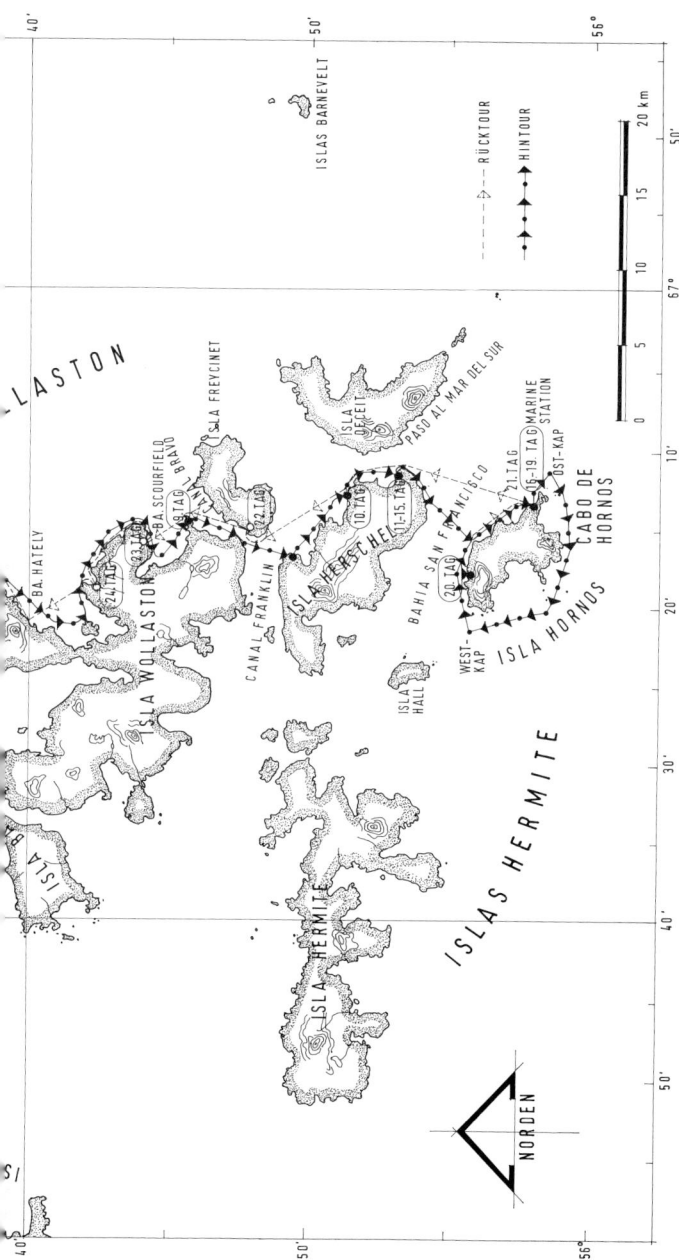

Am Ende der Erde

Am nächsten Morgen stehen wir noch gänzlich unter dem Eindruck des vorangegangenen Tages. Ähnlich wie nach der Überquerung der Bahia Nassau, haben wir kaum Schlaf gefunden und uns unruhig von einer Seite zur anderen gewälzt. Trotzdem hat uns diese schlaflose Nacht nicht belastet. Wir waren froh und zufrieden, einfach nur so daliegen zu dürfen und jede Faser unseres Körpers zu fühlen. Vollendete Müdigkeit und das Gefühl der Zerschlagenheit können auch etwas Angenehmes sein. Ich weiß nicht, wie oft ich mich in dieser Nacht genußvoll gestreckt und gereckt habe und mich von der wohligen Wärme des Schlafsacks einfangen ließ. Obwohl wir auf festem Land saßen, hatten wir beide das Gefühl, als wenn der Boden unter uns schwanken würde, ähnlich wie die See, auf der wir uns zuvor befunden hatten. Unser Gleichgewichtssinn muß kräftig durchgeschüttelt worden sein, so daß ich die ganze Nacht über ständig das Gefühl habe, auf einem schwankenden Untergrund zu liegen.

Der gestrige Abend verlief in völliger Harmonie und Ausgelassenheit. Nachdem wir ein wenig Abstand zu den Strapazen gefunden hatten, begann auch das Gehirn in der gewohnten Art wieder zu arbeiten. Unsere letzte Flasche Wein, die wir extra für diesen Tag mitgeführt hatten, wurde geöffnet, wir aßen, was in uns hineinging und rauchten zum Abschluß, zur Feier des Tages, jeder einen Zigarillo.

Die Nacht war kalt und frostig, und auch morgens liegt die Temperatur noch immer einige Grade unter Null. Die Wolkenwand ist aufgerissen, man sieht blauen Himmel, und wenig später kommt nach langer Zeit endlich einmal wieder die Sonne zum Vorschein. Es klingt wie eine Ironie des Schicksals, aber das angekündigte neue Tiefdruckgebiet ist bis jetzt noch nicht eingetroffen. Im Gegenteil – heute scheint das Wetter sehr viel günstiger zu sein als gestern und wäre somit für eine Hoorn-Umrundung ungleich geeigneter als die Bedingungen, die wir vorgefunden haben. Es ist jedoch müßig, sich darüber den Kopf zu zerbrechen, denn keiner ist in der Lage, eine verläßliche Wettervorhersage über diesen Teil der Erde zu machen. So nutzen wir das gute Wetter, um unsere Survival-Anzüge, die immer noch voll Wasser stehen, zu wenden und sie ein wenig in der Sonne zu trocknen. Die Faltboote starren vor Eis und sehen aus, als wären sie mit Zuckerguß glasiert.

Erst jetzt sehe ich, daß mir bei der gestrigen rauhen Landung das Ruderblatt glatt abgebrochen ist. Ich ersetze es durch ein Reserve-Ruderblatt und beginne dann langsam, das Boot zu beladen. Bei allem, was wir machen, sind wir heute ausgesprochen langsam und träge. Die heutige Tagesetappe ist unserem Zustand angemessen und beträgt nur einige Meilen, die wir bis zu der Bucht, aus der wir gestern zur Hoorn-Umrundung gestartet waren, zurücklegen müssen. Ganz langsam tasten wir uns an der Küste entlang, nutzen die Strömung aus, die uns mit sich fortführt, und genießen den sonnigen, kalten Tag. Mir schmerzen die Schultern und Armgelenke, und erstaunlicherweise spüre ich einen Muskelkater in den Oberschenkeln und der Bauchmuskulatur. Am frühen Nachmittag erreichen wir die Bucht, in der alles anfing, sehen auf der Anhöhe die Häuser der Station stehen, lassen uns noch ein wenig treiben und fahren schließlich genau an der Stelle an Land, von der aus wir gestern gestartet waren. Damit haben wir eine 360-Grad-Umrundung der Isla Hornos erfolgreich abgeschlossen.

Wiedergefunden

Schon verloren geglaubt,
und plötzlich wiedergefunden:
den Augenblick der Wahrheit.
Nun leuchtet er
und überstrahlt
die Lügen von vielen Jahren.
Und ich kann,
um das Trennende wissend,
das Verbindende leben,
kann die Mitte suchen
und dabei meine Grenzen
überschreiten
und zurückgehen
an den
Ursprung.

(HANS-ALFRED ARNS)

In der Hütte werden wir stürmisch empfangen, man gratuliert uns, setzt uns Kaffee und etwas zu essen vor. Kurze Zeit später, nachdem der Funker den erfolgreichen Abschluß der Unternehmung der Basis in Pt. Williams mitgeteilt hat, trifft ein Glückwunschtelegramm des Kommandanten ein. Die Soldaten hatten uns gestern eine kurze Zeit lang mit dem Fernglas beobachten können, und offensichtlich hatte keiner daran geglaubt, uns jemals wieder zu Gesicht zu bekommen. Doppelt groß ist jetzt die Freude, und wir genießen die warme und herzliche Atmosphäre.

Am nächsten Morgen fühlen wir uns wieder fit und ausgeruht und wollen sogleich unser zweites Ziel angehen, das wir uns auf der Isla Hornos gesetzt haben. Es ist dies die Besteigung des Kaps auf dem Landwege, für die man einen vollen Tag einplanen muß. Das Wetter hat uns offensichtlich die ganze Zeit an der Nase herumgeführt. Seit gestern steigt das Barometer beständig, es ist fast windstill, klar und kalt. Der Luftdruck zeigt 1005 Millibar, und die See ist, von einer langen, harmlosen Dünung einmal abgesehen, ruhig und friedlich. Heute wäre eine Kap-Hoorn-Umrundung im Vergleich zu den Gegebenheiten, die wir vorgefun-

Arved Fuchs vor dem Leuchtturm von Kap Hoorn.

den haben, geradezu ein Kinderspiel. Es gibt sie also doch, die sturmfreien Tage, die Schönwetterperioden, wenngleich diese auch nur kurz sind und man einfach Glück haben muß, den richtigen Moment zu erwischen. Wir hatten zweifellos den falschen Tag erwischt!

Gleich nach dem Frühstück machen wir uns auf den Weg. Unser erstes Ziel soll der Leuchtturm sein, der auf einer Felsnase am Kap Hoorn steht. Das Gehen ist unglaublich mühsam. Der Boden ist uneben, von Löchern und Furchen durchzogen, es gibt Sümpfe und Moraste und ein derart dichtes und widerspenstiges Gestrüpp, das man zum Teil nur auf allen Vieren kriechend passieren kann. In Hüfthöhe breiten sich diese Sträucher aus, verästeln und verwachsen ineinander, so daß sie einen undurchdringlichen Zaun bilden, durch den vermutlich selbst ein Elefant Mühe hätte hindurchzukommen. Nur an den Stämmen und Wurzeln, unmittelbar über dem Boden, kann man sich hindurchwinden und mühsam einen Weg finden. Wann immer es geht, laufen wir an dem felsigen Strand entlang, um den widerspenstigen Pflanzen aus dem Weg zu gehen. Am Strand finden wir die Reste einer zerfetzten Öljacke, etwas weiter davon entfernt einen zerbrochenen Riemen sowie Segelreste. Schweigend bleiben wir vor diesen Überresten stehen. Obwohl wir suchen, finden wir keine weiteren Wrackteile. Was für ein Drama mag sich hier abgespielt haben? Wir hatten in der Station davon gehört, daß im vergangenen Jahr eine Segelyacht auf die Klippen gelaufen und gesunken war. Zum Glück konnte sich die Besatzung damals retten. Waren dies Überreste von diesem Schiffbruch? Oder war eine andere Yacht in Seenot geraten und spurlos in der aufgewühlten See verschwunden? Keiner, dem wir später von unseren Funden berichten, hat etwas von einer neuerlichen Schiffshavarie gehört. Die Hoorn-See wird ihr Geheimnis bewahren, und die Herkunft dieser Wrackteile wird wohl niemals ermittelt werden können.

Als wir nach zwei Stunden schließlich den Leuchtturm erreichen, sind wir durchnäßt und völlig verdreckt. Fast sind wir ein wenig enttäuscht, als wir den Leuchtturm so unmittelbar vor uns sehen. Wir hatten irgendwie damit gerechnet, daß es sich um ein großes, eindrucksvolles Gebäude handeln müsse, das von Sturm und See gezeichnet ist. Dagegen sehen wir jetzt einen kleinen, aus Fertigbauteilen – made in England – zusammengesetzten Turm, der offensichtlich vollautomatisch zu funktionieren scheint. Wir

›Am Ende der Erde‹ – Aufstieg zum Gipfel des Kaps.

machen einige Fotos und steigen dann auf einem Grat entlang weiter nach oben. Fast bei jedem zweiten oder dritten Schritt sinkt man bis zum Knie in ein unsichtbares Loch und muß aufpassen, daß man sich dabei nicht einen Knöchel verstaucht oder gar ein Bein bricht. Erschwerend kommt hinzu, daß die gesamte Oberfläche mit einer etwa zehn Zentimeter dicken Schneeschicht überzogen ist, die jegliche Unebenheit trügerisch verdeckt.

Auf einer Luftaufnahme des Kaps hatte ich einmal gesehen, daß unterhalb des Gipfelplateaus des Kaps ein kleiner See eingebettet liegt, der sowohl vom Meer als auch vom Land aus vollständig unsichtbar ist. Nach einer weiteren Stunde Stolperei sehen wir plötzlich diesen See vor uns liegen. Er wirkt fast geheimnisvoll und unnahbar, und es gibt bestimmt weniger Menschen,

Wir haben auch das zweite Ziel unserer Expedition erreicht.

die am Ufer dieses Sees gestanden haben als etwa auf dem Gipfel des Mount Everest.

Nach einer weiteren Stunde erreichen wir schließlich ein flaches Plateau, das steil nach Süden hin abfällt. Wir stehen 408 Meter über dem Meeresspiegel und damit auf der höchsten Stelle des Kap Hoorn. Die geographische Breite des Kaps beträgt 55°55′ Süd, das wäre, projiziert auf die Nordhalbkugel, etwa die geographische Breite von Kopenhagen. Trotzdem sind die klimatischen Gegebenheiten hier andere als die, die wir auf der korrespondierenden Breite der Nordhalbkugel vorfinden.

Abschied von der Isla Hornos. Vor uns liegt eine lange und zermürbende Rückreise.

Es ist genau 13 Uhr, als Rainer und ich uns erneut die Hände schütteln. Wir haben auch unser zweites Ziel, die Besteigung des Kaps, erreicht. Ungehindert schweift unser Blick nach Süden, wo sich heute ein ruhiges und majestätisches Meer ausbreitet. Die Aussicht vom Kap ist phantastisch, wir können deutlich die anderen Inselgruppen erkennen, sehen die Klippen des Ras Cathedral, die uns zwei Tage zuvor fast den Garaus gemacht hätten und versuchen, uns der Bedeutung dieses Ortes bewußt zu werden. Der Missionar Lucas Bridges, der zwar selbst nie auf dem Kap gestanden hat, aber dennoch ein großer Kenner der gesamten Region war, bezeichnete einst diesen Zipfel als das Ende der Erde. Es gibt, so empfinde ich es, wohl keine treffendere Bezeichnung für dieses stürmische und unwirtliche Kap. Würde ich nur einen Schritt weitergehen, dann hätte ich diese Grenze überschritten und würde ins Bodenlose stürzen. Das Ende der Neuen Welt, der Südzipfel aller für die Menschen auf Dauer bewohnbaren Kontinente, liegt unter meinen Füßen. Rund 600 Meilen trennen mich von der Antarktis, einem neuen, fremden und extrem lebensfeindlichen Kontinent, auf dem Menschen nur unter Einsatz modernster Technologie auf Dauer überleben können.

Die Drake-Passage, die Südamerika und die Antarktis trennt, ist mehr als nur eine stürmische Wasserstraße. Sie stellt die äußerste südliche Begrenzung dar, an der wildlebende und naturverbundene Menschen existieren konnten. Die Antarktis ist ursprünglich menschenleer und verfügt nicht, wie die Arktis, über eine Eskimopopulation. Als ich auf dem Kap stehe, vergesse ich das, was hinter mir liegt und auch die Strapazen, die mich auf der Rückfahrt erwarten werden. Mir scheint es, als ob das Kap wie ein ausgestreckter Finger zur Antarktis hinweist, um in mir die Neugierde zu wecken, einen neuen, geheimnisvollen Kontinent für mich zu entdecken. Und so spüre ich, wie plötzlich das Samenkorn zu einer neuen Reise und einer neuen Idee in meinem Geiste implantiert wird und die ersten, zarten Triebe entwickelt. Es wird vermutlich noch lange dauern, bis ich tatsächlich die Antarktis betreten werden. Dennoch zweifle ich von diesem Moment an nicht mehr daran, daß es soweit kommen wird, und vor meinem geistigen Auge entwickeln sich bereits vage erste Vorstellungen von einer solchen zukünftigen Reise.

Im harten Griff des Winters

Am Morgen des 10. Mai wollen wir den Rückzug antreten und die Isla Hornos verlassen. Nachdem zwei Tage lang ruhiges und schönes Wetter herrschte, ändert sich das Wetter heute zum Schlechten hin, gleichsam als wolle es uns verhöhnen. Es scheint wirklich paradox zu sein. Immer dann, wenn wir etwas auf festem Boden zu tun haben, scheint die Sonne, und es ist nahezu windstill, sobald wir aber in die Boote steigen, um aufs Meer hinauszufahren, kommt Wind auf, es fängt an zu schneien, und das Meer wird stürmisch. Allerdings haben wir heute Südwestwind, und da wir nunmehr in nördlicher Richtung zurückfahren, hilft uns der Wind schieben. Schnell haben wir uns verabschiedet, werfen von einer Anhöhe einen letzten Blick auf das Kap Hoorn, das uns sicherlich für immer in unser Gedächtnis eingeprägt sein wird und steigen schließlich in die Boote, um unseren langen Heimweg anzutreten.

In anderthalb Stunden haben wir die Bahia San Francisco überquert und fahren in den Paso al Mar del Sur ein und sind damit zunächst in Sicherheit. Wir haben offensichtlich noch einen günstigen Moment für die Überquerung der Bahia San Francisco gefunden, denn beständig nimmt der Wind zu, und es wird nur noch eine Frage der Zeit sein, wann das Meer so aufgewühlt ist, daß wir sie nicht hätten passieren können. Die Vorstellung, einige Tage auf der Isla Hornos zu sitzen und auf gutes Wetter zu warten, hatte uns außerordentlich bedrückt. Wir haben unsere Mission erfüllt und wollen jetzt zurück. Die ständige Kälte und Feuchtigkeit belastet uns jetzt auf einmal. Unser Ziel, auf das alles hinsteuerte, ist erreicht. Es gibt jetzt für uns keine neuen Dinge zu entdecken, sondern lediglich die Aufgabe, heil und gesund zurückzukehren. Wir rechnen mit einer schnellen

Rückkehr und sollen uns doch gerade in diesem Punkte so grundlegend täuschen. Wir sind der festen Meinung, daß es nach dem Trauma der Hoorn-Umrundung keine Steigerung für uns geben könne. Dies ist, was Seegangsverhältnisse und Gefahren- momente angeht, sicherlich richtig, aber dennoch scheint uns die See mit allen Mitteln an einer zügigen Rückreise hindern zu wol- len. Die Temperatur liegt fortan beständig einige Grade unter Null, es schneit und stürmt, die Sonne bleibt hinter einer un- durchdringlichen grauen Wolkenmasse verborgen.

Bei der Einfahrt in den Canal Franklin entdecken wir in der Ferne in regelmäßigen Abständen zwei Wasserfontänen aus dem Meer hochsteigen. Nachdem wir diese Fontänen mehrfach be- obachtet haben und sich außerdem klar erkennen läßt, daß sie sich in Bewegung befinden, schließen wir daraus, daß es sich um den Blas von Walen handeln muß. Die chilenische Marine hatte uns gewarnt, daß es gerade in diesen Gewässern zahlreiche Or- cas oder Killerwale, wie sie auch zu Unrecht genannt werden, gibt, vor denen wir uns unbedingt in acht nehmen sollten. Die Orcas gelten bei vielen Leuten als die Seeungeheuer schlechthin und werden oft genug noch mehr verteufelt, als dies bei Haien der Fall ist. Vermutlich liegt es an ihrem Äußeren, an ihren ein- drucksvollen, mit spitzen Zähnen bewehrten Kiefern, die dem unbedarften Menschen suggerieren, daß es sich hierbei einfach um eine blutrünstige Bestie handeln müsse. Alle Aufklärungs- versuche von Zoologen scheinen in den Wind gesprochen zu sein. Zwar sind die Orcas Raubtiere und greifen in einer Gruppe sogar größere Wale an; die Boshaftigkeit und Verschlagenheit, die ihnen immer wieder zu Unrecht angehängt wird, existiert hingegen nur in den Vorstellungen sensationslüsterner Filmema- cher oder in Abenteuergeschichten.

Entgegen der weitläufigen Meinung sind die Orcas nämlich recht friedliebende und intelligente Wesen, die darüber hinaus einen strengen Zusammenhalt haben, schnell lernen und Men- schen, die öfter mit ihnen in Kontakt kommen, zu unterscheiden wissen. Ich selbst hatte einmal durch Zufall mit einigen Orcas Kontakt bekommen, als ich in einem kleinen Ruderboot vor der kanadischen Westküste saß, um zu angeln, und plötzlich meh- rere dieser Meeressäuger um mich herumschwammen. Es wäre

Unsere wasserdichten Survival-Anzüge leisteten uns unbezahl-
bare Dienste. Bei 0 °C Seewassertemperatur ermöglichen sie es
dem Schiffbrüchigen, bis zu 7 Stunden zu überleben. Sie sollten
unbedingt zur Standardausrüstung eines jeden Seeschiffes gehören.

ein leichtes für diese großen Tiere gewesen, das Boot zum Kentern zu bringen; es geschah aber nichts dergleichen, sondern die Tiere schwammen ruhig an meinem Boot vorüber und ließen mich unbehelligt. Die Kanadier sind Vorreiter auf dem Sektor der Orca-Forschung geworden, und mittlerweile ist es gelungen, Fischer und Wassersportler davon zu überzeugen, daß diese Wale nicht nur für das ökologische Gleichgewicht wichtig sind, sondern daß auch Menschen in der Regel von diesen Tieren nicht attackiert werden. Und so gingen gottlob auch die professionellen Fischer dazu über, ihr Gewehr in der Kajüte zu lassen und nicht, wie es früher immer der Fall war, auf vorbeiziehende Orca-Schulen zu schießen.

Bei den beiden sich nähernden Walen handelt es sich aber eindeutig nicht um Orcas, sondern um eine größere Walart. Wenn man dicht genug herankommt, kann man die einzelnen Walarten recht gut voneinander unterscheiden, da sie nicht nur unterschiedliche Formen und Größen aufweisen, sondern darüber hinaus jede Gattung eine eigene Art hat, die Atemluft, die als Fontäne deutlich sichtbar ist, auszustoßen. Auch die Art des Abtauchens, ob die Schwanzflosse aus dem Wasser herausgehoben wird oder unsichtbar im Wasser bleibt, läßt Rückschlüsse auf die Zugehörigkeit des Wales zu. Die beiden Wale passieren uns in einem Abstand von etwa 200 Metern. Deutlich können wir den langgestreckten Rücken erkennen, an dessen hinterem Teil sich eine kleine, nach hinten gekrümmte Flosse befindet, die für die Gesamtgröße dieses Tieres auffallend klein erscheint. Ich hatte bereits einige Male Wale zu Gesicht bekommen und sogar auf den Azoren Gelegenheit gehabt, das blutige Handwerk der Pottwalfänger kennenzulernen. Diese beiden Wale hier sind beträchtlich größer als die damals gesichteten Pottwale, und so schließen wir aus der Gesamterscheinung, daß es sich hierbei entweder um Blauwale oder Finnwale handelt. Es ist ein eindrucksvolles und ästhetisches Bild zugleich, wie diese Tiere dort durchs Wasser pflügen.

Durch die brutale Behandlung brechen in den Booten gelegentlich Gerüstteile, die wir jedoch immer wieder ohne große Schwierigkeiten reparieren können.

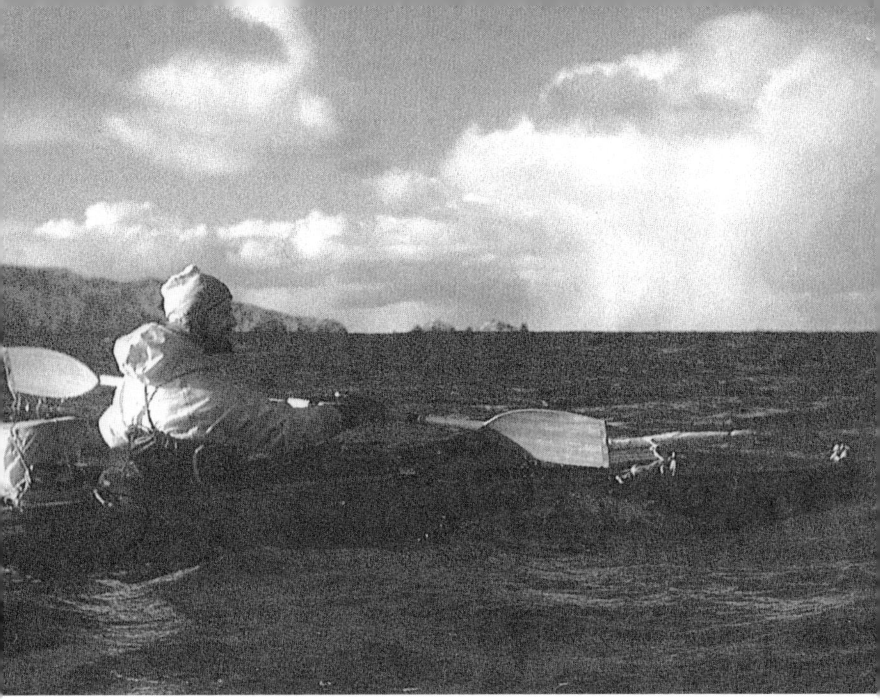

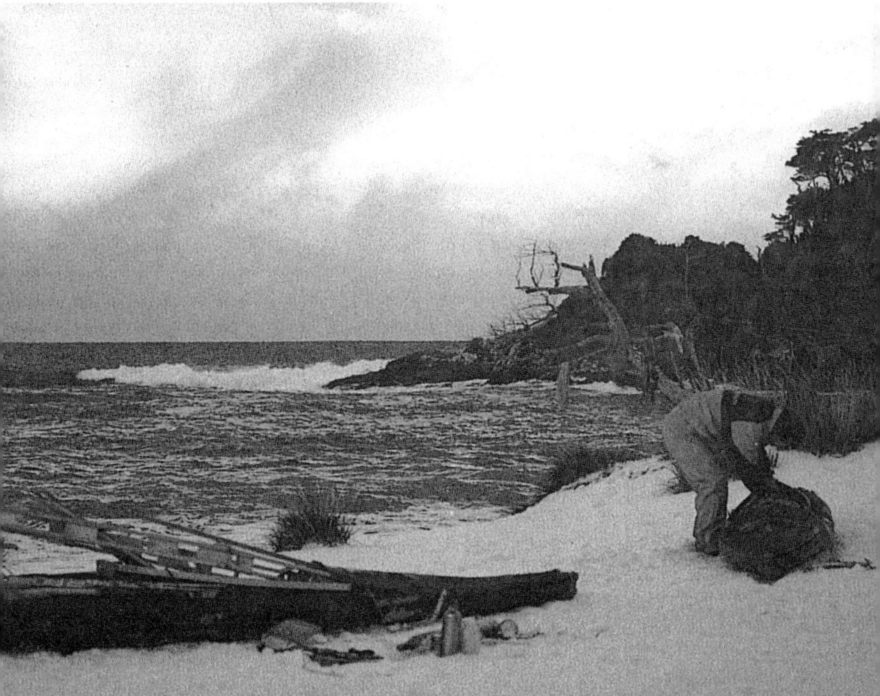

Der Blauwal ist das größte Lebewesen, das jemals auf der Erde gelebt hat. Er ist größer, als die Dinosaurier es waren, und kann in Ausnahmefällen ein Gewicht erreichen, das knapp unter 200 Tonnen liegt. Durch Ignoranz und Profitgier ist diese Walart extrem vom Aussterben bedroht, und würden sich nicht verschiedene Organisationen für diese und ihnen artverwandte Meeressäuger einsetzen, dann wären vermutlich auch schon die letzten Exemplare in den Bäuchen der Fabrikschiffe zerstückelt worden. Es gibt mittlerweile kein Produkt mehr, das aus dem Wal gefertigt wird, welches nicht durch irgendeinen anderen Rohstoff ersetzt werden könnte. Dennoch weigern sich bis zum heutigen Tage einige reiche Industrienationen beharrlich, ihre Fangflotte stillzulegen, mit der vordergründigen Argumentation, daß einige Walarten nicht gefährdet seien, daß man Arbeitsplätze erhalten müsse und überhaupt ein viel zu schwarzes Bild von der Zukunft dieser Meeressäuger male. In der nördlichen Hemisphäre gibt es derzeit noch geschätzte 3000 Blauwale, im Südpolarmeer noch etwa 10 000 von ursprünglich rund 225 000. Bei anderen Walarten sehen die Zahlen zum Teil noch erschreckender aus. So ist der Mensch in seiner unglaublichen Gier drauf und dran, in wenigen Jahrzehnten eine Tierart auszurotten, die in der langen Entwicklungsgeschichte der Evolution trotz ihres Gewichtes und der Körperfülle überlebt und sich optimal an ihren Lebensraum angepaßt hat. So ist denn jeder verantwortungsbewußte Mensch dazu aufgerufen, dem destruktiven Treiben lauthals Einhalt zu gebieten, damit auch der Nachwelt diese friedlichen Riesen erhalten bleiben.

Das Spiel, das die See mit uns treibt, scheint sich ständig zu wiederholen. Je näher wir der Isla Freycinet kommen, desto ungemütlicher wird das Paddeln. Die steilen, kurzen Seen brechen sich, immer wieder wird das gesamte Boot überspült, so daß nur noch unser Oberkörper aus dem Wasser herausragt. Resignierend ergeben wir uns in unser Schicksal, paddeln mit höchster Konzentration und verfluchen das schlechte Wetter. Eine Kenterung an dieser Stelle wäre zwar nicht lebensbedrohlich, aber immerhin sehr unangenehm und unwillkommen, und natürlich birgt eine jede Kenterung ein nicht unerhebliches Risiko in sich. Die Gefahr, sich an einer der Klippen zu verletzen, ist nicht wegzudiskutieren, und so sind wir froh, als wir schließlich in eine geschützte Bucht der Isla Freycinet einlaufen und dort einen schönen Lagerplatz finden.

Am nächsten Morgen sichten wir auf dem gegenüberliegenden Ufer einige zusammengestellte Baumstämme und Äste, die sich bei näherer Betrachtung als ein verlassenes Indianerlager zu erkennen geben. Wir paddeln sofort dorthin, gehen an Land und untersuchen den Ort eingehend. Außer dem Gestell ist von der ehemaligen Behausung nicht mehr viel zu erkennen. Dennoch freuen wir uns, daß es uns überhaupt gelungen ist, Spuren dieser untergegangenen Kultur zu finden. Wir graben im Schnee, um eventuell noch auf dem Boden alte Ausrüstungsgegenstände zu finden. Außer einem bearbeiteten Knochen, der offensichtlich als Stiel für eine Steinaxt oder ähnlichem gedient hat, finden wir nichts. Zu viel Schnee liegt auf dem Boden, um so feine Relikte wie etwa Pfeilspitzen zu finden. Uns friert bei dem Gedanken, in diesem Klima nackt und bloß leben zu müssen, die Nahrung zu ertauchen und die einzige Zuflucht vor Sturm und Kälte in derart primitiven Schutzhütten zu finden. Wir sehen uns in der Umgebung des alten Lagers um, ob wir noch weitere Überreste finden können und gehen, als dies nicht der Fall ist, schließlich wieder zurück zu unseren Booten.

Es ist nur ein kurzes Stück bis zu der Station Scourfield, in der wir auf der Hinreise übernachtet hatten. Da wir bei der Erkundung des alten Lagerplatzes mehrfach ein Flugzeug der chilenischen Marine dicht über dem Wasser fliegen sahen und wir uns aus dem dichten Unterholz heraus nicht bemerkbar machen konnten, beschließen wir, uns kurz bei der Station zu melden, damit nicht etwa die Befürchtung entsteht, daß uns etwas zugestoßen sein könnte. Wir werden von der Crew stürmisch empfangen, man gratuliert uns zu der gelungenen Hoorn-Umrundung, wir trinken eine Tasse Kaffee zusammen und steigen dann wieder in unsere Boote. Das Wetter ist eine Katastrophe. Es stürmt und schneit und ist zudem schneidend kalt. Vorsichtig tasten wir uns an der Küste entlang und arbeiten uns langsam in Sturm und Seegang nach Norden vor. Der Sturm nimmt beständig zu. Wir schaffen heute gerade mit Mühe vier Seemeilen, am nächsten Tag sind es nur drei. Wir haben Mühe, überhaupt einen einigermaßen passablen Lagerplatz zu finden und frieren ärger, als es jemals auf Grönland der Fall gewesen ist. Mittlerweile haben unsere Survival-Anzüge Löcher bekommen, so daß jedesmal, wenn wir ins Wasser steigen, die Gummistiefel von eisigem Wasser vollaufen und wir, vor Kälte zitternd, Schutz vor dem schneidenden Wind suchen.

Uns bleibt jetzt nur noch sehr wenig Tageslicht. Morgens um acht wird es hell, um bereits um vier Uhr nachmittags wieder dunkel zu werden. Wenn wir unser Zelt aufschlagen, müssen wir oft genug den Untergrund mit Bergen von trockenen Zweigen auslegen, weil wir sonst mitten im Sumpf und Wasser lagern würden. Das Zelt ist feucht, die Schlafsäcke sind feucht, und wenn man endlich am nächsten Morgen einigermaßen warm und trocken ist, dann muß man in seine nasse und bretthart gefrorene Unterwäsche steigen, den vereisten und nassen Survival-Anzug überstülpen und schließlich einen Indianertanz aufführen, um die Durchblutung in Füßen und Armen in Gang zu bringen. Es sind eintönige, öde und kalte Tage, an denen wir uns nach nichts so sehr sehnen, wie nach ein wenig Sonne, Wärme und Trockenheit. Unsere Hoffnung, zügig voranzukommen, wird durch das herrschende Wetter gründlich zunichte gemacht. Mir fällt die geplante Kanadareise ein, die ich schon Ende Juni unternehmen will. Die Zeit drängt, aber wir bleiben Gefangene des Wetters. Die Fahrt über die Bahia Hately erschüttert uns noch mal in den Grundfesten, und wenn wir auf unserer Hinfahrt gedacht hatten, daß es dort nicht schlimmer kommen könne, dann werden wir jetzt eines Besseren belehrt. Nur unter größten Schwierigkeiten gelingt es uns, das Nordende der Bucht zu umrunden.

Was hinter uns liegt, war ein Hexentanz auf einer kochenden See. Wir merken deutlich, wie die ständige Nervenbelastung ihren Tribut fordert, wie in uns langsam die Bereitschaft erlischt, uns immer wieder derartigen Gefahren auszusetzen. Wir fühlen uns gesund und kräftig. Es ist also weniger der Körper, der

Mühsam und überaus langsam erkämpfen wir uns den Weg zurück.

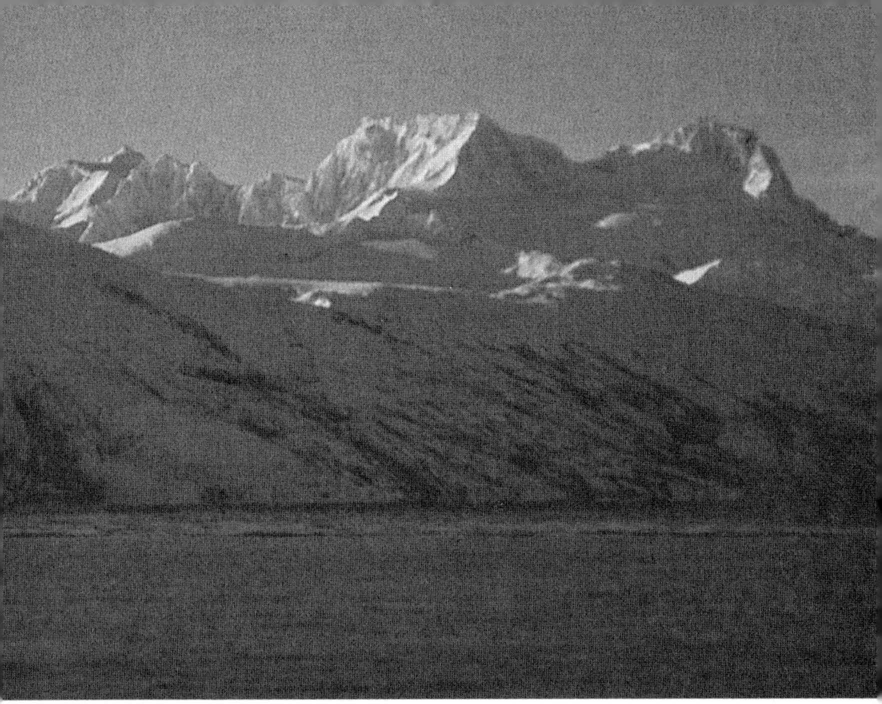

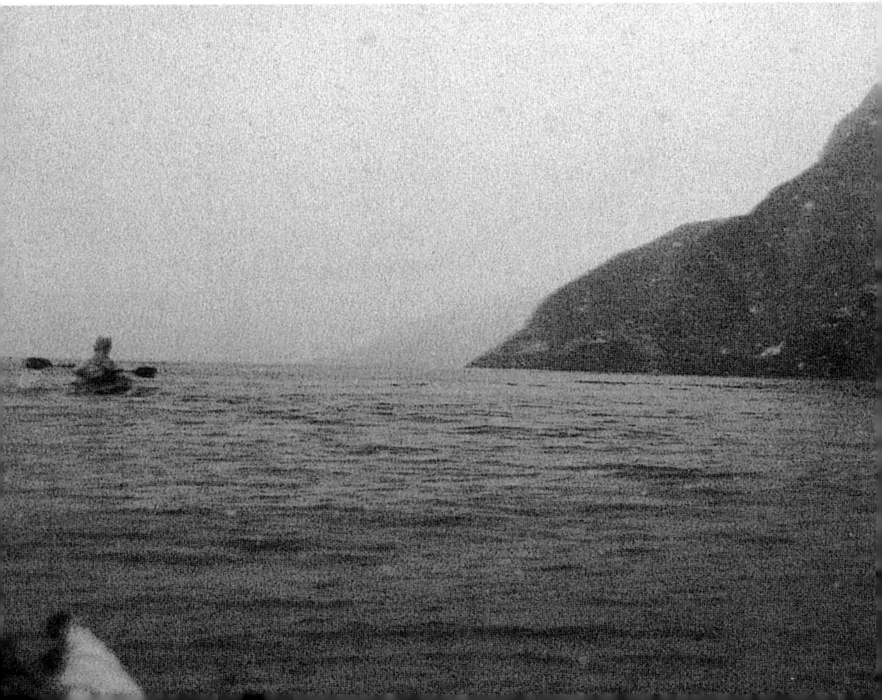

streikt, als vielmehr die Streßsituation, die ihren Tribut fordert. Seit Anbeginn der Reise lastet ein ungeheurer Druck auf uns, und die ständig wiederkehrenden Momente akuter Gefahr lassen unsere oftmals bis zum Reißen gespannten Nerven ihre Regenerationsfähigkeit verlieren. Wir sind froh, als wir endlich in die Caletta Alsina einbiegen und mit kräftigen Paddelschlägen auf den Teil der Bucht zuhalten, an dem wir auf der Hinreise den herrlichen Sandstrand entdeckt hatten. Die Brandung, die heute an der Küste steht, ist um ein Vielfaches höher als bei unserem ersten Besuch. Trotzdem wagen wir es, lassen uns von den brechenden Seen nicht abhalten und landen mit Geschick und Taktik an dem weißen Strand – ein schwerer Fehler, wie sich bald erweisen wird!

Fluch der See

Während wir uns noch überlegen, welchen der unzähligen schönen Lagerplätze wir wählen sollen, merken wir, wie der Wind immer mehr auffrischt. Brecher auf Brecher rollt an den Strand, und schon bald müssen wir unsere Boote weiter hochziehen, damit sie nicht von einer zurücklaufenden See erfaßt und mitgerissen werden. Wir messen 35 bis 40 Knoten Windgeschwindigkeit, und es ist deutlich zu erkennen, daß die Wellenhöhe beträchtlich zunimmt. Aus Treibholz entfachen wir ein großes Lagerfeuer, wechseln unsere Kleidung und setzen uns dicht an das lodernde Feuer, jeder mit einer dampfenden Tasse Kaffee in den Händen. Die Nacht beginnt, die Fallböen brechen mit Urgewalt über unseren Lagerplatz herein, und die Flut erreicht heute eine Höhe, die beträchtlich über dem Normalwert liegt und die nur noch wenige Meter von unserem Zelt entfernt ist.

Langsam beginnen wir zu ahnen, daß wir mit dieser Anlandung einen Fehler begangen haben. Die Wellen beginnen, sich schon weit draußen zu brechen, bevor sie schließlich am Strand auslaufen und haben dabei mittlerweile eine Höhe erreicht, die einen Start durch die Brandung verbietet. Wir hoffen auf gutes Wetter, ahnen aber zugleich, daß wir wieder einmal eine ausgeprägte Schlechtwetterfront zu fassen haben und es sich auch morgen vermutlich nicht ändern wird. Mit klappernden Zähnen liegen wir wenig später frierend in unseren nassen Schlafsäcken und versuchen, Schlaf zu finden. Die Nächte sind einfach zu lang geworden. Wir können nicht jeden Tag von 6 Uhr abends bis 8 Uhr früh schlafen, so daß wir meistens stundenlang wachliegen und uns unruhig von einer Seite zur anderen wälzen. Wenn es um 4 Uhr nachmittags dunkel wird, dann dauert es höchstens bis 6 oder 7 Uhr abends, bis man mit dem Essen fertig ist und sich in seinen Schlafsack zurückzieht. Die Kerzen sind knapp geworden, so daß wir sparsam damit umgehen müssen und auch nicht mehr lange im Zelt lesen können. Es sind unruhige und erschöpfende Nächte, die uns morgens wie gerädert aus den Schlafsäkken hinausklettern lassen.

Am nächsten Morgen ist die See unverändert rauh, Brecher um Brecher bauen sich auf, wälzen sich heran, kippen schließlich nach vorne über und donnern an den Strand. Wir warten, bis Ebbe eingetreten ist und beobachten sorgfältig die Struktur der heranrollenden Seen. Eine der Wellen ist immer höher als die vorangegangenen oder als die nachfolgenden. Wichtig für uns ist es jetzt, diese Frequenz ausfindig zu machen, um zu wissen, in welchem Abstand diese große Welle herankommt. Wir haben nur eine einzige Chance, durch die Brandung hinauszukommen, und die liegt darin, genau in dem Moment zu starten, wenn sich diese besagte große See am Strand gebrochen hat. Verzählen wir uns oder erwischen einen falschen Moment, dann werden wir unweigerlich, bevor wir die kritische Zone passiert haben, von einer nächsten brechenden See erwischt und zurück auf den Strand geworfen. Es ist ein Vabanquespiel. Schließlich glauben wir herausgefunden zu haben, daß nach jeder fünften normalen Welle eine heranrollt, die größer als die vorangegangenen ist. Diese sechste Welle also ist es, auf die wir warten. Wenn sie geborsten ist, wenn ihr Wasser den Strand hochschießt, dann müssen wir unsere Boote so schnell wie möglich hinausschieben, in die Sitzluke hineinspringen, provisorisch die Spritzdecke befestigen, um dann aus Leibeskräften zu paddeln, um vor der nächsten heranrollenden See rechtzeitig eine sichere Zone erreicht zu haben.

Wir ziehen die Boote weiter hinunter zum Wasser. Rainer will es zuerst versuchen. Vorsichtig warten wir einige Durchgänge der großen See ab und zählen dabei immer genau mit. Beim nächsten Mal soll es soweit sein. Die erste Welle kommt, die zweite, die dritte, die vierte, endlich die fünfte und schließlich die donnernde sechste. Wie gehetzt schieben wir das Boot hinunter zum Wasser, das zurückströmende Wasser zerrt an unseren Füßen. Rainer springt in die Luke hinein, stemmt sich mit dem Paddel vom Boden ab, versucht noch notdürftig, die Spritzdecke

Um 8.00 Uhr wird es morgens hell und um 16.00 Uhr bereits wieder dunkel. In den paar Stunden Tageslicht müssen wir das Lager abbauen, paddeln, Lagerplatz suchen, Reparaturen durchführen und andere Dinge mehr. Die Zeit ist knapp bemessen.

über den Süllrand zu ziehen, gerät ins tiefe Wasser, allerdings nur um zu erkennen, daß er um ein oder zwei Sekunden zu langsam war. Vor ihm baut sich eine Wand aus Wasser auf. Geistesgegenwärtig reißt er beide Arme mit dem Paddel hoch in dem verzweifelten Versuch, das Paddel aus der brechenden Welle herauszuhalten.

Ein vergeblicher Versuch! Der Brecher, der genau über seinem Kopf zusammenschlägt, mag wohl eine Höhe von zwei Metern haben und begräbt ihn sekundenlang so vollkommen, daß ich trotz intensiven Spähens weder ihn noch das Boot erkennen kann. Schließlich tauchen sie auf, werden herumgewirbelt, um endlich von einem weiteren Brecher auf den Strand gespült zu werden. Es ist kaum zu glauben, aber Rainer sitzt, leicht benommen, immer noch in seinen vollgeschlagenen Boot. In seinen Händen hält er das Paddel, das von der Wucht des Aufpralls der See in der Mitte wie ein Streichholz auseinandergebrochen ist. Ich will nicht aufgeben, ignoriere das, was ich eben erlebt habe, zähle verbissen die Seen und renne das Boot ins Wasser, sowie ich glaube, daß die bewußte sechste See meinen Standpunkt passiert hat. Fast schaffe ich es, passiere den ersten Brecher, der heranrollt, genau in dem Moment, wo er sich zu brechen beginnt. Tief tauche ich in das nächste Wellental hinab, paddele mit aller mir zur Verfügung stehenden Kraft gegenan, habe das Gefühl, fast senkrecht den nächsten Wellenberg hochzufahren, komme jedoch nicht über den brechenden Kamm der See hinweg, werde herumgeschleudert, versinke samt Boot im tosenden Wasser und komme erst wieder so richtig zu mir, als ich, ähnlich wie Rainer, völlig benommen von einer weiteren Welle auf den Sand geworfen werde. Rainer sitzt noch immer in seinem Boot und hat, völlig entgeistert, meinen verzweifelten Versuch beobachtet. Mit steifen Gliedern, den Schreck noch spürend, wuchten wir gemeinsam die voll Wasser gelaufenen Boote in Sicherheit und untersuchen sie. Hätte mir vorher jemand erzählen wollen, daß ein Faltboot eine derartige Behandlung ohne nennenswerte Schäden überstehen könnte, hätte ich ihn wohl ausgelacht.

Auch jetzt sind wir der Meinung, daß zumindest die Hälfte der Spanten gebrochen sein müsse. Erstaunt stellen wir fest, daß außer dem gebrochenen Paddel, einer zerstörten Ruderblattaufhängung sowie einem weiteren, völlig verbogenen Ruderblatt nur einige wenige Spanten gebrochen sind, die die Stabilität des Bootes aber nur geringfügig beeinträchtigen. Es versteht sich von selbst, daß wir für heute einen weiteren Versuch ausklammern können, und somit bauen wir erneut unser Zelt auf demselben Platz auf, an dem es eine Nacht zuvor gestanden hat, wechseln unsere Anzüge, entfachen ein Lagerfeuer und versuchen, trotz neu einsetzenden Schneefalls, unsere klatschnasse Unterwäsche sowie die Survival-Anzüge so gut es geht zu trocknen. Anschließend beginnen wir damit, die Boote zu zerlegen, um sie genau zu überprüfen und um die notwendig gewordenen Reparaturen mit den uns zur Verfügung stehenden Mitteln durchzuführen. Die Dämmerung bricht bereits an, als wir schließlich die Boote wieder fertig aufgebaut haben und mit dem Verstauen der Ladung beginnen können. Wie am Abend zuvor sitzen wir am Lagerfeuer, wärmen uns und trinken Tee oder Kaffee.

Am nächsten Morgen ist das Wetter unverändert. Ein Blick auf die See überzeugt uns vollends, daß ein erneuter Startversuch an der gleichen Stelle wie gestern auch dasselbe Resultat nach sich ziehen würde. Somit gehen Rainer und ich am Strand entlang, zunächst in die eine Richtung und dann in die andere, um vielleicht eine geschütztere Stelle zu finden, an der ein Startversuch wenigstens vertretbar wäre. Wir finden einen solchen Ort, an dem, wie es uns zunächst erscheint, ein Start durchaus im Bereich des Möglichen liegt. Es handelt sich hierbei um eine kleine, nur etwa zehn Meter durchmessende Bucht, die durch die vorgelagerte Insel einigermaßen geschützt erscheint. Es ist derzeit Ebbe, und so beeilen wir uns, die vollgeladenen Boote so schnell wie möglich die etwa 300 Meter von unserem Lagerplatz bis zu diesem von uns auserkorenen Startpunkt zu tragen. Es ist bereits wieder auflaufendes Wasser, als wir die Boote in Position gebracht haben und auf eine günstige Gelegenheit warten. Die Flut nähert sich schnell, und so ist Eile geboten, die Brandung zu passieren. Beide versuchen wir es mehrfach, immer mit dem Resultat, daß wir von einer nächsten Welle zurück auf den Strand gesetzt werden. Außer einigen Wassereinbrüchen durch die unverschlossene Spritzdecke, nehmen weder die Boote noch wir irgendeinen Schaden. In einem letzten, verzweifelten Versuch schiebt Rainer das Boot durch die Brandung hinaus, wirft sich rittlings obendrauf und paddelt das Boot mit den Händen, etwa so, als wenn er auf einem Surfbrett liegen würde, durch die Brandung nach draußen. Dort schwingt er sich blitzschnell in die Sitzluke, verschließt die Spritzdecke und reißt triumphierend die Paddel in die Luft. Es dauert noch eine gute halbe Stunde, bevor es auch mir endlich gelingt, das offene Meer zu erreichen.

Kaum haben wir jedoch den Schutz der Bucht verlassen, als es, wie durch eine böse Vorhersehung, weiter aufbrist und wir von einer wilden, mehrere Meter hohen Dünung empfangen werden. Der Wind ist so stark, daß sich die Gischt wie ein Schleier über das Wasser legt, die Boote immer wieder herumgedrückt werden und brechende Seen über uns hereinstürzen. Es ist die Hölle! Nach der Kap-Hoorn-Umrundung ist dies die schlimmste See, die wir auf dieser Tour erleben. Der Wind bläst, als hätte er nur darauf gewartet, daß wir das offene Wasser erreichen, plötzlich mit 40 Knoten. Die See ist weiß, und wir haben alle Hände voll damit zu tun, um nicht von einer der plötzlich auftretenden Kreuzseen zum Kentern gebracht zu werden. Ich zögere nur einen kurzen Augenblick, dann steht für mich der Entschluß fest: Jede weitere Minute, die wir hier verbringen, bedeutet akute Lebensgefahr. So gut es geht, bugsiere ich mein Boot neben das von Rainer und brülle ihm durch den Sturm zu, daß wir zurück ans Ufer müssen.

Der Sturm scheint erst jetzt seine richtige Kraft zu entwickeln. Rainer zögert einige Sekunden, denn auch die Anlandung bei diesem Seegang ist mit einem erheblichen Risiko verbunden. Da wir aber keine Alternative haben, wendet auch er sein Boot und kämpft sich vorsichtig zum Strand zurück. Da er bereits eine gute halbe Stunde früher als ich aus der Bucht gestartet war, kann er nicht wissen, daß sie mittlerweile vom auflaufenden Wasser nahezu überflutet und somit äußerst gefährlich für eine Landung ist. Ich versuche, es ihm durch den Sturm zuzuschreien, er scheint mich jedoch nicht zu hören, oder er ist einfach der Überzeugung, daß es dort irgendwie gehen müsse. Ich kann ihn jetzt nicht mehr davon abbringen. Viel zu sehr bin ich mit mir selbst beschäftigt, nähere mich langsam der Brandungszone, höre voller Schrecken das Brechen der donnernden Seen, konzentriere mich aufs Zählen und steige, wenig später, tatsächlich nahezu trockenen Fußes aus dem Boot, nachdem ich die richtige Welle erwischt habe, die mich kurz vor unserem alten Lagerplatz sanft auf dem Sandstrand absetzt.

Ich ziehe das Boot weiter hoch, binde es an einem Baumstamm fest und renne, so schnell ich kann, zu der Stelle, an der Rainer zu landen gedenkt. Während ich mich der Bucht nähere, kann ich schon erkennen, daß Rainer in höchster Not ist. Da diese kleine Bucht von Klippen umrandet ist, kann er nicht einfach zur Seite hin ausweichen, um auf diese Art und Weise den sicheren Sandstrand zu erreichen. Sein Boot ist bis zum Rand vollgeschlagen. Brecher auf Brecher rollt herein, reißt das Boot mit zurück und mit ihm den verzweifelt an einer Leine zerrenden Rainer. Wiederum verschwinden beide sekundenlang unter den wirbelnden Fluten, werden dann von der nächsten Welle erfaßt und gegen die Klippen gedrückt. Ich stürze hinzu, versuche, das Boot zu halten, nur mit dem Resultat, daß das Boot die Reise in den nächsten Brecher mit uns zweien gemeinsam antritt. Das vollgeschlagene Boot ist derart schwer, daß es völlig aussichtslos ist, es in irgendeiner Form mit Muskelkraft festhalten zu wollen. Die einzige Rettung liegt in der Leine, und so greifen wir uns das Seil, zerren es zu einer Felsnase und belegen es dort. Tatsächlich fängt die Leine das Boot auf, und während einer von uns versucht, das Boot näher heranzuholen, holt der andere die Leine durch, um zu verhindern, daß das Boot bei der nächsten See wieder mit hinausgespült wird.

Endlich haben wir das Boot bis an die Felswand herangezogen. Hier haben die Wellen nicht mehr die urgewaltige Kraft, und so gelingt es uns, das Boot zu wenden und das Wasser herauszuschütten. In einem letzten Kraftakt stemmen wir das Boot über einen Felsvorsprung hinweg, ziehen es aufs Trockene und lassen uns erschöpft fallen. Es dauert einen Moment, bis wir schließlich wieder zu uns finden und wortlos darangehen, das Boot zu schultern und es zu unserem alten Lagerplatz zurückzutragen. Fast hätten wir uns die gestrige Reparatur sparen können, denn in Rainers Boot sind nach dieser Anlandung erneut die

Spanten angebrochen, und außerdem ist das Innere des Bootes mit einer dichten Sandschicht bedeckt. Ich hatte den Fehler gemacht, nach meiner Landung den Reißverschluß des Survival-Anzuges ein wenig zu öffnen, mit dem Erfolg, daß mir das Wasser jetzt bis zum Hals im Anzug steht. Wir bringen beide Boote in Sicherheit, zerren das Zelt heraus und bauen es zum dritten Mal an der gleichen Stelle auf. Wir fühlen uns zerbrochen und geschafft. Die Nervenbelastung ist enorm. Während wir schweigend ins Feuer starren und Kaffee trinken, breitet sich der Frost immer mehr aus, überzieht die Seen und Tümpel mit einer Eisschicht und läßt uns die kälteste Nacht der ganzen Expedition erleben.

Mit ungelenken Bewegungen kriechen wir am nächsten Morgen aus dem Zelt, um uns an einem Feuer zu wärmen. Alles, was wir machen, läuft mechanisch und ohne Überlegung ab. Wir frühstücken, packen unsere Sachen zusammen, stellen mit einiger Genugtuung fest, daß der Wind nachgelassen hat und zerren erneut die Boote mit aller verbliebenen Verbissenheit hinunter zum Wasser. Das alte Spiel beginnt. Wir zählen die Amplituden der Wellen, einigen uns auf eine Frequenz und verdrängen den Gedanken an das, was wir bei vorangegangenen Startversuchen erlebt haben. Ich zögere nicht lange, schiebe das Boot bei einer ersten günstigen Gelegenheit hinein, springe hinterher und schaffe es, vor dem nächsten brechenden Kamm offenes Wasser zu erreichen. Rainer folgt wenige Minuten später ebenso erfolgreich. Die See ist immer noch wild und stürmisch, aber der Sturm hat im Vergleich zu gestern merklich nachgelassen, und so schlagen wir unverdrossen unseren Weg ein, der uns heute bis zur Marinestation am Cabo de Ross führen soll. Dort wird man sich sicherlich schon Gedanken machen, wo wir solange bleiben.

Es ist ein nervenzerfetzender Ritt. Einmal wirft der Sturm ein ganzes Bündel Seetang über mein Boot, so daß der Bug tief ins Wasser gedrückt wird und ich nur um Haaresbreite einer Kenterung entgehe. Wir sind erschöpft und mögen nicht mehr. Die

Ein Wrack bei Punta Arenas – eines der ungezählten Opfer aus der Segelschiffzeit.

nervliche Belastung hat eine obere Grenze erreicht. Wir passieren die Isla Middle, sehen den Lagerplatz, an dem wir nach der Überquerung der Bahia Nassau das erste Mal auf der Wollaston-Gruppe übernachtet haben und fahren endlich in die vom Sturm geschützte Caletta Middle ein, um wenig später die Station Kap Ross vor uns liegen zu sehen. Hier in dieser Bucht herrscht lediglich eine lange Dünung, die ungefährlich für uns ist, und so lassen wir uns treiben, bis wir schließlich am Fuße der Station an einem felsigen Strand landen und die Boote in Sicherheit bringen. Wir fühlen uns kalt, elend und zerschlagen, als wir den verschneiten Weg zur Hütte hochstolpern. Als wir schließlich eintreten und die warme und trockene Behaglichkeit spüren, ist es, als wenn sich uns eine neue Welt eröffnet. Wie sehr der Mensch der Wärme und Geborgenheit bedarf, zeigt sich in solchen Momenten, und der Stellenwert, den diese scheinbar selbstverständlichen Annehmlichkeiten einnehmen, zeigt sich erst, wenn man sie eine Zeitlang entbehrt hat. Die neugierigen Fragen, die über uns hereinbrechen, sind uns gleichgültig. Wir beantworten sie rein mechanisch und sitzen stundenlang um den Ofen herum und genießen es, wie die wabernde Hitze langsam auf uns übergreift und unsere ausgekühlten Körper angenehm durchströmt.

Die Rückkehr

Zwei Tage sitzen wir in der Station am Kap Ross und versuchen, uns mit Kartenspielen, Lesen und Erzählen die Zeit zu vertreiben. Drei Tage, in denen das Wetter so schlecht ist, daß an einen erneuten Start nicht zu denken ist. Jeden Morgen stehen wir bei Tagesanbruch auf einer kleinen Anhöhe und beobachten mit dem Fernglas die aufgewühlte See. Immer, wenn man gerade meint, daß das Wetter sich bessern würde, frischt es auf und bringt die See erneut in Aufruhr. Ein Versorgungsschiff der Marine wartet seit über einer Woche auf die Gelegenheit, die Station Ross zu erreichen. Das Wetter ist, darin sind sich alle einig, dieses Jahr ganz besonders stürmisch und launisch. Meistens haben wir Südwind, der eisige Luft aus der Antarktis heranführt und alles in tiefem Frost erstarren läßt. Uns läuft die Zeit davon! Einen Monat ist es jetzt her, daß wir von Pt. Williams aufgebrochen sind; berücksichtigt man den ersten Start von der Lapataia-Bucht aus, dann ist es sogar schon länger her. Die Warterei zerrt an unseren Nerven. Beide müssen wir zurück nach Hause, da ich bereits vier Wochen später in Kanada sein will und Rainer ebenfalls Termine wahrzunehmen hat. Keiner weiß, wie sich das Wetter entwickeln wird, verläßliche Vorhersagen gibt es wie üblich nicht. Das einzige, was man von Pt. Williams aus erfahren kann, ist, daß die Großwetterlage schlecht ist und ein Tiefdruckgebiet dem anderen folgt.

Am Vormittag des 19. Mai kämpft sich schließlich das Versorgungsschiff bis in eine geschützte Bucht am Kap Ross vor. Das Entladen der Nachschubgüter muß zügig vorangehen, da der Kapitän so schnell wie möglich wieder zurück nach Pt. Williams will, um nicht in einen erneut heranziehenden Sturm zu geraten. Als er hört, daß wir unter Zeitdruck stehen, rät er uns

dringend, die Boote zu verladen und die Rückreise nach Pt. Williams an Bord seines Schiffes anzutreten. Da er deutsche Eltern hat, spricht er perfekt Deutsch und erzählt uns lachend, daß er mit Nachnamen »Seemann« heißt. Bei der derzeitigen Wetterlage scheint es durchaus wahrscheinlich, daß wir noch ein bis zwei Wochen festsitzen, bevor wir die Bahia Nassau erneut überqueren können. Da wir diese Zeit nicht mehr haben und zudem das nächste Versorgungsschiff frühestens in vier Wochen hier eintreffen wird, entschließen wir uns, der Einladung zu fol-

Die Expedition geht dem Ende zu. An Bord der Rio Cisne reisen wir samt der Ausrüstung von Pt. Williams aus nach Punta Arenas und passieren dabei den Garibaldi-Gletscher, der sich von der Darwin-Kordilliere zum Beagle-Kanal senkt.

gen und fahren in die Bucht hinaus, um die Boote an Bord hieven zu lassen. Eine Stunde später werden die Anker gelichtet, das Schiff schlingert fürchterlich in der aufgewühlten See, und wir haben Mühe, in der kleinen Messe unseren Becher mit damp-

fendem Kaffee so zu halten, daß der Inhalt nicht in einem Schwung auf dem Boden landet. Kapitän Seemann scheint sich zu freuen, endlich mal wieder in deutscher Sprache reden zu können, und so plaudern wir lange und ausführlich über unsere Expedition, die er selbst auch mit großem Interesse verfolgt hat. Während unserer Abwesenheit haben fast alle chilenischen Medien über diese Unternehmung berichtet, und jedermann schien gespannt, ob wir unser gestecktes Ziel tatsächlich erreichen würden. Lange Zeit diskutieren wir mit ihm über die Wetterlage, die wir auf unserer Unternehmung vorgefunden haben. Auch er scheint verwundert darüber, mit welcher Häufigkeit und mit welcher Stärke es in den vergangenen vier Wochen gestürmt hat. Stürme seien zwar durchaus nichts Ungewöhnliches, sagt er uns, aber die Anzahl der Sturmtage, die wir im Verlauf unserer Reise erlebt haben, liege weit über dem Durchschnitt. Außerdem, so sagt er uns – und dies hören wir nun schon zum wiederholten Male von Leuten, die es wissen müssen –, sei auf der Wollaston-Gruppe schließlich alles möglich! Es fällt uns nicht schwer, diese These zu bestätigen. Auf unsere Frage hin, wie er, der Kapitän, denn anfangs unsere Chancen eingeschätzt habe, weicht er lachend aus und sagt, für ihn stehe es jedenfalls fest, daß er niemals in seinem Leben mit einem kleineren Schiff als dem, auf dem wir uns jetzt befinden, diese Gewässer befahren würde.

Die Nacht verbringen wir in einer Bucht der Insel Lennox, wo es eine weitere Marinestation gibt, die versorgt werden muß. Früh am nächsten Morgen geht der Anker auf, und während langsam der neue Tag erwacht, nähern wir uns bei absoluter Windstille und spiegelglattem Wasser der noch im Tiefschlaf liegenden Siedlung Pt. Williams. Es ist heute Sonntag, der 20. Mai und der 32. Tag, seit wir von hier aus aufgebrochen sind. Wir fahren zunächst wieder in unser altes Hotel, wo uns der Wirt, der offensichtlich die Nacht durchgefeiert hat, herzlich willkommen heißt und jedem auf nüchternen Magen einen großen Cognac verabreicht und uns anschließend mit einem üppigen Frühstück bewirtet. Erst danach läßt er uns in unser Zimmer ziehen, in dem wir uns zunächst einmal der schmutzigen Kleidung entledigen, und jeder ausgiebig und genußvoll die Dusche frequentiert.

In einer kleinen Kneipe feiern wir den Abschluß unserer Expedition, indem wir uns einmal quer durch die Speisekarte essen, die unterschiedlichsten Weine probieren und immer wieder bereitwillig den fragenden Gesichtern Auskunft über unsere Tour erteilen.

Am nächsten Morgen erfahren wir, daß abends ein Schiff von Pt. Williams nach Punta Arenas auslaufen soll. Wir sprechen mit dem Kapitän des Schiffes, werden schnell handelseinig und kaufen zwei Tickets für diese Passage. Bei dem Schiff handelt es sich

Die Großstadt Punta Arenas. Wir genießen die Köstlichkeiten der chilenischen Gastronomie und beginnen langsam, uns von den Strapazen zu erholen.

um die Rio Cisne, die am Tag zuvor eine geschichtsträchtige Fahrt unternommen hat. An Bord der Rio Cisne war nämlich am gestrigen Tag der Kommandant von Pt. Williams nach Ushuaia gefahren, um dort mit seinem argentinischen Amtskollegen zu einem Gespräch zusammenzutreffen. Die Vermittlung des Vatikans hat immerhin bewirkt, daß man wieder zu Gesprächen be-

Gleich zwei Wracks an einer Stelle findet man am Ufer der Magellan-Straße.

reit ist und ein gegenseitiges Interesse signalisiert, diesen schon seit über 100 Jahren schwelenden Konflikt endlich zu den Akten zu legen. Dieses Treffen der Kommandenten wird in der chilenischen Presse als Sensation gefeiert. Man hat offensichtlich vereinbart, in Kürze eine regelrechte Schiffsverbindung von Ushuais nach Pt. Williams einzurichten und darüber hinaus

233

auch eine Flugverbindung herzustellen. So gibt es denn am Montag, dem 21. Mai, gleich mehrere Gründe für die Chilenen zum Feiern, zum einen die beginnende Aussöhnung mit Argentinien, zum anderen ist der 21. Mai einer der höchsten Feiertage der Chilenen, und last not least feiert man natürlich auch unsere Rückkehr. In einer feierlichen Zeremonie wird jedem von uns in der Kommandantur eine Urkunde überreicht, in der der Kommandant von Pt. Williams den Reiseverlauf und den Erfolg der Expedition bestätigt.

Abends verladen wir unsere Boote an Bord der Rio Cisne und wir verabschieden uns von zahlreichen Leuten, die zum Abschied in den Hafen gekommen sind; es werden Adressen ausgetauscht; der Arzt der Siedlung überreicht uns noch einige Fotos, die er von unserem Aufbruch gemacht hat; schließlich werden die Leinen losgeworfen, und langsam gleitet die Rio Cisne aus dem Hafen hinaus in den Beagle-Kanal. Bald versinkt Pt. Williams im Dunkel der Nacht. Schräg vor uns tauchen die ersten Lichter von Ushuaia auf, das wir leider, trotz der beginnenden Normalisierung, nicht anlaufen dürfen, um die dort verbliebenen Packsäcke der Boote sowie andere Ausrüstungsgegenstände aufzulesen. Einer von uns wird also später, nach unserer Ankunft in Punta Arenas, den langen Weg per Bus und Flugzeug zurück nach Ushuaia reisen müssen, um die besagten Ausrüstungsgegenstände dort abzuholen. Eine fast groteske Situation, die wir aber leider nicht zu ändern vermögen. Es bleibt schließlich nur zu hoffen, daß die beiden Länder sich möglichst bald endgültig über den Grenzverlauf einigen werden, damit nicht nur ein normaler Grenzverkehr ablaufen kann, sondern darüber hinaus Minenfelder, Geschützstellungen und Säbelgerassel ein für alle Mal aus diesem Land der Stürme verschwinden.

Zwei Tage dauert die Reise mit der Rio Cisne, die uns Einblick in die Darwin-Kordillere gewähren läßt, deren gewaltige Gletscher bis in den Beagle-Kanal hinunterstoßen und dabei soviel Kälte ausstrahlen, daß das Salzwasser teilweise von einer dichten Eiskruste überzogen ist. Gleißende Schneegipfel liegen in der Morgensonne und säumen wie die Zinnen einer Burg unseren Weg. Als wolle es uns verhöhnen, hat sich das Wetter seit unserer Ankunft in Pt. Williams schlagartig gebessert. Es herrscht zwar Dauerfrost, aber die Luft ist klar, es ist windstill, und am blauen Himmel sind nur vereinzelt Wolken zu sehen. Es kann also anders sein, das Wetter. Das Problem besteht nur darin, daß niemand weiß, wann dies der Fall sein wird. Immer enger zieht sich der Beagle-Kanal zusammen. Links und rechts steigen die Felswände lotrecht aus dem Wasser heraus; fast könnte man meinen, durch einen Tunnel zu fahren. Die Landschaft strahlt Vollendung in höchster Perfektion aus, in der sich die Rio Cisne wie ein Fremdkörper ausmacht. Wieder denke ich über die Indianer nach, die in völliger Harmonie mit dieser Landschaft gelebt haben und deren Lebens- und Leidensgeschichte vom Wind aufgenommen und in alle Richtungen zerstreut worden ist. Während ich auf die schnee- und eisstarrende Felskulisse schaue und dabei den herben Geruch des Salzwassers einziehe, fällt mir wieder die düstere Vorhersage des Priesters Agostini ein:

»Noch wenige Jahre, und dieses idyllische, unverfälschte Leben gehört für immer der Vergangenheit an. Dann werden die einsamen Täler und schneelastenden Berge ihre alten Herren nicht mehr sehen, mit denen sie jahrtausendelang gemeinschaftlich gegen Wind und Wetter kämpften, mit denen sie die unsagbare Lieblichkeit milder Sonnenuntergänge atmeten und uralte Feste und reiche Jagden feierten.«

Ich spüre plötzlich, daß ich friere, nehme mit einem letzten Blick Abschied von dieser urwüchsigen Landschaft und begebe mich in meine Kammer, um meinen Rucksack zu packen.

II. Teil:
Vorbereitung · Ausrüstung · Tips

Einführung

Wenn ich im II. Teil dieses Buches eigene Vorstellungen beziehungsweise Erfahrungen, die ich im Verlauf der Expedition gesammelt habe, weitergebe, dann geschieht dies keineswegs mit der Absicht, eine Art Paddel- oder Expeditionsanleitung zu präsentieren. Die Überlegungen, die bei einem solchen Werk mit einfließen müßten, würden allein ein ganzes Buch füllen. Darüber hinaus gibt es bereits einige Werke, die sich mit dieser Thematik befassen, wobei mir persönlich ein Buch so gut gefällt, daß ich glaube, es nicht besser machen zu können und daher auch eine Empfehlung dafür aussprechen möchte. Es ist von einem Mann geschrieben, der seit vielen Jahren Expeditionen mit Kajaks und Faltbooten durchführt und der auf diesem Sektor überaus erfahren ist. Leider – das muß einschränkend gesagt werden – ist dieses Buch meines Wissens derzeit nur in englischer Sprache verlegt.

Der Titel des Buches lautet:
»Sea Kajaking« von John Dowd
Verlag: Douglas & McIntyre, Publishers,
Vancouver
Nr.: ISBN 0-88 894-305-9

Jede bessere Buchhandlung sollte eigentlich in der Lage sein, dieses Buch zu bestellen. John Dowd behandelt in seinem Buch ausschließlich das Paddeln auf dem Meer und nicht auf dem Wildwasser und entspricht damit der Thematik dieses Buches.

Ich möchte in diesem Teil lediglich einige Dinge aufgreifen, die mir sehr wichtig erscheinen und die speziell unsere Expedition näher erklären, oder aber ganz einfach persönliche Erfahrungen wiedergeben und falsche Vorstellungen revidieren.

Für mich persönlich stellt das Paddeln auf dem offenen Meer die Krönung dieser Sportart dar, weil es nicht nur eine sehr anspruchsvolle und schöne Art zu reisen ist, sondern allein schon deshalb, weil die Geburtsstätte des Kajaks das Meer ist.

Es sei aber auch eine deutliche Warnung ausgesprochen! Bootstouren auf dem offenen Meer setzen nicht nur gute Kondition voraus, sondern darüber hinaus Erfahrung in der Navigation, in Wetterkunde, in Strömungsverhältnissen des Meeres und vielen anderen Dingen mehr. Daß die Ausrüstung gut und zweckmäßig zusammengestellt sein muß, sollte eigentlich keiner Erwähnung bedürfen. Andererseits taugt auch die beste und teuerste Ausrüstung nur soviel wie der Mensch, der sie bedienen soll. Ich habe in letzter Zeit oftmals das Gefühl gewonnen, daß sich eine Art Perfektionsstreben breitmacht und der Stellenwert, den die Ausrüstung einnimmt, überbewertet wird. Die Vorstellung, daß man mit einer superteuren und hochwertigen Ausrüstung schon die halbe Erfolgsrate für eine Tour in der Tasche hat, ist ganz einfach falsch.

Jedem, der sich mit einem Kajak auf das offene Meer begeben will, rate ich, sich auf das sorgfältigste darauf vorzubereiten und lieber einen Schritt zurück als nach vorn zu tun. Auch in anderen Gegenden als der Kap-Hoorn-Region kann das Meer rauh und stürmisch werden und zu einem Kampf auf Leben und Tod führen. Dies sollte jeder wissen und beherzigen, der sich dem Paddeln auf offenem Wasser verschrieben hat.

Warum ein Faltboot?

Warum ein Faltboot und kein starres Kajak? Diese Frage taucht neben einigen anderen immer wieder auf und hat in der Tat auch ihre Berechtigung. Viele scheinen verwundert, daß wir uns letztlich für ein Faltboot entschieden haben und nicht etwa für aus Kunststoff gefertigte Kajaks. Es gibt mehrere Hersteller, die die sogenannten Eski-Kajaks herstellen, die den ursprünglichen grönländischen Kajaks nachempfunden sind, und die auch ein sehr gutes Verhalten im offenen Meer aufweisen. Ein großer Vorteil dieses Typs ist, daß man im Falle einer Kenterung eskimotieren kann, das heißt, nicht aus dem Boot aussteigen muß, sondern eine 360-Grad-Rolle vollführt und damit dieses Mißgeschick wieder ausgebügelt hat. Eski-Kajaks sind gewöhnlich schnell, lassen sich angenehm und gut handhaben und haben sich unter anderem auch schon einmal in den stürmischen Kap-Hoorn-Gewässern bewährt. Die eigentlichen Konstrukteure dieses Bootstyps sind die Eskimos, die mit Hilfe dieser Kajaks in die Fjorde und aufs Meer hinausfuhren, um mittels Harpunen Meeressäuger zu jagen. Dieser Urtyp des Kajaks besteht aus einem Holzspantengerüst, das mit einer Seehundhaut wasserdicht bespannt ist. Ein Faltkajak ist von der Konstruktionsweise einem Eskimo-Kajak stark angenähert. Zwar ist die Formgebung der gängigen Faltboottypen gedrungener und breiter, das Grundprinzip ist aber dennoch das gleiche, es besteht aus einem Holzgerüst, das mit einer Haut überspannt ist. Der Nachteil eines solchen Faltkajaks besteht darin, daß man bei einer Kenterung nicht eskimotieren kann, da das Boot zu ausladend und breit ist. Trotz dieses Mankos fiel unsere Entscheidung zugunsten der Klepper-Faltboote aus.

Ich habe bereits an anderer Stelle davon gesprochen, daß Faltboote bei vielen Leuten nicht ganz für voll genommen werden. Warum dies so ist, ist mir gerade nach den Erfahrungen der Kap-Hoorn-Umrundung völlig unerklärlich. Ich stehe weder auf der Gehaltsliste der Firma Klepper, noch hat man mir die Boote geschenkt, sondern ich habe sie regulär gekauft, so daß ich also völlig ungezwungen über Vor- und Nachteile dieser Faltkajaks sprechen kann. Sicher gibt es das eine oder andere Detail, das wir an den Booten verändert haben, beziehungsweise wir uns anders gewünscht hätten. Dies betraf aber keine wesentlichen Konstruktionsmerkmale, sondern eben Details wie zum Beispiel eine Kompaßhalterung, eine Spannvorrichtung für die Fußsteuerung, Trageschlaufen am Bug und Heck des Bootes und andere Dinge mehr, die als Anregung von der Herstellerfirma aufgegriffen und in Zukunft berücksichtigt werden sollen. Das Boot als solches hat sich hervorragend bewährt und könnte nach einer Grundüberholung gleich für eine neue Expedition eingesetzt werden.

Die Gründe, die den Ausschlag für die Faltboote gaben, waren folgende: Ein Vorteil der Faltboote ist zweifellos ihre Geräumigkeit. Da wir nur zu zweit unterwegs sein wollten und uns für über vier Wochen vollständig verproviantieren mußten, benötigten wir Boote, in denen sich all diese Gegenstände auch verstauen ließen. Die schmalen und engen Eski-Kajaks haben weniger Stauraum, so daß wir bei ihnen auf einen Teil unserer Ausrüstung hätten verzichten müssen.

Die relative Kentersicherheit der Faltboote war ein weiterer Punkt, der für sich spricht. Unsere Planung sah zwar vor, daß wir jeden Abend an Land schlafen wollten, aber dennoch hätten wir leicht gezwungen werden können, auch mehrere Tage hintereinander auf See zu verbringen, und dann muß man einfach irgendwann einmal schlafen. Ein Faltboot kann zwar auch kentern, wovor es auch die in den Seitenteilen eingearbeiteten Luftschläuche nicht bewahren wird, da sie ohnehin nur die Funktion eines Auftriebskörpers und nicht etwa einer Kentersicherung übernehmen. Dennoch ist das Boot durch die konstruktive Breite stabiler und kann Unregelmäßigkeiten in der Gewichtsverlagerung leichter kompensieren. Da die Sitzluke zudem größer ist, könnte man es sich in aller Bescheidenheit den Umständen entsprechend bequem machen und bei ruhigem Wetter eine zeitlang schlafen.

Als weiterer Punkt spricht für das Faltboot die Möglichkeit, einen Mast und ein Segel zu setzen. Die Boote sind serienmäßig mit einer Masthalterung ausgerüstet, und es bedarf nur weniger Handgriffe, das Boot zum Segeln umzurüsten. Ich persönlich halte wenig von einem aufwendigen Rigg mit einer übergroßen Segelfläche. Derartige Segelkonstruktionen überfordern leicht das Boot und können zu einer Kenterung führen. Das von uns verwendete Treibsegel bestand lediglich aus einem Mast sowie einem daran befestigten Segel mit einer relativ kleinen Fläche. Der Mast war weder abgespannt noch festgebolzt, sondern steckte einfach in der Masthalterung und konnte aus diesem Grunde mit einem Handgriff herausgezogen und gelegt werden. Bei einem Vorgespräch mit Dr. Hannes Lindemann, der selbst in einem Aerius II den Atlantik überquert hat, empfahl er mir, möglichst kleine Segelflächen zu verwenden. Die handelsüblichen Segel sind für ein Faltboot völlig überdimensioniert und nur bei einer ganz leichten Brise zu verwenden. Zwar konnten auch wir unsere Treibsegel nur im Beagle-Kanal verwenden, da wir später zu schlechtes Wetter vorfanden, aber an den Tagen, an denen wir sie benutzten, leisteten sie uns gute Dienste und halfen, Kräfte zu sparen. Wenn wir sie nicht benötigten, wurden Segel und Mast an Deck gelascht und nahmen dadurch weder Platz weg, noch behinderten sie uns in irgendeiner Weise. Außerdem hat solch ein Segel auch an Land seine Vorteile, denn oft genug haben wir uns daraus einen Wind- oder Regenschutz gebaut, unter dem wir dann einigermaßen trocken sitzen konnten.

Schließlich wäre als Argument noch die Leichtigkeit, mit der eine Reparatur durchgeführt werden kann, anzuführen. Ein zerbrochenes Spantengerüst kann immer wieder mittels Improvisationsgabe und Holz, welches man am Strand oder in Wäldern findet, repariert werden. Löcher in der Haut – sofern sie überhaupt auftreten – können mit Flicken und Gummilösung schnell abgedichtet werden. Um eine solche Reparatur an der Haut durchführen zu können, sollte die Außentemperatur mindestens

15 ° Celsius betragen. Aber auch dies wäre selbst bei unserer winterlichen Kap-Hoorn-Umrundung kein Problem gewesen. Wir hätten nämlich ohne weiteres das Boot auseinanderbauen können, das Zelt mittels Kocher auf die erforderliche Temperatur aufheizen und die Bootshaut im warmen Zelt flicken können. Außerdem besteht immer noch die Möglichkeit, aus zwei zerstörten Booten zumindest noch ein funktionsfähiges zusammenzusetzen. Die Variationsmöglichkeiten sind also beim Faltboot sehr viel größer als zum Beispiel bei einem Fiberglasboot. Reparaturen an einem Fiberglaskajak müssen ebenfalls bei Raumtemperatur durchgeführt werden, wobei man seine Schwierigkeit haben dürfte, ein derartiges Boot ins Zelt zu bekommen.

Mit dieser Aufzählung von Argumenten für das Faltboot soll keine allgemeine Wertung getroffen werden, sondern nur erklärt werden, weshalb wir uns für diesen Bootstyp entschieden haben. Die anderen Kajaktypen, die es auf dem Markt gibt, sind deshalb noch lange nicht schlechter.

Ausrüstung

PADDEL

Einige Leute scheinen peinlich berührt, wenn sie auf meinen Fotos sehen, daß wir zum Teil mit ungedrehten Paddeln gefahren sind. So fahren doch nur ›Sonntagspaddler‹ oder Leute, die keine Ahnung vom Paddeln haben. Jeder Paddler, der etwas auf sich hält, fährt natürlich mit einem gedrehten Paddel und schaut, wenn nicht gar verächtlich, so doch zumindest amüsiert auf den hinunter, der in offensichtlicher Unwissenheit ein zusammensteckbares Paddel fährt, dessen Blätter nicht etwa im rechten Winkel zueinander versetzt sind, sondern beide in einer Ebene liegen. Unter gedrehten Paddeln versteht man diejenigen, deren Blätter rechtwinklig versetzt sind, und unter ungedrehten Paddeln eben die, deren Blätter sich im gleichen Winkel gegenüberliegen.

Warum gedrehte Paddel gefahren werden, ist vielen gar nicht geläufig. Das gedrehte Paddel hat seinen Ursprung im Wildwasser gefunden und hat den Vorteil, daß bei Gegenwind das in der Luft befindliche Blatt nicht etwa als Bremse wirkt, sondern mit dem geringstmöglichen Widerstand durch die Luft schneidet. Bei Abfahrtsläufen auf Wildwasserflüssen kommt durch die hohe Geschwindigkeit ein spürbarer Fahrtwind auf, und außerdem gibt es oftmals erhebliche Steigungswinde, so daß hier das gedrehte Paddel in jeder Hinsicht seine Berechtigung hat. Beim Paddeln auf dem offenen Meer findet man aber häufig ganz andere Gegebenheiten vor. Außer bei starkem Gegenwind gibt es eigentlich kaum einen Grund, ein gedrehtes Paddel zu verwenden. Im Gegenteil, die Vorteile eines ungedrehten Paddels überwiegen hierbei ganz erheblich. Hat man zum Beispiel Rückenwind, dann drückt der Wind von hinten gegen die in der Luft befindliche Paddelfläche und erleichtert dem Paddler damit seine Arbeit. Auch bei böigem Seitenwind ist ein ungedrehtes Paddel leichter zu kontrollieren als ein gedrehtes, da die Blätter immer den gleichen Winkel aufweisen und somit der Wind keine unterschiedlichen Ansatzpunkte findet, einem das Paddel aus den Händen herauszudrehen. Dies mag zwar vielen unwahrscheinlich erscheinen, wer aber schon einmal bei sehr böigem Wind gepaddelt hat, weiß sehr wohl, daß der Wind recht unangenehm hinter die gedrehten Blätter fassen kann. Ein weiterer Vorteil der ungedrehten Paddel besteht darin, daß die sich ständig wiederholende Drehung im Handgelenk entfällt. Bei langen Touren, die zudem im kalten und feuchten Klima durchgeführt werden, kann es ohne weiteres passieren, daß es zu einer Entzündung im Hand- oder Ellenbogengelenk kommt, die derart schmerzhaft sein kann, daß es für den Betreffenden unmöglich ist, weiter zu paddeln. Man spricht in diesem Fall von einem ›Paddelarm‹, der ähnliche Krankheitssymptome aufweist wie etwa der bekanntere ›Tennisarm‹. Diese Überbelastung der Gelenke wird bei dem ungedrehten Paddel um ein erhebliches Maß gemindert.

Ein ungedrehtes Paddel läßt sich in einer Pause auf dem offenen Wasser entweder flächig auf das Bootsdeck ablegen und bietet somit dem Wind keine Angriffsmöglichkeit, oder aber man kann es quer über den Süllrand legen, mit den Paddelflächen zum Wasser hin, und erhält damit eine Art Stütze oder Ausleger, die das Boot selbst in rauher See erheblich stabilisiert.

All dies sind übrigens keine Erfahrungen, die ich als erster gemacht hätte, sondern die mir zuvor und auch im nachhinein von Leuten, die extrem weite Distanzen mit Kajaks zurückgelegt haben, bestätigt werden. John Dowd schreibt sogar in seinem Buch, daß er es sehr verwunderlich findet, daß die gedrehten Paddel überhaupt jemals so populär geworden sind. Und auch ich meine, daß die Nachteile eines gedrehten Paddels auf offener See deutlich überwiegen. Aus diesem Grund verwende ich bei langen Touren stets zusammensteckbare Paddel, so daß ich im Falle eines starken Gegenwindes die Paddel drehen kann, ansonsten bleiben sie bei mir ungedreht! Und noch etwas – die Erfinder des Paddels, die Eskimos, haben zu keinem Zeitpunkt gedrehte Paddel gekannt! Die von ihnen verwendeten Paddel weisen relativ schmale Blätter auf und sind immer ungedreht.

Auch über das Material, aus dem ein Paddel zu bestehen hat, gibt es unterschiedliche Auffassungen. Wir haben für die Kap-Hoorn-Expedition zusammensteckbare Holzpaddel verwendet, die wir ebenfalls über die Firma Klepper bezogen haben. Bis auf den einen Fall, wo Rainer Neuber bei einem vergeblichen Startversuch ein Paddel von einer See zerbrochen wurde, haben die Paddel gut gehalten und werden von mir noch heute verwendet. Eine härtere Belastung als bei der Kap-Hoorn-Umrundung läßt sich für ein Paddel kaum denken, da ganz einfach der Mensch, der es bewegen soll, hierbei deutlich an seine Leistungsgrenze stößt. Auch das Starten und Anlanden durch die Brandung und auf den Klippen strapaziert ein Paddel oftmals auf das äußerste, und es bleibt weiß Gott keine Zeit, das Material zu schonen. Ein gut verarbeitetes und leichtes zusammensteckbares Holzpaddel halte ich persönlich auch für strapaziöse Touren durchaus für geeignet. Bevor man sich darüber den Kopf zerbricht, ob es sich nun unbedingt um ein ultramodernes und aus den neuesten Materialien gefertigtes Paddel handeln muß, sollte man sich lieber darüber Gedanken machen, ob die Fläche des Paddelblatts auf das persönliche Bedürfnis zugeschnitten ist. Je größer die Fläche, desto größer die bewegte Wassermenge und desto größer auch die erforderliche Energie. Hier sollte man experimentieren, um die für sich geeignete Fläche herauszufinden.

KLEIDUNG

Wir haben für unsere Kap-Hoorn-Expedition einen Survival-Anzug der Firma Helly Hansen getragen, dessen Beine fest mit Gummistiefeln verbunden waren und der insgesamt hundert Prozent wasserdicht ist. Es gucken lediglich die Hände heraus, sowie ein Teil des Gesichts, aber selbst diese Nahtstellen sind so abgedichtet, daß kein Wasser eindringen kann. Der große Vorteil dieses Anzuges liegt darin, daß er selbst bei eisigsten Temperaturen den Körper derart optimal isoliert, daß man schon sehr lange im Wasser liegen muß, bevor man einen ersten Wärmeverlust registriert. Laborversuche mit diesem Anzug haben ergeben, daß ein Mensch in null Grad kaltem Wasser etwa sechs bis sieben Stunden überleben kann. Dieser Anzug ist stets mit Luft gefüllt und wirkt daher zugleich auch als Auftriebskörper, so daß eine Schwimmweste nicht erforderlich ist. Die Luft im Anzug verteilt sich darüber hinaus stets so, daß man im Wasser auf dem Rücken zu liegen kommt und nicht etwa auf dem Bauch, so daß die Gefahr des Ertrinkens bestehen würde. Diese Anzüge sind überaus strapazierfähig und halten selbst dann noch warm, wenn sie durch irgendwelche Umstände plötzlich voll Wasser laufen. Die Anzüge sind sehr warm, so daß sie tätsächlich nur für winterliche Unternehmungen beziehungsweise für niedrige Seewassertemperaturen geeignet sind. Man kommt unweigerlich darin ins Schwitzen, und dieser Schweiß sammelt sich in den Anzügen, die sich dann nur sehr schwer trocknen lassen. Es sind also wirklich kompromißlose Winteranzüge, die eigentlich nur den Nachteil haben, daß sie verhältnismäßig teuer sind. Unter diesen Anzügen haben wir lediglich Lifa-Unterwäsche sowie Faserpelz-Unterwäsche getragen, beides ebenfalls von der Firma Helly Hansen. Handschuhe haben wir verschiedene mitgeführt, wobei ich oft Neopren-Handschuhe getragen habe, die den Vorteil haben, daß warme Hände auch warm bleiben, kalte aber auch kalt, während Rainer Neuber überwiegend Fingerhandschuhe aus Wolle oder Lifa getragen hat. Gänzlich ohne Handschuhe geht es im Winter in diesen Breiten nicht; zumindest war dies unser Empfinden.

WEITERE AUSRÜSTUNGSGEGENSTÄNDE

Ferner kamen folgende Ausrüstungsgegenstände während der Expedition zum Einsatz:

		Anzahl
– Faltboot Klepper	Aerius I Expedition	2
– Survival-Anzug	Helly Hansen	2
– Zelt Fjäll Räven	Camp Q III	1
– Schlafsack Alp & Ocean	Fjäll Räven	2
– Rucksack Gyro Soft	Fjäll Räven	2
– Regenkleidung	Helly Hansen	2
– Jacke	Fjäll Räven	2
– Unterwäsche Lifa	Helly Hansen	2
– Unterwäsche Faserpelz	Helly Hansen	2
– Handschuhe: Neopren, Wolle		diverse
– Kocher Optimus / Petroleum		1
– Mützen Wolle		diverse
– Isoliermatten		diverse
– wasserdichte Kanister mit Schraubverschluß		diverse
– wasserdichte Säcke Zölzer		diverse
– Kompaß Silva		
– Fernglas		

Sonstiges:
Kochgeschirr, Taschenmesser, Schwamm, Toilettenpapier, Flick- und Reparaturzeug, Gasfeuerzeuge, Streichhölzer, Bänder.

Medikamente:
Zahnbesteck, Antibiotika, Salben gegen Zerrungen und Entzündungen, Kohletabletten, elastische Binden, Schienen, Schmerzmittel, Verbandzeug, Schere, Pflaster.

FOTOGRAFISCHE AUSRÜSTUNG

Ich hatte vor Antritt der Expedition von der Zeitschrift ›Geo‹ den Auftrag erhalten, eine Fotoreportage über diese Unternehmung anzufertigen. Dabei war von vornherein klar, daß gerade ›Geo‹ sehr hohe Ansprüche stellt, was die Bildqualität angeht, andererseits aber die Fotografie unter den Bedingungen sehr schwer sein würde. Wer schon einmal versucht hat, von einem kleinen Boot aus Seegangsverhältnisse mit der Kamera festzuhalten, der wird wissen, daß dies nahezu unmöglich ist. Die Bewegung und auch die Dramatik, die man selbst verspürt, läßt sich mittels Fotografie – wenn überhaupt – nur sehr unzulänglich einfangen. Die Dynamik der See wird eingefroren, und was nachher auf dem Bild herauskommt, sieht meistens aus wie eine ruhige Wasserfläche, die den tatsächlichen Gegebenheiten in keinster Form Rechnung trägt. Dokumentieren kann man die Seegangsverhältnisse eigentlich nur dann, wenn man ein Vergleichsobjekt vor der Optik hat, zum Beispiel ein Segelboot, von dem plötzlich nur noch die Mastspitzen aus dem Wellental herausschauen. Ein Faltboot hingegen ist entweder auf einer Welle zu sehen oder aber im nächsten Wellental verschwunden, so daß hier keine Vergleichsmöglichkeiten gegeben sind.

Wie bei allen meinen vorangegangenen Polar-Expeditionen, habe ich auch auf dieser Unternehmung wieder eine Leica-Ausrüstung mitgeführt, die aus zwei R 4-Gehäusen und diversen Objekten bestand. Allerdings, das lag auf der Hand, konnte ich die Leicas nicht während des Paddelns verwenden, da sie dann innerhalb kürzester Zeit durch Seewassereinwirkung zerstört worden wären. Aus diesem Grunde nahm ich eine Unterwasserkamera mit, die Nikonos IV, die ich ständig, durch einen Hals- und einen Rückengurt gesichert, vor der Brust trug. Damit war ich zumindest in der Lage, auch auf See zu fotografieren und brauchte keine Angst zu haben, daß das Salzwasser eine kostbare Kameraausrüstung zerstört. Allerdings weist die Nikonos natürlich nicht die gleichen technischen Möglichkeiten auf wie etwa die Leica R 4; es war aber eben das Beste, was uns unter den dortigen Verhältnissen zur Verfügung stand.

Die Leicas kamen ausschließlich auf dem Land zum Einsatz,

ansonsten waren sie in einem wasserdichten Kanister verstaut. Zwar hatte ich von der Firma Ewa Marine mehrere aus Plastik bestehende Tauchtaschen gekauft, mit deren Hilfe ich gedachte, auch gelegentlich eine Leica auf dem Wasser zum Einsatz zu bringen. Diese Tauchtaschen, die angeblich bis zehn Meter Wassertiefe dicht halten sollen, haben mich in jeder Hinsicht enttäuscht! Sie sind nicht nur meines Erachtens unverhältnismäßig teuer, sondern gingen bereits in den ersten Tagen an den Nähten kaputt, so daß dort Wasser eintreten konnte, und sie ihre Funktion nicht mehr erfüllten. Diese Schäden traten bei allen drei Tauchgehäusen auf, so daß wir sie überhaupt nicht mehr verwenden konnten. Eines der Ewa-Marine-Gehäuse war für Rainer Neubers Super 8-Kamera gedacht, so daß wir ursprünglich davon ausgegangen waren, auch bei schlechtem Wetter zu filmen. Da dies Gehäuse nach kürzester Zeit kaputt war, blieb ihm nichts anderes übrig, als ohne dieses Gehäuse zu filmen, mit dem Resultat, daß bei der Kap-Hoorn-Umrundung die Kamera voll Wasser lief und anschließend nur noch Schrottwert darstellte. Ich habe zwar von anderen Leuten gehört, daß sich diese Tauchgehäuse in warmen Zonen durchaus verwenden lassen, mein Vertrauen in dieses Produkt ist allerdings gründlich erschüttert, so daß ich ihm eine hochwertige und teure Kameraausrüstung nicht mehr anvertrauen werde.

Die Unterwasserkamera arbeitete gut und problemlos. Die einzige Schwierigkeit bestand darin, das Objektiv von Salz- und Wasserflecken einigermaßen zu reinigen. Viele der Fotos sehen leicht verschwommen aus, da es fast unmöglich war, das Objektiv trocken zu halten. In vielen Situationen, in denen wir gerne fotografiert hätten, war es uns einfach nicht möglich. Die klimatischen Verhältnisse waren derart extrem, daß wir in jeder Hinsicht bis zum Limit gefordert wurden und einfach kein Raum mehr blieb, um auch noch zur Kamera zu greifen. Das Optimale wäre gewesen, wenn ein unabhängiges Film- oder Kamerateam vom Land oder einem Begleitschiff aus die Dramatik dieser Stunden eingefangen hätte. Natürlich ist dies illusorisch und hätte auch den Charakter dieser Unternehmung maßgeblich gestört. So muß man sich halt damit zufrieden geben, was auf einer solchen Expedition möglich ist.

Für die Filmerei gilt im großen und ganzen das gleiche. Nur kann man natürlich mit einem Film die Dynamik und die Bewegung des Meeres ganz anders einfangen, als dies mit einer Fotografie möglich ist. Aus diesem Grunde wählten wir überhaupt das Medium Film, und obwohl wir nur eine ganz einfache Super 8-Kamera mitführten und das Bildmaterial, das dabei zustande kam, qualitativ nicht sehr hochwertig ist, weil bestimmte Funktionen der Kamera bereits nach kurzer Zeit den Dienst quittierten, gelang es Rainer doch, eindrucksvolle Szenen festzuhalten und damit ein einzigartiges Dokument anzufertigen.

Durch den frühzeitigen Verlust der Filmkamera konnten wir einen großen Teil der geplanten Einstellungen nicht drehen, was wiederum zur Folge hatte, daß wir erheblich mehr unbelichtetes als belichtetes Filmmaterial mit nach Hause gebracht haben. Auch hier gilt das gleiche, was ich bereits für die Fotografie gesagt habe: Ein Kamerateam, das entweder von Land oder von einem Begleitboot aus die Unternehmung gefilmt hätte, wäre in einem ganz anderen Maße in der Lage gewesen, diese Unternehmung zu dokumentieren. Rainer Neuber und ich befanden uns in einer derart extremen Situation, daß die Fotografie und auch die Filmerei zwangsläufig ins Hintertreffen geraten mußten und nur einen zweitrangigen Stellenwert einnehmen konnten. Aber dies ist ein Problem, das charakteristisch für jede extreme Expedition ist.

Das von uns verwendete Material habe ich in nachstehender Liste zusammengefaßt:

Fotoausrüstung:

Leica R 4	2 Gehäuse
Motor-Winder	1
Fisheye-Elmarit	2,8 / 16
Elmarit	2,8 / 24
Vario-Elmar	4,5 / 75 − 200
Macro-Elmarit-R	2,8 / 60
Pol-Filter zirk.	

Unterwasserkamera Nikonos IV mit 35 mm Objektiv
Bauer Super 8 mm Filmkamera

Filmmaterial:

Ektachrome   64
Ektachrome   200
Ektachrome   400
Kodakchrome   64

Survival auf See

Der Begriff des Survival hat wie kaum ein anderes Thema gerade in den letzten Jahren Anhänger aller Alters- und Berufsklassen gefunden. Survival ist mittlerweile nicht mehr lediglich ein Handwerk, das man erlernt, um sich aus einer durch unerwartete Umstände eingetretenen Situation befreien zu können, sondern ist vielmehr zu einer Bewegung bzw. Philosophie geworden. Survival wird vielfach als Selbstzweck betrieben und hat damit eine ganz andere Freizeit- und Reisegestaltung eröffnet. Ich persönlich betrachte Survival lediglich als ein notwendiges Hintergrundwissen, das mich in die Lage versetzt, in extremen und scheinbar ausweglosen Situationen zu überleben. Eine Expedition zu organisieren und sie dann auch durchzuführen ist letztlich ein Handwerk, das man erlernen kann. Je größer der Erfahrungsschatz, je umfangreicher das Know-how, je besser die physische und psychische Vorbereitung, desto höher auch die Erfolgschance. Ich will nun meinerseits nicht in die gleiche Kerbe schlagen und neu verpackte Survival-Tips und -Tricks, die in der einen oder anderen Form mit Sicherheit schon irgendwo einmal beschrieben worden sind, anbieten, sondern will lediglich auf einige elementare Dinge hinweisen, die für Kajak-Expeditionen bedeutsam sind.

Das umfangreichste Survivalwissen nützt mir nichts oder nur sehr wenig, wenn ich in einer plötzlich auftretenden Notsituation die Nerven, den Mut und die Übersicht verliere. Es ist zu allererst der Wille, diese Situation zu überstehen, erforderlich, um geeignete Maßnahmen zu ergreifen, um die Not zu lindern, bzw. sich daraus zu befreien. Nur wenn man die Übersicht behält und nüchtern die scheinbar verfahrene Situation betrachtet, kann man auch effektive Gegenmaßnahmen ergreifen. Daher rate ich jedem, der sich auf eine Reise begibt, auf der er mit Notsituationen rechnen muß, sich vor allen Dingen gedanklich darauf einzustellen und sich vielleicht mit Hilfe des autogenen Trainings formelhafte Vorsätze wie etwa »Ich bleibe ruhig und gelassen in jeder Situation« oder aber »Ich gebe nicht auf« einzubläuen. Ruhe und Übersicht legen meistens den Grundstein für eine spätere Rettung. Daß zusätzlich einige Survival-Techniken beherrscht werden müssen, sollte eigentlich keiner Erwähnung bedürfen, sondern eine Selbstverständlichkeit sein!

Wichtig ist es ferner, daß man seine Körperkräfte sehr genau einzuschätzen weiß und mit ihnen ökonomisch umgeht. Hektik oder gar Panik führen einen meistens nur noch tiefer in den Sumpf und zehren den Energievorrat schnell auf. Erst wenn man sicher sein kann, daß man mit einer letzten, großen Kraftanstrengung sich aus der Notsituation befreien kann, darf man sein gesamtes Kräftepotential bis zum Limit hin ausschöpfen. Ansonsten gilt es, sparsam damit umzugehen, denn man weiß ja nicht, wie lange eine Survivalsituation dauern kann.

Eine Gefahr, die jeder Paddler kennen und berücksichtigen muß, ist die Unterkühlung. Wer ins kalte Wasser fällt und nicht wirksam dagegen geschützt ist, der hat nur noch eine kurze Zeit zu leben. Die meisten Schiffbrüchigen ertrinken nicht etwa, wie vielfach angenommen wird, sondern sie sterben zuvor an Unterkühlung oder aber ertrinken infolge von Unterkühlung. Bei Seewassertemperaturen, die um die 4 bis 5° Celsius liegen, wie dies bei unserer Expedition der Fall war, hat man ohne Schutzanzug nur wenige Minuten zu überleben. Hat man diesen Schutzanzug nicht, wird man langsam lethargisch, die Reaktionsfähigkeit nimmt deutlich ab, man wird müde und gleichgültig, dann schließlich bewußtlos und stirbt bald darauf. Ich selbst bin vor einigen Jahren unfreiwillig eine lange, eisigkalte Stromschnelle in Kanada heruntergeschwommen und konnte die Symptome des Abschlaffens und Langsamerwerdens deutlich bei mir beobachten. Nur einem letzten verzweifelten Energieausbruch verdanke ich es, daß ich am Ende der Stromschnelle das schützende Ufer erreichen konnte. Die lähmende Wirkung, die vom kalten Wasser ausgeht, darf niemals unterschätzt werden. Wir wählten aus diesem Grunde für die Kap-Hoorn-Umrundung die bereits erwähnten Survival-Anzüge, die so gut isoliert sind, daß sie uns ein Überleben, auch über mehrere Stunden hinweg, im kalten Wasser ermöglicht hätten.

Einen Menschen, der stark unterkühlt ist und der rechtzeitig noch geborgen werden kann, muß man mit äußerster Behutsamkeit behandeln. Auf gar keinen Fall darf er zu körperlichen Aktionen, wie etwa Laufen oder Hüpfen, veranlaßt werden, er darf auch keine heißen Getränke bekommen oder mit einem Handtuch hart abgerubbelt werden. Ein Unterkühlter muß wie ein Schwerverletzter – denn nichts anderes ist er – behandelt werden. Auch Alkohol ist völlig deplaciert und kann sogar zum Tod führen. Entscheidend ist, daß der Rumpf der unterkühlten Person langsam wieder angewärmt wird, was entweder dadurch geschehen kann, daß eine zweite Person sich nackt auszieht und zu dem Unterkühlten mit in den Schlafsack steigt, um ihn durch seine Körperwärme aufzuheizen, oder aber durch warme Umschläge, die immer wieder erneuert werden müssen. Die Extremitäten wie Hände und Füße müssen von dieser Behandlung ausgenommen werden, da sonst die Gefahr besteht, daß das kalte Blut aus den Extremitäten zum Rumpf fließt und den Verunglückten schließlich doch noch tötet. Je nach Grad der Unterkühlung reicht es nicht aus, daß man den Unterkühlten allein in einen Schlafsack oder in eine Decke hüllt, sondern es bedarf Fremdwärme, die dem Rumpf vorsichtig und kontinuierlich zugeleitet werden muß. Bewegung jeglicher Art, Reiben oder Massagen, können zum sofortigen Tod führen und sind daher genauso zu unterlassen wie das Verabreichen heißer oder alkoholischer Getränke.

Ich kann nur jedem, der eine längere Seepassage vorhat, raten, gerade diesem Punkt allerhöchste Bedeutung zuzumessen. Ein Kälteschutzanzug, gleich welcher Art, mag zwar teuer sein, aber schließlich nützt mir auch das umfangreichste Survivalwissen nichts, wenn ich vorher an Unterkühlung sterbe.

Wenn in einer Gruppe gepaddelt wird, sollten Ausrüstung und Proviant so verteilt sein, daß nach Möglichkeit jedes Boot soviel Überlebensressourcen transportiert, daß auch ein einzelner, der durch irgendwelche Umstände von der Gruppe getrennt wird, überlebensfähig ist. Es wäre also falsch, wenn ein Boot nur

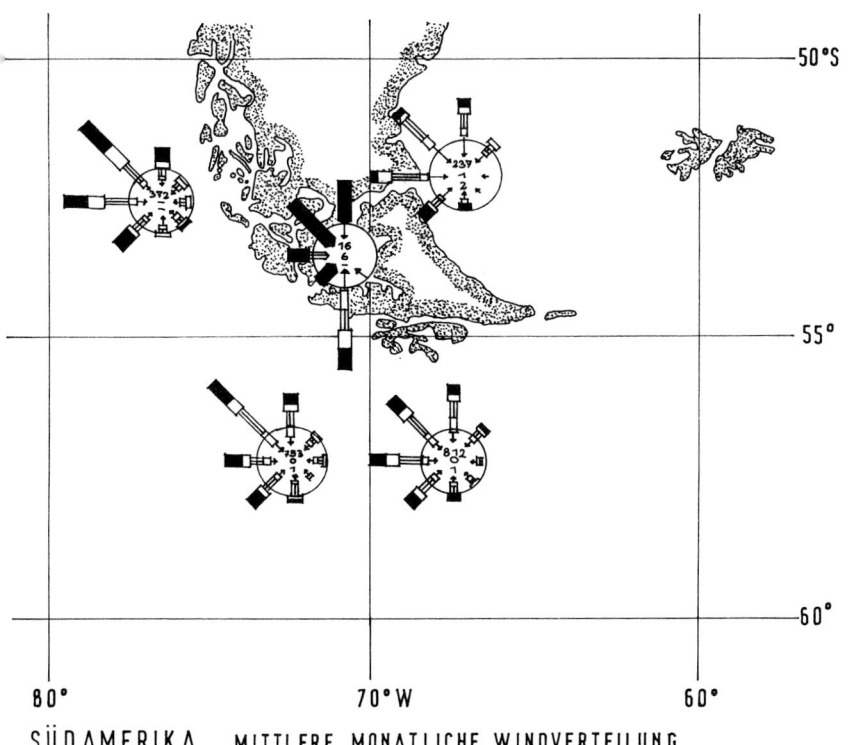

SÜDAMERIKA   MITTLERE MONATLICHE WINDVERTEILUNG
IM JULY (SÜDWINTER)

ERKLÄRUNG: DIE PFEILE IN DER
WINDROSE ZEIGEN DIE WINDRICHTUNG
AN. NACHSTEHENDE SKALA GIBT DIE
PROZENTUALE HÄUFIGKEIT DER WIND-
RICHTUNG AN:-

0 10 20 30 40 50 %

DIE PFEILE SIND FERNER UNTERTEILT,
UM DIE HÄUFIGKEIT DER WINDE MIT
UNTERSCHIEDLICHEN BEAUFORTSTÄRKEN
DARZUSTELLEN:-

1-3   4 5-6 7 8-12

DIE ANZAHL DER BEOBACHTUNGEN
WIRD DURCH DIE OBERE ZAHL IM
KREIS ANGEZEIGT. DIE MITTLERE
ZAHL GIBT DIE PROZENTUALE HÄUFIG-
KEIT VARIABLER WINDE AN,UND DIE
UNTERE DIE FLAUTEN.

ENTNOMMEN AUS :-SOUTH AMERICA PILOT VOLUME II -

257

Datum	Ort	Wind-richtung	Wind-geschwindigk. in Knoten	Seegang	Luft-druck mbar	Sicht	Bemerkung	Etmal in Seemeilen
April								
14.	Lago Roca	./	./	keine Beobachtg.	986	eingeschränkt	Schneefall	./
15.	Lapataia Bucht	W	20 später zunehmend	bewegt	988	eingeschränkt	Schneeregen	4
16.	Beagle Canal	W	böig	bewegt	1006	gut		8
17.	Pt. Williams							3
18.	Pt. Williams			keine Messungen				./
19.	Start	W	15 nachlassend	ruhig	1008	gut	klares, mildes Wetter	13
20.	Beagle Canal	W	5–10	ruhig	1007	gut	sehr gutes Wetter	13
21.	Pt. Jawl	SW	5–10	ruhig		gut	sehr gutes Wetter	9
22	Pt. Anchor	W	35–40 Knoten	stürmisch	986	stark eingeschränkt	Sturm	4
23.	Pt. Anchor	W	30 nachlassend	stürmisch	1013	gut	Sturm abflauend	./
24.	K. Guanaco	./	./	./	994/997	eingeschränkt	Regen, windstill	4,5
25.	Bahia Nassau	wechselnd	wechselnd	Kreuzseen SW zunehm. stürmisch	989	eingeschränkt	wechselnde Winde	22
26.	Isla Middle	S	30	stürmisch	1000/994	stark eingeschränkt	stürmisch	./
27.	Wollaston	SW	20–30	stürmisch	988	stark eingeschränkt	Hagel, Regen, Schnee, kalt	15

28.	Isla Herschel	SW	stürmisch, böig	bewegt	990/986	eingeschränkt	Hagel, Schnee in Dauerregen wechselnd	8
29.	Isla Herschel	SW/N	30 zunehmend	stürmisch	998/980/970/966	eingeschränkt	Sturmtief im Anmarsch, relativ warm, Wind auf N gedreht	2
30.	Isla Herschel	W	45	schwere Sturmsee	966/965	2–3 km	schwerste Sturmböen, Schnee, Regen, mittag kurzzeitige Beruhigung	vergebl. Startvers.
Mai								
1.	Isla Herschel	W	15–25	hohe Dünung stürmisch	970/973	gute Sicht, klar	zeitweilige Wetterberuhigung	2. vergebl. Startvers.
2.	Isla Herschel	W	40–45	schwere Sturmsee	973/976/978	stark eingeschränkt	Regen-, Schneeschauer	./.
3.	Isla Herschel	S	20–30	hohe Dünung brechende See	985/990/1000	eingeschränkt	Schnee, Hagel	./.
4.	Isla Hornos	NW später S	5	hohe Dünung sonst ruhig	1000/993/983	gut	morgens Neuschnee, später zunehmend S-Wind	5
5.	Isla Hornos	W	45–55	schwere brechende Sturmsee	966/965	stark eingeschränkt	schwerster Sturm	./.
6.	Isla Hornos	W	stürmisch wechselnd	schwere, brechende See	962/961	eingeschränkt	Hagel, Schnee, Regeln	./.

Datum	Ort	Wind-richtung	Wind-geschwindigk. in Knoten	Seegang	Luft-druck mbar	Sicht	Bemerkung	Etmal in Seemeilen
Mai								
7.	Isla Hornos	wechselnde Winde	wechselnd	lange, hohe Dünung ca. 8 – 10 m	970/985	sehr schlecht	Hagel, Schnee, Nebel, Hoorn-Umrundung	10
8.	Isla Hornos	./.	./.	beruhigt	999/997	sehr gut	Neuschnee	4
9.	Isla Hornos	NW	schwach	ruhig	1005/1002	sehr gut	Sonnenschein, kalt	Hoorn-Besteigung
10.	Isla Freycinet	SW	15 – 20 zunehmend	rauh	999/1006/1016	eingeschränkt	Regenschauer, Wind auf S drehend, stürmisch	12
11.	Wollaston	W auf N drehend	wechselnd, stürmisch	rauh	1018/1008	stark eingeschränkt	Regen, Schnee, kalt, rauhe See	4
12.	Wollaston	NW	25	stürmisch	998/993/984	stark eingeschränkt	Dauerregen oder Hagel, kalt, Frost	3
13.	Wollaston	W	stürmisch, böig, wechselnd	stürmisch Kreuzseen	1001	stark eingeschränkt	Frost, Schnee, Hagel, Graupel, stürmisch feucht-kalt	7,5
14.	Alsina Bucht	W	35 – 40	schwere, brechende Sturmsee	1009/1010/1012	stark eingeschränkt	Die See ist weiß durch Gischt und brechende Seen, Hagel, Graupel	vergebl. Startvers.
15.	Alsina Bucht	W	30	hohe, brechende See	1013/1010	eingeschränkt	15 cm Neuschnee, Frost, ca. −10°, Sturm	vergebl. Startvers.

16.	Alsina Bucht	W	30–40	stürmische See fliegende Gischt	1005	eingeschränkt	Frost, Schneeschauer, Wind zunehmend stürmisch	vergebl. Startvers.
17.	Kap Ross	W	20 böig	stürmisch Kreuzseen	1002	eingeschränkt	Frost, Schneefall, Wind leicht abnehmend	4
18.	Kap Ross	S auf SW drehend	15–20	See ruhiger, aber hohe Dünung	1005	eingeschränkt	Frost, Schneeschauer	./.
19.	Abfahrt Kap Ross			Ende der Messungen				
20.	Ankunft Pt. Williams						Tage insgesamt: 37	Gesamt 155 sm

Bemerkungen:
— Die Geschwindigkeitsmessungen des Windes wurden sporadisch durchgeführt, im Laufe eines Tages konnte sich die Geschwindigkeit mehrfach verändern.
— 1 Knoten = 1,852 km/h

Frischwasser transportiert und das andere Boot nur Proviant, sondern beide Boote sollten von jedem etwas haben. Frischwasser muß immer in ausreichenden Mengen mitgeführt werden. Man hüte sich davor, etwa Salzwasser zu trinken! Auch die Ernährung muß selbstverständlich umsichtig, den klimatischen Umständen entsprechend, zusammengestellt werden. Für die Kap-Hoorn-Expedition habe ich ähnliche Maßstäbe angesetzt wie bei den vorangegangenen Polar-Expeditionen. Die Grundlagen dieser Ernährungspläne habe ich ausführlich in meinen beiden Büchern ›Abenteuer Arktis‹ und ›Spuren im Eis‹ erläutert.

Für längere Strecken auf dem offenen Meer würde ich in jedem Fall auch einen sogenannten ›Treibanker‹ empfehlen, der bei aufkommendem Sturm oder erforderlichen Ruhepausen ausgelegt werden kann und der die Abdrift des Bootes vermindert. Bei langanhaltendem schweren Sturm kann ein solcher Treibanker lebenserhaltend sein. Wichtig ist, daß der Treibanker von einer Boje am Absinken gehindert wird, und daß darüber hinaus die Verbindungsschnur zum Boot lang und elastisch sein muß, um harte Schläge zu vermeiden. Mir ist momentan keine Firma bekannt, die derartige Treibanker herstellt und vertreibt; derartige Dinge lassen sich aber auch mit ein wenig Geschick selbst anfertigen (siehe Skizze).

Zur Survival-Ausrüstung an Bord gehören natürlich auch Leuchtraketen, über die man sich im Fachhandel beraten lassen sollte; es gehören eine Pumpe, ein Schöpfbecher und ein Schwamm ins Boot, eine wasserdichte Taschenlampe, Angelhaken, ein Radar-Reflektor, ein Signalspiegel und eventuell ein Notfunkgerät. Jeder dieser Gegenstände muß seinen bestimmten Platz haben, so daß man auch im Dunkeln und bei schwerer See jederzeit weiß, wo er sich befindet.

Ich weise nochmals ausdrücklich darauf hin, daß ich hier keine ausführliche und alles umfassende Survivalabhandlung verfassen will. Die von mir angeführten Punkte beschränken sich vielmehr auf die elementarsten Dinge und sollen nur Anreiz zum Nachdenken geben. Jeder muß seine Reise oder Expedition auf sich persönlich zuschneiden, und da enthebt ihn auch nicht die Lektüre eines Survival-Buches von der Notwendigkeit, sich selbst in allen Einzelheiten mit der Problematik, die damit verbunden ist, auseinanderzusetzen. Was dem einen gut und notwendig erscheint, mag dem anderen überflüssig und nutzlos anmuten. Die Verantwortung für diese Entscheidung liegt schließlich bei jedem selbst. Nur sorgfältige und umsichtige Vorbereitung macht das Risiko für den Paddler kalkulierbar und damit auch vertretbar.

CLAPOTIS

Unter Clapotis versteht man eine Erscheinung, die den Paddler ganz unvermutet in eine äußerst unangenehme und gefährliche Situation bringen kann, und die sich wie folgt erklärt:

Wenn eine hohe Welle sich an einer steilen Klippe bricht und sich nicht etwa an einem Strand ›totlaufen‹ kann, dann wird die Energie, die in der Welle steckt, wieder ins Meer reflektiert. Die Energie der anbrandenden Welle ist also nicht vollständig verpufft, sondern existiert weiter und läuft jetzt in Form einer neuen Welle von der Klippe zurück, genau den heranrollenden Seen entgegen (siehe Skizze). Wenn die Spitzen einer anlaufenden Welle mit der einer reflektierten zusammenprallen, entstehen ungemein steile, spitze und zerklüftete Seen, die ein Kajak – und durchaus auch größere Schiffe – unkontrolliert hin- und herwerfen und in arge Bedrängnis bringen.

Aber auch wenn die einzelnen Wellen nicht direkt zusammenprallen, entsteht eine sehr konfuse und unangenehme See. Je weiter man von der Küste entfernt ist, desto geringer die Auswirkung der reflektierten Wellen.

Insbesondere bei der Umrundung der Isla Hornos hatten wir mit dieser Erscheinung zu kämpfen. Mitunter wurden wir wie auf einem Pilz emporgehoben, der dann plötzlich in sich zusammenfiel, und wir quasi im freien Fall aufs Wasser fielen. Derartige reflektierte Seen können auch heranrollende Wellen zum vorzeitigen Brechen bringen – bei den dortigen Wellenhöhen ein furchtbarer Anblick!

Die untere Skizze zeigt, wie sich die Seegangsverhältnisse durch unvermutete Windrichtungsänderung verwandeln können. Durch plötzlich auftretenden Nordwind entsteht eine neue Dünung, die zwar sehr viel schwächer und kleiner ist als die vorherrschende Dünung, die aber trotzdem für eine unruhige und konfuse See sorgen kann. So geschehen z. B. bei der Überquerung der Bahia Nassau.

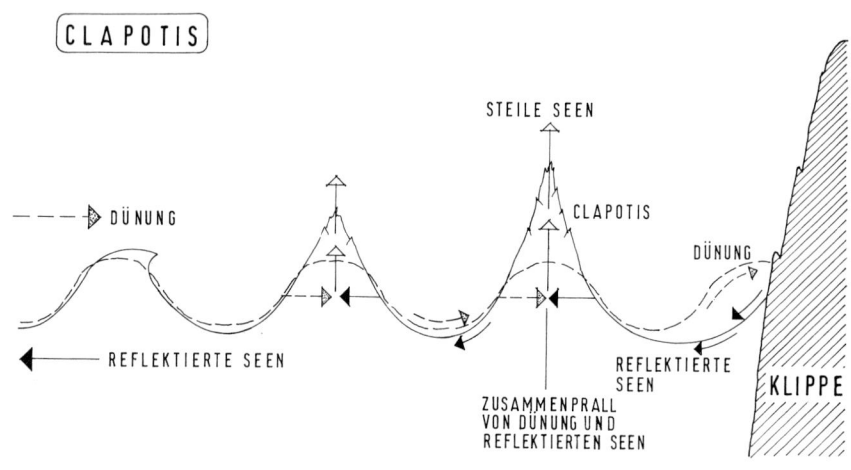

CLAPOTIS

STEILE SEEN

DÜNUNG

CLAPOTIS

DÜNUNG

REFLEKTIERTE SEEN

ZUSAMMENPRALL
VON DÜNUNG UND
REFLEKTIERTEN SEEN

REFLEKTIERTE
SEEN

KLIPPE

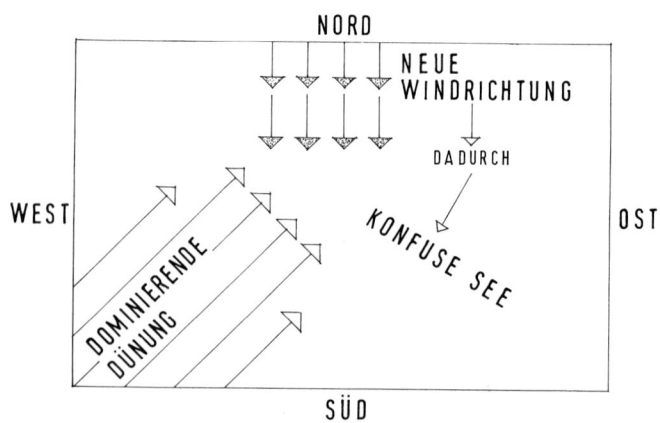

NORD

NEUE
WINDRICHTUNG

DADURCH

WEST

OST

KONFUSE SEE

DOMINIERENDE
DÜNUNG

SÜD

TREIBANKER

Zwei unterschiedliche Treibankertypen:

Typ A: Dieser Treibanker kann leicht auf dem Vor- oder Achterdeck verstaut werden. Der Metallring soll gewährleisten, daß
der Anker stets offensteht und nicht in sich zusammenfallen
kann. Der Ring sollte in sich gebogen sein, so daß er flach auf
dem Bootsdeck aufliegt und nicht zu den Seiten hin absteht. Die
Boje soll ein Absinken des Ankers verhindern.

Typ B: Dieser Treibanker wirkt wie ein Bremsfallschirm. Seine Wirkung ist bedeutend größer als die von Typ A. Dadurch
können aber auch erhebliche Schläge am Boot auftreten, die zu
unangenehmen und manchmal schwer kontrollierbaren Bewegungen des Bootes führen.
  Beide Typen müssen entweder mit einer langen, sehr elasti-
schen Leine oder aber durch ein elastisches Element mit dem Bug
des Bootes verbunden sein. Es empfiehlt sich, einen Wirbel zwischen Leine und Treibanker zu setzen, um ein Verdrehen zu verhindern.

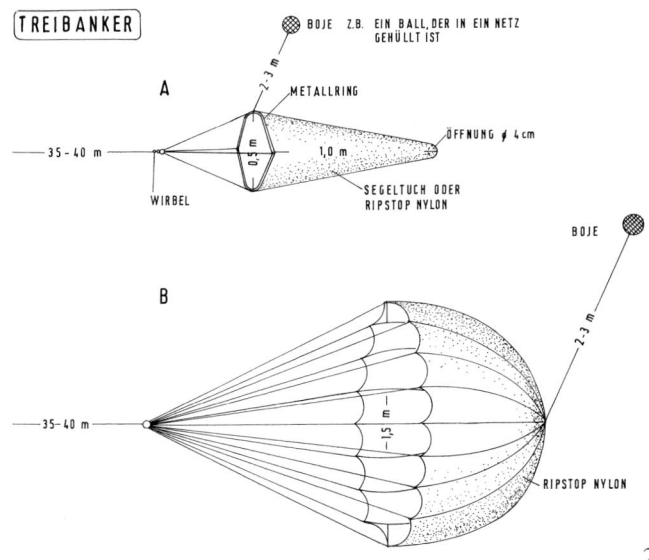

DANKSAGUNG

Sämtliche Karten und Skizzen in diesem Buch stammen von meiner Freundin Brigitte Ellerbrock. Dafür, sowie für ihre Toleranz, die sie mir gegenüber aufbringt, danke ich ihr zu allererst.

Folgenden Personen und Firmen danke ich für ihre Unterstützung der Expedition:
Dr. Reinhold für die medizinische Betreuung
Dr. Peter Liepelt für die zahntechnische Einweisung sowie die Kamera
Josef Metzmacher für das ›CATHAY‹
Frau Pohlmann für das Schreiben des Manuskriptes
Peter Lechhart und Dr. Helmut Gembiki für das Lesen des Manuskriptes
Michael Becker – er weiß schon wofür!
Dr. Ross Marcello Zelada, Pt. Arenas/Chile
Rodrigo Garnham Poblete, Puerto Williams/Chile
dem Kommandanten des Marinedistrictes Beagle sowie allen Chilenen, die uns freundlich aufnahmen.
Herrn Lauten von der Deutschen Botschaft in Asuncion/Paraguay
Agencia Maritima International in Asuncion
Fa. Globetrotter Ausrüstungen Denart & Lechhart in Hamburg
Fa. Fjällräven
Fa. Helly Hansen
Fa. Walther für die Beratung und Vorbereitung der Boote
Fa. Leitz Wetzlar für die Fotoausrüstung
DE-VAU-GE Gesundkostwerk Lüneburg

Sowie allen anderen nicht genannten Personen und Firmen, die zum Erfolg der Expedition beigetragen haben.

267

BIBLIOGRAPHIE

Alberto M. De Agostini: »Zehn Jahre im Feuerland«
Alan Villiers: »The war with Cape Horn«
Hal Roth: »Zwei gegen Kap Hoorn«
Dolf Straub: »Nichts wie hinterher«
Charles Darwin: »Reise um die Welt 1831–36«
John Dowd: »Sea Kajaking«
Schult: »Als erste Yachtsegler rund Kap Horn«
South America Pilot Volume II
W. Lindig / M. Münzel: »Die Indianer«
C. C. Bergius: »Die großen Entdecker«
Hannes Lindemann: »Allein über den Ozean«
Petra Deimer: »Wale«
Hans-Alfred Arns: »Gedichtsammlung«
Archiv H. A. Arns

SERIE PIPER ABENTEUER

Joe Simpson

STURZ INS LEERE

1247

*»Ein Abenteuerbuch,
das einem das Blut in
den Adern stocken
läßt.«* **Sunday Express**

Zwei Alpinisten geraten in den Anden in eine ausweglose Lage. Simon Yates wird dazu gezwungen, seinen verletzten Kameraden Joe Simpson im Stich zu lassen und das Seil zu kappen. Doch Simpson stürzt nicht zu Tode. Ein winziger Absatz über einer gähnenden Gletscherspalte rettet ihm das Leben. Sein Rückweg ins Basislager wird zum Kampf auf Leben und Tod, gegen Hunger, Durst, Schmerzen und Gefahren. Und im Lager quält sich Simon Yates mit der Vorstellung, den Freund getötet zu haben . . .

Joe Simpsons Bericht schildert dieses Bergdrama »auf eine geradezu atemberaubende Weise, die den Leser bis zur letzten Seite fesselt.« *Süddeutsche Zeitung*

»Eines der unglaublichsten Zeugnisse eines Überlebenden, das ich je gelesen habe«, so urteilte der englische Star-Bergsteiger *Chris Bonington* im Vorwort zu diesem Buch.

SERIE PIPER

Hier wird
Lesen zum Erlebnis

SERIE PIPER ABENTEUER
Bettina Selby
AH AGALA!
Eine Frau erfährt Afrika
Mit dem Fahrrad durch die Wüste

1257

SERIE PIPER ABENTEUER
Lucy Irvine
EVA UND MISTER ROBINSON

1274

SERIE PIPER ABENTEUER
Wilfred Thesiger
DIE BRUNNEN DER WÜSTE
Mit den Beduinen durch
das unbekannte Arabien

1407

SERIE PIPER ABENTEUER
Jean-Yves Domalain
PANJAMON
Ich war ein Kopfjäger

1383

SERIE PIPER ABENTEUER
Jeana Yeager / Dick Rutan
VOYAGER
IN NEUN TAGEN
NONSTOP UM DIE WELT
Vorwort von Ulf Merbold

1435

SERIE PIPER ABENTEUER
Herbert Rittlinger
ICH HATTE ANGST
Meine gefährlichsten
Expeditionen

1340